HO CHI MINH
TEXTOS ESCOLHIDOS

VIJAY PRASHAD (ORG.)

HO CHI MINH
TEXTOS ESCOLHIDOS

1ª edição
EXPRESSÃO POPULAR
São Paulo – 2023

Produção editorial: Miguel Yoshida
Tradução: Letícia Bergamini
Revisão da tradução: Miguel Yoshida
Preparação: Cecília Luedemann
Revisão: Carlos Bellé
Capa: Tings Chak
Projeto gráfico e diagramação: Zap Design
Impressão e acabamento: Paym

Dados Internacionais de Catalogação-na-Publicação (CIP)

H685e Ho, Chi Minh
Escritos selecionados / Ho Chi Minh ; Vijay Prashad (ed.) ; tradução de Letícia Bergamini. -- 1.ed. -- São Paulo : Expressão Popular, 2023.
374 p.

ISBN 978-65-5891-115-9
Título original: Ho Chi Minh: selected.

1. Comunismo. 2. Ho, Chi Minh, 1890-1960. I. Prashad, Vijay. II. Bergamini, Letícia. III. Título.

CDU 329.15

Elaborada pela bibliotecária: Eliane M. S. Jovanovich - CRB 9/1250

1ª edição: outubro de 2023
1ª reimpressão: abril de 2025

EDITORA EXPRESSÃO POPULAR
Alameda Nothmann, 806, Campos Elíseos
CEP 01216-001 – São Paulo – SP
atendimento@expressaopopular.com.br
www.expressaopopular.com.br
ed.expressaopopular
editoraexpressaopopular

SUMÁRIO

O direito de viver
Poeta Ho Chi Minh
Que do Vietnã golpeia
Toda a humanidade
Nenhum canhão apagará
O sulco de seu arrozal
O direito de viver em paz

A Indochina é o lugar
Para além do alto mar
Onde explodem a flor
Com genocídio e *napalm*
A lua uma explosão
Que funde todo o clamor
O direito de viver em paz

A Indochina é o lugar
Para além do alto mar
Onde explodem a flor
A lua uma explosão
Que funde todo o clamor
O direito de viver em paz

Tio Ho, nossa canção
É fogo de puro amor
É pomba no pombal
Oliva no olival
É o canto universal
Corrente que fará triunfar
O direito de viver em paz

É o canto universal
Corrente que fará triunfar
O direito de viver em paz
O direito de viver em paz

Víctor Jara, "El derecho de vivir en paz" (1971)

El derecho de vivir
Poeta Ho Chi Minh
Que golpea de Vietnam
A toda la humanidad
Ningún cañón borrará
El surco de tu arrozal
El derecho de vivir en paz

Indochina es el lugar
Más allá del ancho mar
Donde revientan la flor
Con genocidio y napalm
La Luna es una explosión
Que funde todo el clamor
El derecho de vivir en paz

Indochina es el lugar
Más allá del ancho mar
Donde revientan la flor
Con genocidio y napalm
La Luna es una explosión
Que funde todo el clamor
El derecho de vivir en paz

Tío Ho, nuestra canción
Es fuego de puro amor
Es palomo palomar
Olivo de olivar
Es el canto universal
Cadena que hará triunfar
El derecho de vivir en paz

Es el canto universal
Cadena que hará triunfar
El derecho de vivir en paz
El derecho de vivir en paz

Víctor Jara, "El derecho de vivir en paz" (1971)

INTRODUÇÃO: A ESCRITA DE HO CHI MINH[1]

Vijay Prashad

O venerável Ho

No início de setembro de 1969, uma placa preta de madeira envernizada foi colocada na porta de um templo velho e abandonado em Saigon (Tu e Tuyết, 1978, p. 201-206). Em um tom de vermelho intenso, os moradores dos alojamentos vizinhos dos pobres liam: "Đền thờ Chủ" (Templo do Venerável). A população local marchava para o templo levando flores, incensos e frutas; se curvavam diante das lamparinas e velas postas no altar. Milhares de pessoas começaram a aparecer no templo: trabalhadores e estudantes, donas de casa e professores, soldados e jornalistas. A Mãe Sete, que morava ao lado, se encarregou de cuidar do templo como o seu sacerdote.

Pouco tempo depois, a superintendência da polícia local enviou seus homens, que ficavam em frente ao templo com as

1 Comecei a trabalhar neste projeto em 1996. Sou muito grato a Tran Dac Loi, vice-presidente da Fundação para a Paz e o Desenvolvimento do Vietnã, e a outros camaradas em Hanói por seu apoio a este volume. John Hutnyk e Thi Kim Hang Luu (com a assistência de Phạm Thị Thanh Huyen, Pham Cong Danh e Ha Trọng Nghia) da Universidade Ton Duc Thang, na cidade de Ho Chi Minh, Vietnã, traduziram o texto-chave neste volume – "O caminho revolucionário" – e ajudaram (juntamente com Matthew Parsfield) a corrigir a ortografia. Taroa Zúñiga Silva me levou para visitar o túmulo de Victor Jara, enquanto eu terminava este livro.

armas e baionetas a postos. Quando um policial tentou remover a placa, Mãe Sete gritou que a polícia estava destruindo o Templo do Venerável. Seu alerta convocou uma multidão de vizinhos; eles abordaram a polícia, cujo oficial ordenou que avançasse. Mãe Sete, na dianteira da multidão, tirou seu lenço da cabeça e disse:

> Meus meninos! Quando comecei a vida como trabalhadora, meu cabelo era todo preto, e eu o usava preso em um coque. Como vocês podem ver, ele agora é branco e fraco. Nunca, em minha vida, comi até ficar satisfeita. Ano após ano, o senhor Diệm e o senhor Thiệu clamaram por independência e liberdade, mas nós nunca pudemos viver dessa forma. Ao contrário, vemos os montes de lixo crescerem em Saigon. Precisamos buscar a independência e liberdade em outro mundo. Acreditamos que há um mundo onde nossas aspirações possam acontecer. Acreditamos naqueles que podem ajudar nossos sonhos a se tornar realidade. É tudo muito simples. Os senhores que nos dominam enviam vocês aqui para nos matar. Nós só temos incensos em nossas mãos; não possuímos nenhuma arma.

Mãe Sete se referia a dois presidentes do Vietnã do Sul, Ngô Đình Diệm (1955-1963) e Nguyễn Văn Thiệu (1967-1975), ambos subordinados aos Estados Unidos e reminiscentes da oligarquia vietnamita. Mãe Sete sabia que nenhum deles – marionetes do imperialismo, como costumavam ser chamados – seguiram uma agenda que a beneficiasse. A polícia abaixou as armas. Outras mulheres se aproximaram e ficaram ao lado de Mãe Sete, desafiando os policiais. O oficial alegou que estava apenas cumprindo ordens e pediu para que Mãe Sete e outros líderes o acompanhassem para falar com o chefe distrital.

No dia seguinte, elas foram até a casa do chefe, que estava cercado por homens com metralhadoras. Ele estava furioso.

"Vossa excelência", disse Mãe Sete, "o senhor já pisou no templo para ver do que se trata? Venha visitá-lo", convidou. "Praticamos o culto ao Venerável: uma pessoa que dedicou a vida à felicidade do povo e à independência do país".

A sinceridade de Mãe Sete irritou o chefe de polícia. "Quem vocês veneram se não o Venerável Ho? Quem mais no país, além do senhor Ho Chi Minh, poderia ser chamado de 'venerável'? Ninguém nunca rezou naquele templo deserto, mas assim que o senhor Ho morreu, aquele lugar, caindo aos pedaços, atraiu todos os tipos imagináveis de pessoas! Tomem cuidado! Não ousem ir muito longe. E, caso forem, não reclamem da minha extrema severidade!"

Ho Chi Minh morreu em 2 de setembro de 1969 em Hanói. A República Democrática do Vietnã (RDV) declarou uma semana de luto. A República do Vietnã – sul do Paralelo 17 – baniu homenagens. O chefe da polícia foi acionado para prevenir qualquer tipo de celebração da vida de Ho, incluindo a conversão de um templo abandonado. O próprio oficial teve que admitir: aquele homem era venerável, e nenhum outro parecia estar à sua altura. Confuso, o superintendente era mais um funcionário de um sistema extinto, cuja classe trabalhadora encontrou uma maneira criativa de manifestar sua tristeza diante da perda de um homem conhecido por Bác Ho, ou Tio Ho.

O Vietnã tem direito de ser livre

Nguyễn Sinh Cung nasceu em Hoang Tru, na província de Nghệ Na, em 19 de maio de 1890.[2] Embora seu pai,

---

2 Contei com excelentes biografias de Ho Chi Minh, em especial: Trần (1958), Brocheux (2007), Duiker (2000), Kobelev, 1989; Vietnam Democratic Republic (1970), Lacouture (1968).

Nguyễn Sinh Sắc, tenha sido um acadêmico confucionista, e apesar de ter estudado em uma escola confucionista, sua influência avassaladora foi o sentimento de patriotismo. A França conquistara o Vietnã em 1885, apenas cinco anos antes de Nguyễn Sinh Cung nascer. Durante a juventude, setores da elite decadente mais antiga tentou expulsar os franceses – por meio de insurreições, como o movimento Cần Vương –, mas depois levaram toda a sua herança confuciana para os administradores coloniais e se tornaram seus intermediadores. A exaustão do antigo regime diante do dinamismo brutal do poder colonial francês perturbou homens como Nguyễn Sinh Sắc. Por esse motivo, ele enviou seu filho – que mais tarde viria a ser Ho Chi Minh –[3] para escolas francesas, na esperança de que ele aprenderia sobre a modernidade dos franceses para depois libertar seu próprio país. Em 1946, Ho Chi Minh disse ao jornalista estadunidense David Schoenbrun: "Nossos pais nos dão um nome e nos contam sobre o lugar de onde viemos. Isso não importa. O que realmente importa é para onde estamos indo" (Schoenbrun, 1957, p. 232). Nas escolas, incluindo a prestigiosa Quốc Học em Huế, antiga capital imperial, Ho Chi Minh propagava seu patriotismo instintivo e suas ideias nacionalistas. Em maio de 1910, ele se ofereceu para fazer a tradução para alguns trabalhadores agrícolas e camponeses do vilarejo de Công Lương, que vieram para Huế para protestar contra os impostos coloniais da França. Esse ato levou à expulsão de Ho Chi Minh da escola.

Seus escritos mais antigos, produzidos uma década após sua expulsão, são inundados por um ódio enorme da

[3] Durante sua vida, Ho Chi Minh adotou uma série de pseudônimos: Nguyễn Tấn Thành, Văn Bá, Nguyễn Ái Quốc, Trần Vương, Ly Thúy, Vương Son Nhi, Old Chin, Sung Man Cho, Lin, Comandante Hu Guang, e outros.

crueldade do colonialismo francês – o que, em 1922, ele chamou de "sadismo colonial" (ver cap. 1 e 2). Esses escritos de *La Paria* são repletos de histórias de brutalidade: um homem agredido e morto a tiros por espiar a casa de um colono francês; um homem pendurado em vigas por um missionário e espancado até a morte por suspeita de roubo; impostos altos, que levaram os camponeses à fome, cujas tigelas foram enchidas de ópio em vez de comida. Palavras como "dever", "humanidade" e "civilização", ele escreveu em 1923, não são o que parecem: "O que é esse dever? Você mostrou o que é ao longo de seu discurso: mercados, concorrência, interesses, privilégios. O comércio e as finanças são coisas que expressam a sua 'humanidade'. Impostos, trabalho forçado, exploração excessiva, isto é o resumo da sua civilização" (Minh, 1967, p. 33).

Naquela época, a política da Indochina não atraiu esse jovem homem, uma vez que apelava principalmente à elite. Há muitos anos, o historiador comunista Nguyễn Khắc Viện refletiu a respeito da pressão da elite de maneira clara, dizendo que os homens que desenvolveram a agenda anticolonial eram "totalmente incapazes de organizar uma greve, trabalhando por anos a fio em minas ou plantações, travando uma guerra de guerrilha por décadas, ou se arrastando pela lama dos arrozais" (a primeira diretriz do partido comunista, no entanto, pediu para os seus membros realizarem essas ações "para construir uma base de apoio entre a população") (Viện, 1974, p. 10; 1987). A linha mais poderosa dessa política voltada para a elite foi conduzida por Phan Châu Trinh (1872-1926), que promoveu a visão de que o futuro de seu país emergiria da civilização francesa, e que o colonialismo era o instrumento para a introdução dessas formas superiores de vida na Indochina. Os liberais franceses, ele argumentou, entregariam a chave da modernidade para os vietnamitas. Dada a rendição da velha elite aristocrática aos franceses e sua retirada em direção a uma versão fantasiosa do confucionismo, ao menos Phan Châu Trinh tinha a esperança de reviver as tendências progressistas na cultura vietnamita e modernizar a sociedade. A outra tendência política foi comandada por Phan Bội Châu (1867-1940), que, inspirado na vitória do Japão sobre a Rússia tsarista em 1904-1905, buscava o futuro não em Paris, mas sim em Tóquio; não na civilização francesa, mas sim no pan-asiatismo. Isso nos diz uma coisa sobre a orientação de Ho Chi Minh quando, em 1911, ele embarcou para a França no *Almirante Latouche-Treville* e não no *Hokuto Maru* rumo a Nagasaki.

De 1911 a 1941 Ho Chi Minh esteve fora de sua terra natal, mas seu pensamento se mantinha lá. Ele percorreu o Oceano Atlântico trabalhando em um navio, descobrindo a dimensão e os ares do mundo, aprendendo com os marinheiros sobre suas histórias profundas de radicalismo. Quando atracou na França, ele contatou os vietnamitas exilados, mergulhando em suas atividades, desbravando seu caminho no movimento socialista, tentando convencê-los a se posicionar contra o sadismo colonial de maneira mais intensa. Em 1960, ao escrever para uma revista soviética sobre seu primeiro contato com o leninismo, Ho Chi Minh descreveu como um camarada lhe deu a tese de Lenin sobre questões nacionais e coloniais que fora publicada no *L'Humaniteé* em 17 de julho de 1920. "Havia termos políticos de difícil compreensão nessa tese", Ho Chi Minh recorda, "mas ao lê-la de novo e de novo, fui capaz, finalmente, de captar a parte principal. Que emoção, entusiasmo, clareza e confiança ela me despertou!

Fui levado às lágrimas" (ver cap. 6). Ele, então, abordou seus camaradas e disse: "É disto que precisamos; este é o caminho para a nossa libertação!".

Qual é esse caminho?

1. A libertação nacional era a peça-chave da revolução mundial e, logo, os movimentos anticoloniais nacionais precisavam ser apoiados por revolucionários;
2. A libertação nacional, por si só, não era possível sem a revolução social, de modo que um projeto nacionalista burguês estaria incompleto sem a emancipação dos trabalhadores e camponeses.

Para o povo vietnamita, a liberdade não viria por meio do colonialismo francês ou do pan-asiatismo. Ela necessitava de um projeto de libertação nacional ancorado na libertação do povo vietnamita do imperialismo francês, do lado miserável de sua herança social e cultural, do *rigor mortis* do latifúndio e da exploração capitalista. Ho Chi Minh não obteve essa compreensão inteiramente dos textos de Lenin sobre a questão nacional e colonial; já havia nele elementos dessa clareza desde a época em que era um jovem estudante, mas esses vários elementos se agruparam na França, onde ele firmou um duplo compromisso vitalício com o movimento de libertação nacional e o comunismo. Fragmentos dessas ideias estavam ao alcance de Ho Chi Minh no Grupo de Patriotas Anameses – criado por Phan Châu Trinh em 1911 – e nos partidos socialistas e comunistas franceses, nos quais ele teve sua primeira experiência entre os vietnamitas comunistas. Em julho de 1923, Ho Chi Minh partiu para Moscou, na expectativa de desenvolver suas ideias sobre o leninismo na União Soviética e encontrar uma maneira de voltar ao Vietnã colocando essas ideias em prática.

Em Moscou, Ho Chi Minh conheceu radicais de outros países colonizados e comunistas das Repúblicas Soviéticas na Ásia Central. Essas interações, e o seu estudo, entre os dirigentes da Internacional Comunista mostraram a ele a validade da unidade de Lenin nas lutas comunistas e de libertação nacional. Ele observou seus camaradas do Vietnã e de outros lugares absorverem o clima ambicioso da revolução mundial, entoando *A internacional* no Opera House (Khánh, 1982, p. 101-102). Estudou na Universidade Comunista dos Trabalhadores do Oriente e trabalhou no secretariado da Internacional, convivendo com bolcheviques e radicais do mundo todo (Ashby, 2021). Em dezembro de 1923, o poeta soviético Osip Mandelstam entrevistou Ho Chi Minh, que narrou a história do sadismo colonial; "um espasmo de uma repulsa quase física" percorria o seu corpo enquanto falava sobre o colonialismo francês.[4] Mandelstam perguntou a Ho Chi Minh sobre o movimento liderado por Mahatma Ghandi na Índia, e se havia alguma reflexão a respeito no Vietnã. "Não. O povo anamês – camponeses – vive, ardendo na mais profunda noite, sem jornais ou qualquer noção do que se passa no mundo. Lá sempre é noite". "Durante a conversa", Mandelstam escreveu, Ho Chi Minh "costuma usar a palavra 'irmãos'. Seus 'irmãos' são os africanos, hindus, sírios e chineses"(Mandelstam, 1967, p. 80). Vale lembrar que Ho Chi Minh, como parte desse internacionalismo, foi um dos fundadores do Partido Comunista da Malásia (1930) e do Partido Comunista do Sião (1942).

---

4 Enquanto estava em Moscou, Ho Chi Minh escreveu sobre o colonialismo para diversos periódicos. Esses trabalhos foram publicados depois que ele foi para Paris (Minh, 1925).

Em um relatório do V Congresso da Internacional, em 1924, Ho Chi Minh escreveu: "Os camponeses nativos estão prontos para a insurreição. Eles se rebelaram muitas vezes em muitas colônias, mas suas revoltas sempre terminaram em sangue. Se, atualmente, os camponeses ainda têm uma atitude passiva, é porque ainda lhes falta organização e líderes. A Internacional Comunista deve ajudá-los na revolução e libertação." (ver cap. 3). Foi para conduzir essa tarefa que Ho Chi Minh deixou Moscou no outono de 1924 em direção ao Cantão, onde ele formou a Thanh Nién, a Liga da Juventude Revolucionária do Vietnã (LJRV) (Hội Việt Nam Cách mạng Thanh niên). Esse grupo emergiu como a primeira grande frente de revolucionários vietnamitas que trabalhavam tanto fora do Vietnã como dentro das fronteiras da colônia francesa. Ho Chi Minh lecionou no Instituto Político Especial para a Revolução do Vietnã; mais tarde, suas aulas sobre a história e a necessidade de uma revolução seriam publicadas como *O caminho revolucionário* (ver cap. 5). A medula espinhal do comunismo começou a se estruturar dentro da revolução vietnamita.

Em Cantão, Ho Chi Minh e seus camaradas formaram uma geração de comunistas, muitos dos quais voltaram ao Vietnã para fortalecer as organizações camponesas, trabalhadoras e os setores oprimidos. Em agosto de 1925, uma greve no Arsenal de Saigon mostrou que a classe trabalhadora vietnamita – cujo número era relativamente pequeno – tinha um alto nível de consciência política; os trabalhadores entraram em greve para bloquear a passagem de um navio de guerra francês que estava a caminho da China, como parte de uma aventura imperialista. Um dos líderes da greve, Ton Duc Thang, adquirira a experiência no grande motim de três navios de guerra franceses no Mar Negro, em 1919, dirigido por comunistas, como André Marty e outros, que protestavam, entre outras coisas, contra o ataque imperialista sobre a nova República Soviética. O Vietnã foi assolado por uma onda de greves no final dos anos 1920, o que culminou no estabelecimento, em julho de 1929, da Federação Vermelha de Sindicatos de Tonkin – que acabou por se tornar a Confederação Geral do Trabalho do Vietnã. Em partes do Vietnã do Norte, os camponeses fundaram associações (xã bộ nông) que atraiu dezenas de milhares de trabalhadores do campo e agricultores. Hoàng Quốc Việt, que mais tarde se tornou um líder do movimento sindical vietnamita, lembrou como um quadro da LJRV o encontrou em Haiphong e o ensinou elementos do marxismo: "Ele conversou comigo sobre mão de obra, trabalhadores e capitalistas, sobre mais-valia. Cada palavra sua penetrou minha mente como a água penetra no giz" (Post, 1989a, p. 53). Em 1926, foi fundada a Associação de Estudos do Trabalho Feminino (Nữ công Học hội) em Huế; era um sinal da politização mais ampla de mulheres e jovens, o que resultaria no movimento anticolonial e socialista (Marr, 1981, cap. 5).

Enquanto isso, na China, o Partido Nacionalista Chinês (Guomindang) de Jiang Jieshi (Chiang Kai-shek) reprimiu o Partido Comunista da China, que abrigara Ho Chi Minh e a LJRV. Ho Chi Minh fugiu para Moscou, se reorganizou e depois seguiu para Hong Kong para tentar reparar as divisões sectárias que fissuraram a LJRV e outras forças anticoloniais vietnamitas. Em fevereiro de 1930, em um vilarejo perto de Kowloon, Hong Kong, Ho Chi Minh reuniu as três principais forças comunistas. Na reunião, os delegados começaram a discutir uns com os outros. Mais tarde, Ho Chi Minh recordou que ele interrompeu as brigas: "Não discutiremos a história", disse. "Vim aqui com a responsabilidade de unificar as forças comunistas. A linha dos comunistas é a seguinte: primeiro, fazer a revolução democrática burguesa, depois, a revolução socialista" (Post, 1989a, p. 19). Eles fundaram o Partido Comunista do Vietnã (PCV), que naquele momento contava com apenas 211 membros (ver cap. 7). Em outubro de 1930, o Partido foi renomeado como partido Comunista da Indochina (para organizar forças de esquerda no Vietnã, Kampuchea e Laos); em 1951, o partido se dissolveu e foi fundado o Partido dos Trabalhadores do Vietnã (ao lado de partidos de esquerda em Kampuchea e Laos). Em 1976, após a unificação do Vietnã do Norte e do Sul, o Partido dos Trabalhadores do Vietnã se uniu ao Partido Revolucionário do Povo do Vietnã do Sul para fundar o Partido Comunista do Vietnã, que agora governa o país. O PCV é herdeiro direto do partido fundado em fevereiro de 1930.

Enquanto os comunistas se reuniam em Kowloon, um motim de tropas coloniais eclodiu em Yen Bai, perto da fronteira do Vietnã com a China. Em questão de horas, ele foi reprimido. Mais tarde, em Tonkin, os nacionalistas vietnamitas – Việt Nam Quốc Dân Đảng (VNQDD) – iniciaram uma insurreição que fracassou. Os franceses guilhotinaram os participantes do movimento, o que resultou na abertura de um espaço para os comunistas tomarem a frente dos setores patriotas do país. Mas o motim e a insurreição vieram acompanhados de inúmeras greves de trabalhadores – de Phú Riềng Đỏ, a greve na plantação de seringueira da Michelin, em fevereiro de 1930, a revolta no moinho têxtil em Nam Đình, em março de 1930 até o protesto de trabalhadores na fábrica de fósforo e serração em Bắc Kỳ, em abril de 1930

(Murray, 1992; Binh, 1985; Khánh, 1982, p. 152). Esse estrondo foi consequência da deterioração dos padrões de vida ocasionados pelas tentativas dos franceses de exportar a crise do capitalismo, motivada pela Grande Depressão de 1929, para suas colônias (Duong, 1985; Anh, 1987). Com base nessas agitações, o PCV convocou manifestações por todo o Vietnã em 1º de maio de 1930. Esses protestos escalaram até o Soviete Nghệ-Tĩnh, cujo nome deriva dos dois distritos, Nghệ An e Hà Tĩnh, onde 2.011 dos 2.400 membros do PCV viviam. Nesses Sovietes, que estavam focados no Nghệ-Tĩnh, o campesinato, entusiasmado, se apoderou dos depósitos de grãos e lutou para derrubar o latifúndio, enquanto os trabalhadores faziam greve em nome de Lenin e Rosa Luxemburgo – um aceno direto ao internacionalismo que se entranhou nessas lutas (Post, 1989a, p. 63). Os franceses acabaram com esses levantes, prendendo e assassinando centenas de membros do PCV e outros líderes das revoltas. A fraqueza do partido ficou evidente para a sua liderança, que em outubro de 1930 discutiu a importância de criar uma frente democrática e de acentuar o "caráter independente" das lutas dos trabalhadores e camponeses. Tendo Ho Chi Minh e Trần Phú como figuras centrais, esses debates deram início a discussões sobre a dialética entre a revolução nacional democrática e a necessidade de construção do poder da classe trabalhadora, do campesinato e das massas (dan-chung).

Entre 1931 e 1941, o Partido Comunista da Indochina (PCI) construiu seu aparato partidário contra a repressão terrível das autoridades coloniais francesas, que prenderam os líderes do partido em diversas ocasiões. Cerca de 10 mil comunistas e nacionalistas foram mandados para a prisão nesse período; uma escola para esses militantes que, se sobreviviam, estavam forjados pela crueldade das autoridades coloniais. Ho Chi Minh foi preso em Hong Kong em junho de 1931 e solto somente em 1933. Finalmente, chegou em Moscou em julho de 1934. Na União Soviética, Ho Chi Minh lecionou no Instituto Marx-Engels-Lenin e no setor indochinês da Escola de Stalin e no Instituto Científico para o Estudo das Questões Nacionais e Coloniais; se manteve em contato com o núcleo da liderança do PCI (em especial, Hà Huy Tập, com quem ele teve alguns desentendimentos sobre as prisões dos membros do partido em 1931); e enviou suas principais contribuições ao partido (algumas delas foram publicados no jornal do partido em Saigon, *La Lutte*). Durante o Sétimo Congresso da Internacional em 1935, Nguyễn Thị Minh Khai argumentou que o PCI "mobilizasse todas as suas forças para criar uma frente ampla de luta pela paz". Esta foi a visão apresentada por Ho Chi Minh ao Comitê Executivo da Internacional no ano anterior, quando ele argumentou que os membros do partido não compreendiam as implicações da frente unida da fase da "revolução burguesa-democrática" do momento (Quinn-Judge, 2001, p. 202-209).

De 1935 em diante, o PCI abaixou o tom de sua retórica sobre a revolução social e fortaleceu seu papel na política cultural vietnamita como o vetor de patriotismo e libertação nacional. Em setembro de 1936, disseram à direção do partido que a tarefa principal era a "emancipação das nações" (Post, 1989a, p. 68). A chegada do governo da Frente Popular na França, que contava com socialistas em seu gabinete, aliviou a pressão sobre o PCI, cujos membros foram libertados da prisão; essa primavera do PCI durou até setembro de 1939. Nesse período, o partido emergiu como a maior força anticolonial; Hà Huy Tập e Lê Hồng Phong trabalharam juntos

– sob os princípios da Internacional acordados por Ho Chi Minh – para estabelecer uma Frente Única Popular Anti-imperialista (1935) e, mais tarde, o Việt Nam độc lập đồng minh, ou Vietminh (1941). A orientação geral dessas frentes tratava da oposição ao imperialismo francês e às forças feudais vietnamitas, que haviam se aliado à França. Apesar dos debates no PCI, a ordem era fazer avançar a agenda democrática nacional enquanto se construíam as organizações de massa independentes. Como parte da luta, o PCI começou uma insurreição em Bắc Sơn, no nordeste do Vietnã, que foi reprimida pelos franceses. As lideranças centrais do PCI, incluindo Hà Huy Tập e Nguyễn Thị Minh Khai, foram mortas a tiros em agosto de 1941, e outros membros ficaram presos por períodos prolongados (Lê Hồng Phong morreu na prisão). A despeito desse debacle, a base do PCI se manteve intacta, e passou a ser o baluarte do anticolonialismo e antifeudalismo.

Ho Chi Minh retornou à China no fim de 1938 e foi trabalhar com o Oitavo Exército dos Comunistas Chineses, embora estivesse em contato direto com o PCI no Vietnã por meio de Nguyễn Thị Minh Khai, Phạm Văn Đồng e Võ Nguyên Giáp. No *Notre Voix*, um jornal de Saigon, Ho Chi Minh escreveu sobre o esforço de guerra e a necessidade de uma frente única. Em 1939, ele enviou um relatório à Internacional no qual escreveu, resumidamente, sobre a situação no Vietnã e a importância de o PCI fortalecer o domínio sobre o sentimento popular contra o colonialismo francês (ver cap. 8). Em 1940, diversos elementos da situação internacional confirmaram a visão de Ho Chi Minh de que o PCI tinha que conduzir uma estratégia de libertação nacional: os militares japoneses tinham obtido ganhos consideráveis no sul da China (em Guangxi e Yunnan); o exército nazista alemão derrotou a França em 1940;

em junho, os franceses se renderam ao projeto nazista com o regime Vichy, e o Japão – que era aliado da Alemanha nazista – começou a atuar no Vietnã como um aliado da França de Vichy. Ho Chi Minh percebeu que somente o PCI poderia comandar a resistência contra a França de Vichy e o exército imperial japonês, motivo pelo qual ele se mudou com o grupo principal para Kunming em outubro, se aproximando do Vietnã. Assim foi organizado o Vietminh.

Durante sua viagem cada vez mais próxima ao país, Ho Chi Minh adotou o nome pelo qual é conhecido – que significa "aquele que ilumina". Enquanto montavam seus acampamentos, os comunistas produziam panfletos e davam aulas. Uma delas se chamava "O caminho para a libertação" (con duong giai phong), e o jornal foi batizado de *Vietnã independente* (*Vietnam Doc Lap*). Por fim, os membros do partido chegaram ao país, montando seu acampamento em Pác Bó. Era a primeira vez em 30 anos que Ho Chi Minh estava em casa.

Em 10 de maio de 1941, o PCI realizou seu Oitavo Congresso em Pác Bó, tendo Ho Chi Minh como presidente. O partido decidiu que o foco deveria ser a derrota do imperialismo, embora fosse evidente que a revolução social tinha que se manter como o objetivo estratégico. Devido à intensificação da pressão imperialista, "os proprietários de terras, camponeses ricos e um segmento da burguesia nativa mudaram muito a sua atitude", escreveram os dirigentes. Se antes essas classes eram o "exército reserva dos imperialistas antirrevolucionários, agora eles se tornaram o exército reserva da revolução". O que isso significa para a revolução social?

> Isso não significa que nosso partido está ignorando os problemas da luta de classes na revolução indochinesa. Não, o problema da

> luta de classes continuará existindo. Mas no momento presente, a nação tem primazia, e todas as demandas que são benéficas para uma classe específica, mas prejudiciais para o interesse nacional, devem estar subordinadas à sobrevivência da nação e da raça. Agora, se não resolvermos o problema da libertação nacional e não exigirmos independência e liberdade para o povo como um todo, não somente o povo continuará vivendo uma vida miserável, como também os interesses particulares de classes sociais individuais não serão conquistados em milhares de anos. (Duiker, 2000, p. 253-254)

Os líderes do PCI deixaram Pác Bó para se espalharem pelo país e construir o Vietminh, além de fortalecer o próprio partido. Ho Chi Minh deu aulas sobre marxismo-leninismo nessa região, dando sequência ao seu papel como principal professor do movimento. Escreveu para o *Viet Nam Doc Lap* e outros periódicos, além de dois manuais de guerrilha – *Táticas de guerrilha* e *A instrução dos quadros militares* –, enquanto sua direção se preparava para a inevitável guerra contra o imperialismo. Ele escreveu uma história do Vietnã para a escola e um texto sobre "Os dez princípios do Vietminh". Escreveu poemas, é claro, incluindo "Mulheres" (ver cap. 9), que reflete parte da estratégia do PCI para estender sua influência em áreas urbanas por meio do contato com as massas. O partido trabalhou com a Associação de Mulheres para a Salvação Nacional, conectando mulheres em cooperativas, grupos de tricô, aulas de alfabetização e cooperativas de crédito. O PCI fez incursões, mas teve que lidar com o fato de que os japoneses haviam montado muitas seitas budistas não convencionais e grupos de milícias de direita. Ho Chi Minh voltou para a China para construir um apoio internacional no processo de libertação nacional. Foi preso no sul do país como espião e ficou encarcerado em diversas prisões durante 14 meses. Nesse período, escreveu poemas (ver cap. 10). Quando voltou ao Vietnã, em outubro de 1944, ele descobriu que as terras altas de Tonkin – cuja maioria era composta por minorias étnicas – estavam bem-organizadas e prontas para uma insurreição. Giáp estava pronto para mover suas forças em direção ao sul, enquanto Chu Văn Tấn (da comunidade minoritária Nùng) estava pronto para fazê-lo rumo ao norte.

O Vietnã conquistou sua independência em 1945, resultado de um colapso social massivo provocado pela fome. Entre outubro e novembro do ano anterior, um tufão atingiu Tonkin antes das chuvas, o que causou mais uma colheita ruim, atingindo as solicitações forçadas de grãos dos japoneses para alimentar suas tropas. A fome em massa estava no ar enquanto o excedente de grãos desaparecia do interior do país. Cerca de 2 milhões de pessoas morreram de fome nesse período. O Vietminh e o PCI dirigiram o campesinato para se apossar das reservas de grãos que sobraram e alimentar o povo, evitando assim maiores catástrofes. Estabelecendo bases de resistência em Annam e Tonkin, o PCI e seu braço armado lutaram para defender os camponeses da punição imperialista, dos impostos coloniais e do trabalho forçado, dos traidores e das dívidas; e na luta a favor da posse comunal de terras, da alfabetização, do sufrágio universal e da igualdade. Ho Chi Minh comandou o governo dessas áreas libertadas. Ele estava pronto para ser o presidente do Vietnã livre.

Em agosto de 1945, o imperialismo japonês entrou em colapso, abrindo espaço para um Congresso do Povo, convocado pelo PCI e pelo Vietminh. "Tomar o poder" era o seu *slogan*, o que eles cumpriram nas semanas seguintes. Em 2 de setembro de 1945, Ho Chi Minh ficou diante de um imenso público em Hanói e anunciou a formação da

República Democrática do Vietnã: "O Vietnã tem o direito de ser um país livre e independente e, na verdade, agora o é" (ver cap. 11).

A guerra pela libertação nacional

Quando Ho Chi Minh falava de "Vietnã", englobava todas as três partes: Bắc Kỳ (Tonkin), Trung Kỳ (Annam) e Nam Kỳ (Cochinchina). Os franceses tinham outra ideia. Na Conferência de Potsdam (julho-agosto de 1945), os aliados concordaram em dividir o Vietnã em setores britânico e chinês; para encurralar seus aliados, o general Charles de Gaulle enviou o Corpo Expedicionário Francês no Extremo Oriente (Cefeo) para tomar a Indochina. Em setembro de 1945, Ho Chi Minh disse às crianças pequenas que os franceses "estão tentando voltar" (ver cap. 12). No início de 1947, os franceses tomaram o controle das principais regiões do Vietnã, e Ho Chi Minh e suas forças recuaram para as terras altas de Việt Bắc. Trường Chinh, o secretário-geral do PCI, escreveu uma série de artigos que definiam a guerra que já havia começado. Ho Chi Minh já desenvolvera os temas em Pác Bó: a guerra prolongada e a guerra móvel eram os principais, ecoando a experiência do Partido Comunista da China e Mao Zedong. Sob o comando de Giáp e de outros, o PCI modernizou as forças armadas, reunindo 80 mil combatentes na luta contra 100 mil do Cefeo e formando milícias nas quais homens e mulheres se mobilizavam igualmente.

A guerra entre os vietnamitas e os imperialistas franceses se tornou uma parte de uma Guerra Fria mais ampla que se iniciara entre a União Soviética e os Estados Unidos; os comunistas soviéticos e chineses forneciam ajuda aos vietnamitas enquanto os estadunidenses amparavam os franceses.

As forças Vietminh atacaram com veemência os franceses e venceram batalhas em Cao Bằng (1949), Đông Khê (1950) e junto à Rota Colonial 4 (1950) antes da vitória decisiva contra a França em Dien Bien Phu (1954). A derrota francesa originou os Acordos de Genebra (julho de 1954), que tinham três disposições principais: a cessação das hostilidades, a divisão do país em duas partes no Paralelo 17 e a promessa de eleições nacionais em julho de 1956.

Ho Chi Minh conhecia muito bem as traições das potências imperialistas com relação às promessas que fizeram ao longo dos anos. Os franceses não cumpriram os acordos firmados em 6 de março de 1946 nem os de Genebra (os Estados Unidos também revogariam os Acordos de Paz de Paris em janeiro de 1973). Nenhuma das potências imperialistas cumpriram o acordo para cessar hostilidades ou realizar eleições. Em muitos de seus discursos depois de 1956, Ho Chi Minh voltou ao tema da traição imperialista; ele deixou claro ao povo vietnamita no norte e no sul, bem como às pessoas atentas do mundo todo, que seu governo estava preparado para as eleições, mas os imperialistas sabiam que suas marionetes em Saigon, como o imperador Bảo Đại, não se sairiam bem. Na verdade, o presidente estadunidense, Dwight D. Eisenhower, admitiu isso em seu livro em 1963:

> Jamais falei ou me correspondi com uma pessoa com conhecimento a respeito dos assuntos da Indochina que não concordasse que, se as eleições ocorressem no momento dos conflitos, possivelmente 80% da população teria votado no comunista Ho Chi Minh em vez de votar no chefe de Estado Bảo Đại. De fato, a falta de liderança e direção da parte de Bảo Đại foi um fator que prevaleceu no sentimento, entre os vietnamitas, de que eles não tinham nada pelo qual lutar. (Eisenhower, 1963, p. 372)

Um dos principais acordos era que os dois lados se absteriam de qualquer aliança internacional. Poucos meses depois, os Estados Unidos arquitetaram a construção da Organização do Tratado do Sudeste Asiático (Seato, na sigla em inglês), cujo "território livre sob a jurisdição do Estado do Vietnã" – ou seja, Vietnã do Sul – estaria dentro da órbita da Seato. Alguns anos mais tarde, o secretário de Estado estadunidense, John Foster Dulles, disse que a proposta da Seato era "fornecer ao nosso presidente a autoridade legal para intervir na Indochina" (Sulzberger, 1962). Isso foi uma violação dos Acordos, como Ho Chi Minh esclareceu em um discurso para celebrar o décimo aniversário da independência do Vietnã (ver cap. 33). Mais impiedosas, ainda, foram as represálias contra aqueles que, no sul, se uniram à luta de libertação nacional, além das prisões de todo o Movimento de Saigon-Cholon pela Paz (bem como dos líderes de 200 organizações, de grupos religiosos a associações esportivas, de fóruns de jovens a sindicatos de mulheres) (Burchett, 1957).

Os Estados Unidos, como Ho Chi Minh reconhecera anteriormente, não tinham qualquer interesse na democracia do Vietnã. A adesão ao comunismo tomou conta de grande parte da Ásia: nas Filipinas, a insurgência Hukbalahap – que envolveu o Partido Comunista das Filipinas por meio de seu Exército de Libertação Popular – ameaçou o frágil Estado apoiado pelos EUA (1942-1954); na China, o Partido Comunista venceu a guerra civil e fundou a República Popular da China (1949); na Coreia, o Exército Vermelho e o Exército de Libertação Popular da China apoiaram as forças comunistas de Kim Il-sung enquanto dominavam a região norte da península e organizavam uma insurreição massiva de esquerda no sul da Coreia (1945-1950); na Indonésia, os números e a influência do Partido Comunista cresceram rapidamente sob a liderança de D. N. Aidit (1951-1965); na Índia, o movimento comunista tentou uma insurreição em 1948 e depois liderou a importantíssima rebelião de Telangana (1946-1951), no coração do país. Os Estados Unidos usaram todos os métodos possíveis para conter o crescimento dos comunistas. Em uma coletiva de imprensa em 7 de abril de 1954, o presidente Eisenhower ponderou sobre a "queda" dos países asiáticos em direção ao comunismo – uma "queda" que ele comparou a um jogo de dominó: "Há uma fila de dominós montada; você derruba o primeiro e acontece que o último cairá rapidamente". Como disseram os planejadores do Departamento de Estado dos EUA, a China já estava "perdida". Naquele momento, a questão era impedir uma segunda China. Por isso os EUA apoiaram totalmente os ditadores Ramon Magsaysay, nas Filipinas, e Syngman Rhee, na Coreia do Sul – ambos autorizados a usar forças mortais contra seus povos. Por isso os EUA apoiaram o golpe na Indonésia em 1965. Por isso os EUA colocaram um ditador no Vietnã do Sul, Ngô Đình Diệm, que fez um governo fascista sem eleições locais ou qualquer tipo de democratização. Ho Chi Minh o definiu como a "cruel dominação do grupo EUA-Diệm" (ver cap. 44). Contando com o apoio da hierarquia católica, dos grandes proprietários de terras, velhos aristocratas e dos EUA, Diệm conduziu um Estado de terror que incluiu a guarnição de 8 milhões de moradores de vilarejos no que os EUA reconheceram como "campos de concentração" (Cushman, 1966, p. 28-29; Catton, 2002). Eles apoiaram Diệm até sua popularidade cair e ele ser assassinado, em 1963, e substituído por três ditadores militares (todos generais: Dương Văn Minh, Nguyễn Khánh, e Nguyễn Văn Thiệu) (Wheeler, 1966, p. A4).

Incapazes de construir apoio popular para a sua cruzada anticomunista, os Estados Unidos intensificaram um terrível conflito armado contra as forças de libertação nacional no sul e na República Popular do Vietnã. Em apenas uma campanha da guerra impiedosa estadunidense – Operação Hades (1961-1971) –, os EUA espalharam 73 milhões de litros de armas químicas no Vietnã visando destruir toda a vegetação do país. O agente laranja – a arma química mais terrível – foi usada na maior parte dos cinturões agrícolas do país. Essa guerra não só ajudou a matar milhões diretamente, mas deixou um legado terrível para o Vietnã socialista: dezenas de milhares de crianças vietnamitas nasceram com deficiências congênitas severas (espinha bífida, paralisia cerebral) e milhões de hectares de boas terras se tornaram tóxicas por causa dos químicos de longa duração. A devastação médica e agrícola já duram ao menos cinco gerações, e todos os indicadores apontam que ela perdurará por muitas outras. Nenhuma análise do estado de ameaça da revolução vietnamita pode ou deve evitar o ataque militar, biológico e químico dos EUA e seus aliados contra os comunistas emergentes no Vietnã recém-independente. Nesse período, a atitude geral do governo dos EUA pode ser resumida pela declaração de Phil Cannella, major do Exército estadunidense, que – ao observar a destruição de Bến Ter no Delta do Rio Mekong – ao jornalista da Associated Press, Peter Arnett: "Foi necessário destruir a cidade para salvá-la" (Arnett, 1968).

Em 1968, as forças de libertação nacional vietnamitas iniciaram uma enorme ofensiva contra os EUA e seus aliados. O evento ficou conhecido como a Ofensiva Tet, e – embora tenha fracassado militarmente – rompeu politicamente a espinha dorsal da guerra dos EUA. Quatro anos antes dela, o general Giáp comentou sobre as autoridades estadunidenses: "Eles não estão mais discutindo se irão ganhar ou perder, mas quando serão derrotados" (Burchett, 1964, p. 139-147). Essa foi a atitude de Ho Chi Minh, que fica evidente em vários discursos e escritos de 1964 adiante (ver cap. 46). Essa atitude definiu os últimos anos de Ho Chi Minh. Durante o pior momento de bombardeios na parte norte do Vietnã, ele fez um *tour* pelas defesas aéreas, no alto de seus quase 80 anos. Seus camaradas lhe questionaram sobre sua saúde: "Abatam mais aeronaves dos EUA", ele disse, "e minha saúde estará melhor do que nunca". Ho Chi Minh morreu em 1969 antes de seu país se libertar, mas ele certamente sabia do inevitável.

A teoria da construção socialista de Ho Chi Minh

Ho Chi Minh logo compreendeu que o período depois de 1945 seria definido por duas dinâmicas entrelaçadas.

1. A unificação do Vietnã pela derrota dos imperialistas franceses (e, mais tarde, estadunidenses), bem como a derrota das decadentes e antigas classes sociais (incluindo a monarquia de Bảo Đại);
2. A necessidade da revolução social, centrada na reforma agrária, para emancipar o povo dos fardos das reformas sociais feudais e da extração imperialista.

Essas dinâmicas foram identificadas pelo PCI e pelo Partido dos Trabalhadores do Vietnã. Como definiu Trường Chinh, "a revolução de libertação nacional" e a reforma agrária deveriam andar lado a lado; "por causa do estreito conluio entre os imperialistas e a classe latifundiária feudal, exercida para manter seu domínio, era impossível derrubar os imperialistas sozinhos sem atacar os feudalistas, seus agentes" (Chinh, 1969, p. 42).

Os escritos e discursos de Ho Chi Minh refletem esse olhar atento a essas dinâmicas. Costuma-se dizer que ele não era um teórico e não deixou um *corpus* de textos teóricos.[5] Esta é uma visão equivocada e limitada. Ho Chi Minh não teve tempo para estabelecer um grande tratado teórico sobre a natureza da Revolução do Vietnã, mas os textos que ele deixou – uma parte deles presente neste livro – nos ajudam a compreender a teoria que lhe permitiu liderar o PCI, e depois o Partido dos Trabalhadores do Vietnã, para triunfar sobre a agressão imperialista e começar o processo de construção do socialismo no Vietnã.

Ho Chi Minh mergulhou no estudo e no ensino ao longo de sua vida. Traduziu uma série de clássicos do marxismo para o vietnamita: o *ABC do comunismo*, de Bukharin e Preobrazhensky (1928); o *Manifesto comunista* (1936); *Esquerdismo, doença infantil do comunismo*, de Lenin (1936); e *História do partido Comunista da União Soviética*, de Stalin (1941). Escreveu uma variedade de textos, incluindo o importante *O caminho revolucionário* (ver cap. 5) e *A revolução da terra no Sudeste Asiático*. As traduções, os estudos, o ensino, todo o seu trabalho, além do engajamento na construção do processo revolucionário, fortaleceram a teoria marxista de Ho Chi Minh.

Em um relatório para a Internacional, em 1924, ele escreveu: "A luta de classes não é a mesma no Ocidente" (Brocheux, p. 50, p. 27). Karl Marx escrevera os textos disponíveis para

---

[5] Este é o julgamento de muitos dos biógrafos de Ho Chi Minh e nas introduções da maioria das antologias de seus escritos. Eu me baseei na antologia feita em Hanói, mas também nas três anteriores: (Minh, 1967, 1969, 2007). Bello (Minh, 2007, p. xi) afirma que a "inovação teórica de Ho Chi Minh não era o seu forte".

Ho Chi Minh tendo como centro a experiência europeia (apesar de, na França, ele admitir ter usado *O capital* como travesseiro, pois achou – naquela época – muito difícil de entender). "A Europa não é toda a humanidade", escreveu do Cantão para Moscou. No que dizia respeito à Indochina, era necessário "revisar o marxismo, até suas bases históricas, fortalecendo-o com uma etnologia oriental". Essa era a sua opinião em 1924. Conforme os anos se passaram, Ho Chi Minh não trocou a experiência europeia pela asiática; em vez disso, bebendo na fonte de Lenin, ele desenvolveu uma teoria marxista a partir do mundo colonial. Trata-se de um conjunto de considerações que agora chamamos de Marxismo de Libertação Nacional (Tricontinental, 2021).

Quando se distanciaram das fronteiras da região do Atlântico Norte, as fronteiras do marxismo tiveram que ser "ligeiramente estendidas", como escreveu Franz Fanon, e a narrativa do materialismo histórico precisou se intensificar (Fanon, 1967, p. 31). Cada um desses movimentos que assumiam o marxismo – como o do Vietnã, comandado por Ho Chi Minh – teve, antes de mais nada, que traduzi-lo para o seu próprio contexto. O problema central do marxismo nas colônias era que as forças produtivas nessas partes do mundo tinham sido sistematicamente corroídas pelo imperialismo, e as hierarquias sociais mais antigas não tinham sido arrastadas pelas marés democráticas. Como é possível fazer uma revolução em um lugar sem riqueza social?

Em países como a China e o Vietnã, os marxistas tiveram que experimentar o processo da construção socialista, testando suas teorias e desenvolvendo sua estrutura geral. As contradições e possibilidades que surgiram antes não são únicas; tampouco é a compulsão do tempo e a energia dos dirigentes. No entanto, a construção do socialismo no reino da necessidade requer uma série de considerações que ampliam a teoria marxista para além dos clássicos. Havia um aprendizado considerável a partir das experiências dos comunistas soviéticos e chineses; parte dessa experiência emergiu das visitas dos vietnamitas à União Soviética e à República Popular da China, e parte foi trazida por conselheiros. Muitas vezes, Ho Chi Minh reflete sobre as experiências desses dois países, decidindo inovar em alguns aspectos a partir das falhas ocorridas em outros lugares e nas experiências concretas do Vietnã.

Em 1957, Ho Chi Minh se dirigiu aos estudantes da primeira turma da escola do partido (ver cap. 38). Em apenas um parágrafo, ele apresentou a teoria marxista de libertação nacional, dando ênfase à necessidade do desenvolvimento das forças produtivas, da socialização do trabalho e da ampliação das mudanças culturais contra as hierarquias miseráveis de nossas sociedades.

> O Norte está no estágio de transição para o socialismo. A revolução socialista é a mudança mais abrangente e desafiadora. Precisamos construir uma sociedade completamente nova, desconhecida para a nossa história. Temos que mudar radicalmente os hábitos e costumes milenares, as maneiras de pensar e os preconceitos. Devemos mudar as velhas relações de produção, abolir as classes exploradoras e estabelecer novas relações de produção livres de exploração e opressão. Dessa forma, devemos gradualmente transformar nosso país, passando de um país agrícola atrasado para um industrializado. Pouco a pouco, a coletivização da agricultura deve ser implementada. A indústria privada e o comércio, além do artesanato, precisam passar por uma transformação socialista. Nosso país, ignorante e dominado pela pobreza, deve ser transformado em um país com uma cultura avançada e uma vida digna e feliz.

Cabe refletir durante um tempo desvendando a teoria deste parágrafo, que revela a práxis da revolução vietnamita. É igualmente essencial apontar que, desde 1945, houve debates intensos no movimento comunista e no Estado vietnamita sobre as várias políticas em si e sobre seu ritmo e sua sequência. Pouca atenção é dada à teoria de Ho Chi Minh em seus escritos, e há pouca discussão sobre os vários debates internos no Vietnã ao longo dos últimos 50 anos. Espero que esta coletânea de escritos de Ho Chi Minh fomente o debate sobre o marxismo de libertação nacional que ele ajudou a criar. No restante desta introdução, quero mostrar alguns elementos do pensamento de Ho Chi Minh, selecionados dos escritos que escolhi para este livro.

Revolução contra *O capital*

Karl Marx previu que as revoluções ocorreriam nas partes do mundo onde as forças produtivas capitalistas haviam se desenvolvido o suficiente e onde elas se deparariam com as limitações das relações sociais de produções ancoradas na propriedade privada. No entanto, o desenvolvimento revolucionário na Alemanha e em outras partes da Europa e da América do Norte – onde o capitalismo era bem-desenvolvido – falhou. Essa falha definiu grande parte do marxismo ocidental (Losurdo, 2017; Anderson, 1977).

Confiança em Lenin

Vivenciando a expansão do mundo colonial, Lenin argumentou, antes da Revolução de Outubro e depois, na Internacional, que os países sob a dominação colonial jamais veriam suas forças produtivas se desenvolverem e seriam forçados – por uma leitura mecânica do marxismo – a esperar eternamente pelo momento revolucionário. Os marxistas precisavam encorajar as lutas de libertação nacional nas colônias, fosse na Indochina ou na Irlanda, para derrubar o imperialismo e desencadear a possibilidade de um novo período histórico que colocaria o processo socialista em seu cerne.

Uma vez que as colônias tinham um nível baixo de desenvolvimento industrial, a classe trabalhadora não seria grande ou bem-desenvolvida o suficiente para fornecer a base da massa necessária para a luta. Assim, os marxistas precisavam organizar o campesinato – em particular, o proletariado rural – e forjar uma unidade de trabalhadores e camponeses comprometida com a libertação nacional e a revolução social (Prashad, 2018). No V Congresso da Internacional (1924), Ho Chi Minh declarou: "Os camponeses nativos estão prontos para a insurreição. Eles se rebelaram muitas vezes em muitas colônias, mas suas revoltas sempre terminaram em sangue. Se, atualmente, os camponeses ainda têm uma atitude passiva, é porque ainda lhes falta organização e líderes. A Internacional Comunista deve ajudá-los na revolução e libertação." (ver cap. 3)." Essa é a essência daquilo que Ho Chi Minh lia na década de 1920, e foi o que o levou ao movimento comunista por meio do leninismo (ver cap. 6).

Expulsar o colonizador, proteger o território

A libertação nacional tem dois elementos centrais:

1. a expulsão do poder colonial;
2. assegurar a soberania do território (seja uma nação ou uma confederação de nações).

O vice-primeiro-ministro da República Democrática do Vietnã, Phạm Văn Đồng, viajou no avião, de Rangun (Birmânia) para Bandung (Indonésia), com Jawaharlal Nehru, da Índia, Gamal Abdul Nasser, do Egito, Zhou Em Lai, da China e outros. No voo, Nehru e Văn Đồng compartilharam seu compromisso com a descolonização e com a importância da cooperação pacífica e o não alinhamento. Văn Đồng informou a Nehru que o governo de Ho Chi Minh estava comprometido com os Acordos de Genebra, que cooperaria com a Comissão Internacional de Controle, cuja tarefa era monitorar o progresso dos Acordos (a Índia era membro), e trabalharia pela descolonização pacífica do Vietnã. Eles chegaram na Indonésia para a Conferência Africana e Asiática de Bandung (1955) que destacou a importância da descolonização e da integridade territorial. Três anos mais tarde, Ho Chi Minh visitou a Índia e afirmou a insistência de seu país na negociação pacífica e no não alinhamento (ver cap. 39). Em dezembro de 1960, a Assembleia Geral da ONU aprovou uma resolução sobre a descolonização (resolução 1514, "Declaração sobre a concessão da independência aos países e povos coloniais"); esta declarava que "o processo de libertação era irresistível e irreversível".

O espírito de Bandung e a afirmação da Declaração da ONU fizeram parte da formação do Movimento Não Alinhado (MNA) em Belgrado (Iugoslávia) em 1961; no entanto, o movimento hesitou em se envolver na Guerra do Vietnã, e somente em 1969 (no Cairo) e em 1970 (em Lusaka) ele se posicionou a favor da retirada das tropas estrangeiras (dos Estados Unidos) do país.[6] Em 8 de março de 1965,

[6] A Ministra das Relações Exteriores da República Democrática do Vietnã, Madame Nguyen Thi Binh, estava programada para participar da Reunião dos Não Alinhados em Lusaka (Zâmbia) em setembro de 1970. Não havia maneira de chegar a Lusaka, uma vez que seu governo não tinha relações com a Zâmbia. Madame Binh e sua equipe chegaram a Dar es Salaam, onde se encontraram com Nyerere, que os convidou imediatamente para viajar

fuzileiros navais dos EUA já haviam desembarcado em Da Nang, acabando com a ilusão de serem meros "conselheiros" da ditadura Diệm. Em resposta, Ho Chi Minh esclareceu a centralidade da necessidade de expulsar os colonizadores de seu país: "Estamos determinados a lutar até a vitória final, mesmo se tivermos que seguir lutando por mais cinco, dez, vinte anos ou mais", declarou (Post, 1990, p. 325). E, de fato, foram necessários mais dez anos.

Construir um projeto socialista

Um elemento-chave do marxismo de libertação nacional sustentado por Ho Chi Minh é a inutilidade de se proteger um território sem fazer avançar a revolução social. Um território pode parecer independente ("independência de bandeira"), mas, se permanece enredado nos tentáculos do imperialismo, sua independência é meramente nominal. A verdadeira soberania e segurança requerem do país a criação de um projeto em torno do objetivo da emancipação do povo dentro da nação, ou confederação de nações. Construir um projeto em um país como o Vietnã é complexo, e é por isso que os debates no partido e no governo eram férteis.

em sua aeronave. Madame Binh desceu do avião de Nyerere ladeada por dois presidentes africanos, Nyerere e Milton Obote de Uganda. Durante a reunião dos Não Alinhados, alguns delegados do Sudeste Asiático se opuseram à presença de Madame Binh. Fidel Castro pegou o microfone e disse: "O Vietnã não é o melhor exemplo da alma e do espírito do movimento não alinhado? Temos a honra de tê-los aqui. A delegação cubana propõe que tornemos o Vietnã um membro, que encerremos essa discussão agora e apresentemos imediatamente os documentos para convidar a delegação de Nguyen Thi Binh a participar". Em meio aos aplausos, Madame Binh subiu ao palco e falou sobre a luta do Vietnã contra o imperialismo dos EUA. Dois anos depois, a República Democrática do Vietnã tornou-se membro pleno do Movimento dos Não Alinhados.

No início, os comunistas vietnamitas – incluindo Ho Chi Minh – usavam a linguagem de estágios para descrever a construção do projeto socialista. Primeiro, diziam eles, viria o estágio nacional-democrático, no qual uma frente única de setores da burguesia patriota (incluindo os donos de terras), ao lado da classe trabalhadora e dos camponeses, confrontaria o imperialismo e seus aliados aristocráticos. Essa batalha resultaria na necessária derrota do imperialismo. Um novo estágio surgiria quando a classe trabalhadora e o campesinato fizessem avançar a revolução social para confrontar a burguesia (incluindo os donos de terras). Mas os comunistas vietnamitas não entendiam esses estágios dessa forma mecânica. Em um relatório para o Segundo Congresso do Partido dos Trabalhadores do Vietnã (em fevereiro de 1951), os comunistas esclareceram seu entendimento acerca dos estágios:

> Todos os estágios da revolução vietnamita se sucedem e são intimamente ligados entre si. A tarefa do estágio posterior deve ser realizada desde já até certo ponto do estágio anterior, e às vezes é preciso prosseguir para o estágio seguinte para cumprir, parcialmente, certas tarefas que não foram cumpridas no anterior.
>
> Não obstante, não devemos esquecer que cada estágio tem sua própria tarefa central, e não podemos confundi-la com a tarefa central imediata de outro estágio. Tampouco podemos elevar ao mesmo nível a tarefa central de cada estágio. Cumprir parcialmente a tarefa de um estágio posterior no anterior significa que isso só pode ser feito até onde seja de interesse para a conclusão da tarefa central do estágio anterior. Não aceitamos a tendência a 'pular estágios' – uma tendência que é precipitada e pouco cuidadosa, e não compreende o essencial de cada etapa de forma sólida. Entretanto, também rejeitamos a tendência a 'progredir pouco a pouco', segundo a qual o estágio posterior só pode ser realizado quando todas as tarefas do estágio anterior estiverem concluídas. Por exemplo,

> durante o estágio da revolução democrática nacional popular, nós já teremos que construir setores socialistas e cooperativos; mas talvez tenhamos que avançar para o estágio da revolução socialista antes que todos os traços malignos e exploradores do feudalismo e semifeudalismo sejam eliminados. (Post, 1989b, p. 7)

De fato, o objetivo da construção socialista era fundamental para os comunistas. A única questão era como sequenciar os diversos elementos do processo, o que requereria uma maior atenção às necessidades da luta de libertação nacional. As alianças e os compromissos construídos deveriam ser trabalhados de maneira cuidadosa, baseando-se na necessidade de uma frente ampla, mas ao mesmo tempo deveriam ter cuidado para não alienar as classes fundamentais (operária e camponesa) do partido ao firmar alianças maiores.

Estava claro para Ho Chi Minh que a dominação do território – sejam as áreas libertas no Norte antes de 1945 ou a República Democrática do Vietnã depois de 1945 – não era um objetivo por si só. Alguns padrões básicos devem ser definidos para a transição a um Estado socialista. Esses padrões são postos em movimento pelo compromisso de melhorar a vida das pessoas por meio do planejamento e organização socialistas, bem como pela transformação, principalmente, das relações de terra e da produção industrial. Portanto, a prioridade de Estado socialista em um contexto pós-colonial é fazer a reforma agrária, construir o setor industrial e estabelecer melhorias na saúde e educação.

Uma vez que a maior parte da população vietnamita trabalhava na terra em 1945, a reforma agrária precisava ser feita o mais rápido possível. Em maio de 1950, o governo de Ho Chi Minh aliviou o fardo do campesinato ao perdoar a maioria das dívidas, cancelando muitos dos contratos dos trabalhadores agrícolas, reduzindo o aluguel das terras e abrindo as terras abandonadas pelos donos. O governo utilizou seus recursos para construir infraestrutura, como canais e estradas. Esse foi o início do processo de reforma agrária, que começou de fato no norte do Vietnã em 1953. A reforma agrária tinha diversos aspectos importantes, dentre eles:

1. satisfazer a carência de terra dos trabalhadores agrícolas e camponeses;
2. atrair os camponeses para uma agricultura cooperativa eficiente, o que tornaria economicamente viável aumentar o uso de insumos (incluindo maquinário), aumentando a produtividade da área cultivada;
3. destruir o poder político dos donos de terras e das relações sociais decadentes que os beneficiavam, incluindo o poder do clero e da polícia local. Somente a reforma agrária poderia lavar a "lama de séculos" que se calcificou em torno do potencial humano e devastou a imaginação (Marx e Engels, 1964, p. 86);
4. construir novas estruturas coletivas para fornecer saúde e educação. O Estado e o partido conduziram uma variedade de campanhas de massa para melhorar a saúde e a alfabetização nos anos 1950 (em 1956, 13 dos 15 milhões de pessoas tinham aulas de higiene e medicina preventiva). O governo e as cooperativas construíram centros comunitários de saúde, que participavam de campanhas massivas e adotavam práticas tanto da medicina tradicional vietnamita quanto moderna; esses centros de saúde comunitários eram responsáveis perante os membros da comunidade. As palestras de Ho Chi Minh aos professores e profissionais de saúde (ver cap. 21 e 31)

revelam essas políticas; o sucesso do sistema público de saúde do Vietnã foi celebrado em 1978, na reunião da Organização Mundial da Saúde (OMS) em Alma-Ata (União Soviética), o que gerou a aclamada Declaração de Alma-Ata.

A política de reforma agrária conduzida pelo Partido dos Trabalhadores do Vietnã produziu o que Mao chamou, em 1955, de "maré alta do interior" para a República Popular da China. Em sua carta aos camponeses e à direção do partido, em 1956, Ho Chi Minh escreveu: "A reforma agrária é uma luta de classes contra os feudalistas; uma revolução estremecedora, feroz e difícil" (ver cap. 37). Era de se esperar que na República Democrática do Vietnã, assim como em muitas partes do Vietnã do Sul (por meio do trabalho da Frente Nacional para a Libertação do Vietnã do Sul, FNL), o campesinato se juntasse à bandeira dos comunistas e tivesse Ho Chi Minh bem perto de seus corações. Inúmeros estudos sobre a realidade do Vietnã durante os anos 1960 – feitos pelo próprio partido ou por acadêmicos ocidentais – afirmam isso. James Thrullinger, que estudou My Thuy Phuong (perto de Huế), foi informado por um camponês que a FNL "tinha as soluções para todos os problemas importantes que conhecíamos. Eles tinham uma solução para a reforma agrária: dariam terra aos pobres. Eles tinham uma solução para os impostos altos. Diziam que a Libertação gastaria os impostos apenas com o povo e os recolheria sem corrupção. Também diziam que ajudariam os pobres, o que os tornaram populares, porque muitas pessoas nos vilarejos eram pobres" (Trullinger, 1980, p. 99; Elliott, 2003; Andrews, 1973; Chau, 1966).

De fato, erros se infiltraram na política de reforma agrária, e parte dela foi revogada em 1956. Muitos desses erros foram previstos por Ho Chi Minh em seu discurso em uma conferência sobre a reforma agrária em Thái Nguyên, em setembro de 1954 (ver cap. 29). Há duas lições aqui: primeiro, a política, apesar de seus problemas, certamente democratizou o Vietnã do Norte e forneceu um farol para o sul, dominado por latifundiários; segundo, a política que emergiu das tentativas honestas de transformação de uma realidade social hedionda ("somente quem não faz nada nunca comete erros", escreveu Lenin em 1922) (Lenin, 1972, p. 233).

Um dos aspectos críticos da agenda da reforma agrária é o papel central que ela teve nos planos da República Democrática do Vietnã e o fato de ela não ter sido secundária ao desenvolvimento industrial. Ho Chi Minh e seus camaradas estudaram cuidadosamente a experiência na União Soviética e na China. As lições de Mao, em 1955-1956, que eram bem conhecidas por Ho Chi Minh, tiveram um papel fundamental no desenvolvimento do processo de planejamento do Vietnã. Assim como os estágios da revolução, o processo de reforma agrária e industrialização deveria ser entendido como sequencial e paralelo. A indústria pesada, escreveu Mao em julho de 1955, "produz tratores e outras máquinas para uso agrícola, fertilizantes químicos, meios de transporte modernos, petróleo, energia elétrica etc., e tudo isso só pode ser utilizado ou utilizado extensivamente com base em uma agricultura na qual prevalece a agricultura cooperativa em grande escala". Assim ele escreveu, em "Sobre a transformação cooperativa da agricultura":

> Agora estamos fazendo uma revolução não apenas no sistema social, na mudança da propriedade privada para a pública, mas também na tecnologia, na mudança da produção artesanal para uma produção de larga escala, com máquinas modernas, e essas duas revoluções estão interconectadas. Na agricultura, dadas

> as condições em nosso país, a cooperação deve preceder o uso do grande maquinário (em países capitalistas, a agricultura se desenvolve de forma capitalista). Por isso, não podemos considerar a indústria e a agricultura, a industrialização socialista e a transformação socialista da agricultura como coisas isoladas ou desconectadas, e de forma alguma devemos enfatizar uma em detrimento da outra. (Tse-tung, 1977, p. 197)[7]

O planejamento central, desenvolvido tanto na União Soviética como na República Popular da China, precisava ser estabelecido o quanto antes. Em novembro de 1945, Ho Chi Minh resumiu um problema grave diante do Conselho de Ministérios:

> Estamos governando em um período difícil. Os chineses, franceses e japoneses estão presentes em nossas terras, e precisamos lidar com a fome. Nossos ministérios não se comunicam entre si, e nosso governo não tem um plano de ação comum. Sofremos com a falta de pessoal, apesar de termos aberto nossas fileiras. (Broucheux, 2007, p. 96)

Foi necessária uma década para estruturar a capacidade administrativa do Estado, que fora seriamente prejudicada pela fuga dos franceses e dos vietnamitas que trabalhavam para o Estado colonial. Isso criou uma oportunidade ao novo Estado, pois agora a República Democrática do Vietnã era capaz de produzir uma nova cultura de Estado. Para isso, o partido desenvolveu a teoria da "maestria coletiva" (làm chủ tập thể). Le Duan escreveu sobre a necessidade de criação de "um Estado organizado pela classe trabalhadora e pelo povo trabalhador para exercitar seu direito à maestria coletiva – um Estado que de fato seja do povo, pelo povo e para o povo, por

[7] Em "On the ten major relationships" [As dez maiores relações] (abr. 1956), Mao produz uma crítica detalhada do modelo soviético de coletivização, um texto que Ho Chi Minh leu atentamente (Tse-tung, 1977, p. 284-307).

meio do qual o partido exercita sua liderança sobre a sociedade" (Duan, 1980, p. 15-16). Em 1967, Le Duan afirmou que exercitar a liderança significava que o partido "sempre começa com as aspirações, interesses e grau de consciência e compreensão das massas. Depois de apresentadas as linhas e políticas, o partido deveria propagá-las entre as massas e colocá-las em discussão pelas massas para que elas as incorporem às suas ideias. Por meio das ideias e ações revolucionárias das massas, o partido soma experiências e aperfeiçoa suas linhas e políticas" (Duan, 1980, p. 87). Aqui, Le Duan trata do partido, mas poderia muito bem se referir ao Estado, uma vez que a liderança da República Democrática do Vietnã esperava incutir essa mesma atitude de um Estado de massa na estrutura administrativa. Em seus discursos e escritos, Ho Chi Minh incita o partido, as organizações de massa e os burocratas estatais a evitar "o subjetivismo, a burocracia, o 'mandonismo', a mente fechada e a arrogância" (ver cap. 23 e 32). Em 1951, ele disse ao partido: "Isso [o mandonismo] se revela na tendência de depender da administração para obrigar o povo a fazer as coisas, sem se preocupar em agitar e lhe explicar, em fazê-lo trabalhar por iniciativa e vontade próprias" (ver cap. 23).

Somente em outubro de 1955, uma década depois de Ho Chi Minh se queixar da falta de pessoal, a República Democrática do Vietnã estabeleceu um Conselho de Planejamento Nacional e começou a coordenar os setores do governo. Sempre há um delicado equilíbrio entre colocar o melhor quadro no governo, e, portanto, perder o pessoal com capacidade de construir a conexão do partido com as massas, e deixá-los no partido, pondo em risco a operação do governo. Isso é particularmente um problema em um país com baixos níveis de alfabetização e onde a confiança nas estruturas educacionais no partido para construir as competências básicas é muito alta (há uma leitura errada dessa dinâmica, achando que a direção queria que o partido dominasse o governo, quando na verdade o que geralmente acontece é que o governo busca pessoas capacitadas no partido para integrar a administração). O Conselho de Planejamento Nacional lançou um plano de um ano para trazer de volta os índices econômicos de 1939 à economia de 1956; a guerra – e a fome – assolou a atividade econômica. Juntamente com esse plano, o Conselho estabeleceu um programa de alfabetização de três anos. Em 1957-1958, o Conselho pôde iniciar um plano trienal – 1958-1960 – e depois iniciar os planos quinquenais de 1961 a 1965 (Post, 1989b, p. 18-19; 1989c, p. 7).

Era necessário utilizar todos os meios para construir as forças produtivas, incluindo os compromissos para acumular capital para o bem público, e todos os meios tinham que ser utilizados para socializar o trabalho (inclusive por meio da produção coletiva, como em cooperativas). Como o capital geralmente não estava disponível de prontidão, a transformação cultural da vida social e do processo produtivo foi fundamental. Assim como a ênfase de Che Guevara no trabalho voluntário, Ho Chi Minh desenvolveu a teoria da "emulação patriota" (Thi đua là yêu nước, yêu nước thì phải thi đua – "o patriotismo é emulação; os patriotas devem emular") (ver, por exemplo, p. zz, documentos 23 e 25). Em outubro de 1959, como parte da avaliação do processo de planejamento, a Secretaria do Comitê Central do partido examinou seu funcionamento. Descobriu-se que a emulação patriótica era um componente importante do desenvolvimento planejado no Vietnã, mas os avanços tecnológicos não podiam ser ignorados:

> Não bastaria apenas contarmos com educação ideológica, ação política e emulação socialista. O aumento da produtividade do trabalho deve ser realizado com base na melhoria da tecnologia e racionalização da produção e um alto nível de tecnologia para alcançar altos níveis de produtividade do trabalho, garantindo assim o maior suprimento para atender às necessidades cada vez maiores de uma sociedade socialista. (Post, 1989b, p. 221)

Essa era uma questão sobre a qual Ho Chi Minh voltaria a falar para o partido em 1960 (ver cap. 45). Era necessária uma mudança de atitude, bem como a infusão da tecnologia e da melhoria na organização da mão de obra. Erguer as massas – esta era a crença de Ho Chi Minh. Para isso, como presidente da República Democrática do Vietnã, ele viveu uma vida monástica em um pequeno quarto, acompanhado de uma tigela de arroz com peixe, berinjela marinada e caldo, e um bom estoque de cigarros Lucky Strike (sua concessão às multinacionais estadunidenses).

Um livro como este não faz justiça o suficiente à diversidade da obra de Ho Chi Minh. No entanto, é um excelente ponto de partida para estudar não somente Ho Chi Minh ou o Vietnã, mas também o marxismo de libertação nacional.

Em um de seus poemas, Ho Chi Minh escreveu sobre Quang Trung, herói nacional:

> Ele tinha força de vontade
> Tinha um cérebro poderoso
> E, além disso, o povo
> Unido sob a sua bandeira.

Ho Chi Minh poderia muito bem escrever isso sobre si mesmo e sua bandeira flutuando no vento.

Santiago, Chile.
Agosto de 2021.

Referências

ANDERSON, Perry. *Considerations on Western Marxism*. Londres: New Left Books, 1977.

ANDREWS, William. *The village war*: vietnamese communist revolutionary activities in Dinh Tuong Province, 1960-1964. Columbia: University of Missouri Press, 1973.

ANH, Nguyen The. *South Vietnam*: trial and experience. Athens: Ohio University Press, 1987.

ARNETT, Peter. Major describes move. *New York Times*, 8 fev. 1968.

ASHBY, Heather. *The Communist University of the TOILERS of the East*. Nova Delhi: Left Word Books, 2021.

BÌNH, Trần Tử. *The red earth*: a vietnamese memoir of life on a colonial rubber plantation. David Marr (ed.) Atens: Ohio University Press, 1985.

BROCHEUX, *Ho Chi Minh*: a biography. Cambridge: Cambridge University Press, 2007.

BURCHETT, Wilfred. *North of the 17th Parallel*. Hanói: Red River Publishing House, 1957.

BURCHETT, Wilfred. *My visit to the liberated zones of South Vietnam*. Hanói: Foreign Languages Publishing House, 1964.

CATTON, Philip E. *Diem's final failure*: prelude to America's war in Vietnam. Lawrence: University Press of Kansas, 2002.

CHAU, Le. *Le Vietnam socialiste*. Paris: François Maspero, 1966.

CHINH, Trường. *Forward along the path charted by Karl Marx*. Hanói: Foreign Languages Press, 1969.

CUSHMAN, Coronel John. Pacification: concepts developed in the field by the RVN 21st Infantry Division. *Army*, n. 16, p. 28-29, mar. 1966.

DUAN, Le. "Bringing into full play the right to Collective mastery". *On the Right to Collective Mastery*. Hanói: Foreign Languages Publishing House, 1980.

DUAN, Le. "Promote Socialist Legality, Ensure the People's Right to Collective Mastery". *On the Right to Collective Mastery*. Hanói: Foreign Languages Publishing House, 1980.

DUIKER, William. *Ho Chi Minh*: a life. Nova York: Hachette, 2000.

DUONG, Pham Cao. *Vietnamese peasants under french domination*, 1861-1945. Berkeley: University of California Press, 1985.

EISENHOWER, Dwight D. *Mandate for change*, 1953-56. Garden City: Doubleday, 1963.

ELLIOTT, David. *The vietnamese war*: revolution and social change in the Mekong Delta, 1930-1975. Armonk: Sharpe, 2003.

FANON, Frantz. *The wretched of the earth*. Harmondsworth: Penguin Books, 1967.

KHÁNH, Huynh Kim. *Vietnamese communism*: 1925-1945. Ithaca: Cornell University Press, 1982.

KOBELEV, Yevgeny. *Ho Chi Minh*. Moscou: Progress Publishers, 1989.

LACOUTURE, Jean. *Ho Chi Minh*, Nova York: Vintage, 1968.

LENIN, V. I. On the significance of militant materialism. *Pod Znamenem Marksizma*, n. 3, 12 mar. 1922. *In:* LENIN, V. I. *Collected Works*. v. 33. Moscou: Progress Publishers, 1972.

LOSURDO, Domenico. *Il marxismo occidentale*: come nacque, come morì, come può rinascere, Bari: Editori Laterza, 2017. [Há edição recente em português: *O marxismo ocidental*: como nasceu, como morreu, como pode renascer. São Paulo: Boitempo, 2017.]

MANDELSTAM, Osip. An interview with Ho Chi Minh [Nguyen Ai Quoc] – 1923. *Commentary*, ago. 1967, p. 80.

MARR, David. *Vietnamese tradition on trial* (1920-1945). Berkeley: University of California Press, 1981.

MARX, Karl; Engels, Friedrich. *The german ideology*. Moscou: Progress Publishers, 1964, p. 86. [Há edição recente em português. *A ideologia alemã*. São Paulo: Expressão Popular, 2022.]

MINH, Ho Chi [Nguyen Ai Quoc]. *Le procès de la colonisation francaise*. Paris: Librairie du Travail, 1925.

MINH, Ho Chi. An open letter to M. Léon Archimbaud. *La Paria*, 15 jan. 1923. *In*: MINH, Ho Chi. *Ho Chi Minh on revolution*: Selected Writings, 1920-1966. Bernard B. Fall (ed.). Nova York: Praeger, 1967.

MINH, Ho Chi. *Ho Chi Minh on revolution*: Selected Writings, 1920-1966. Bernard B. Fall (ed.). Nova York: Praeger, 1967.

MINH, Ho Chi. *Ho Chi Minh*: selected articles and speeches, 1920-1967. Jack Woddis (ed.) Nova York: International Publishers, 1969.

MINH, Ho Chi. *Ho Chi Minh*: down with colonialism! Walden Bello (ed.). Londres: Verso, 2007.

MURRAY, Martin J. "White gold" or "white blood"? The rubber plantations of colonial Indochina, 1910-40. *Journal of Peasant Studies*, v. 19, n. 3, 1992.

POST, Ken. *Revolution, socialism, and nationalism in Viet Nam*. v. 1: An interrupted revolution. Belmont: Wadsworth, 1989a.

POST, Ken. *Revolution, socialism, and nationalism in Viet Nam* v. 2: Viet Nam Divided. Belmont: Wadsworth, 1989b.

POST, Ken. *Revolution, socialism, and nationalism in Viet Nam* v. 3: Socialism in half a contry. Belmont: Wadsworth, 1989c.

POST, Ken. *Revolution, socialism, and nationalism in Viet Nam*. v. 4: The failure of counterinsurgency in the South. Belmont: Wadsworth, 1990.

PRASHAD, Vijay. "Comrade Lenin", *Lenin*: Selected Writings. Nova Delhi: Left Word Books, 2018.

QUINN-JUDGE, Sophia. *Nguyen Ai Quoc, the Comintern, and the vietnamese communist movement* (1919-1941). London: Ph.D. SOAS, 2001.

SCHOENBRUN, David. *As France goes*. Nova York: Harper, 1957.

SULZBERGER, Cyrus L. The alliance that never really was. *New York Times*, 30 mai. 1962.

TRẦN, Dân Tiên. *Glimpses of the life of Ho Chi Minh*: president of the Democratic Republic of Vietnam. Hanoi: Foreign Languages Publishing House, 1958.

TRICONTINENTAL (Institute for Social Research). *Dawn:* Marxism and national liberation. Dossier n. 37, feb., 2021.

TRULLINGER, James. *Village at war:* an account of revolution in Vietnam. Nova York: Longman, 1980.
TSE-TUNG, Mao. On the cooperative transformation of agriculture. *In*: TSE-TUNG, Mao. *Selected works of Mao Zedong.* v. V. Pequim: Foreign Language Press, 1977.
TSE-TUNG, Mao. On the ten major relationships (abr. 1956). *In*: TSE-TUNG, Mao. *Selected works.* v. V. Pequim: Foreign Language Press, 1977.
TU, Mai Thi; TUYẾT, Lê Thị Nhâm. *Women in Vietnam*. Hanói: Foreign Languages Publishing House, 1978.
VIỆN, Nguyễn Khắc. The Vietnamese Experience and the Third World. *Bulletin of Concerned Asian Scholars*, VI, set./out. 1974, p. 10.
VIỆN, Nguyễn Khắc. *Vietnam*: a long history. Hanói: Foreign Languages Publishing House, 1987.
VIETNAM (Democratic Republic). Committee for the Study of the History of the Viet Nam Workers' Party. *Our president Ho Chi Minh*, Hanoi: Foreign Languages Publishing House, 1970.
WHEELER, John. Only a fourth of South Viet Nam is under control of Saigon regime. *Washington Star*, 25 jan. 1966.

COLONIALISMO

1. CARTA ABERTA A M. ALBERT SARRAUT, MINISTRO DAS COLÔNIAS[1]

La Paria, 1 de agosto de 1922

Vossa Excelência,

Sabemos muito bem que a sua afeição pelos nativos, das colônias em geral, e dos anameses, em particular, é grande.

Sob seu proconsulado, o povo anamês conheceu a verdadeira prosperidade e felicidade, a felicidade de ver seu país alastrado, por todos os lados, por um número cada vez maior de lojas de bebidas alcoólicas e de ópio, os quais, ao lado de pelotões de fuzilamento, "democracia" e todo o aparato otimizado da civilização moderna, se combinam para fazer dos anameses o povo mais avançado dentre os asiáticos e os mais felizes mortais.

Tais atos de benevolência nos salvam do problema de lembrarmos de todos os outros, como recrutamento e empréstimos forçados, repressões sangrentas, destronamento e exílio dos reis, profanação de lugares sagrados etc.

Como diz o poema chinês: "A brisa de bondade segue o movimento de seu leque, e a chuva da virtude precede os

[1] Em outubro de 1921, um grupo de radicais anticoloniais na França, incluindo Ho Chi Minh, fundou a União Intercolonial, que era próxima do Partido Comunista Francês. Outros membros do grupo vinham das Antilhas, Daomé, Guadalupe, Guiana e Reunión. Em abril de 1922, Ho Chi Minh começou a publicar o jornal, intitulado *La Paria*, que – em seu auge – contava com cerca de 2 mil assinantes; apenas algumas cópias puderam chegar ao Vietnã.

rastros da sua carruagem". Uma vez que o senhor agora é o chefe supremo de todas as colônias, seu cuidado especial pelos indochineses aumentou graças a sua ascensão. Em Paris, o senhor criou um serviço cuja tarefa especial – com atenção especial à Indochina, de acordo com uma publicação da colônia – é vigiar os nativos, especialmente os anameses, que vivem na França.

Mas "vigiar", por si só, pareceu insuficiente para a preocupação paternal de Vossa Excelência, e o senhor quis fazer mais. Por isso, há algum tempo, o senhor concedeu a cada anamês – "caro anamês", como disse Vossa Excelência – um ajudante de ordens privado. Embora ainda sejam novatas na arte de Sherlock Holmes, essas boas pessoas são muito devotas e particularmente simpáticas. Temos apenas elogios a elas e ao seu chefe, Vossa Excelência.

Ficamos sinceramente emocionados com a honra que Vossa Excelência, com extrema bondade, nos concede, e aceitaríamos com toda a gratidão se isso não parecesse um tanto supérfluo e não despertasse inveja e ciúmes.

Em um momento em que o Parlamento está tentando economizar dinheiro e reduzir o pessoal da administração, quando há um enorme déficit de orçamento, quando a agricultura e a indústria sofrem de escassez de mão de obra, quando estão sendo feitas tentativas de cobrar impostos sobre os salários dos trabalhadores. Em um momento em que o repovoamento requer o uso de todas as energias produtivas, nos pareceria antipatriótico, em um momento como esse, aceitar favores pessoais que necessariamente provocam a perda dos poderes dos cidadãos condenados, como ajudantes de ordens, e levem ao ostracismo e ao gasto do dinheiro suado do proletariado.

Portanto, nos mantendo gratos ao senhor, nós respeitosamente rejeitamos essa distinção, que é lisonjeira para nós, mas muito cara para o país.

Se Vossa Excelência insiste em saber o que fazemos todos os dias, é simples: temos que publicar, todas as manhãs, um boletim sobre os nossos movimentos, e Vossa Excelência terá apenas o trabalho de ler.

Além disso, nosso horário de trabalho é muito simples e quase nunca muda.

Manhãs: das 8h às 12h no escritório.

Tardes: nas redações dos jornais (de esquerda, claro) ou na biblioteca.

Noites: em casa ou participando de palestras educativas.

Domingos e feriados: visitando museus ou outros lugares de interesse.

Aqui está!

Com a esperança de que este método conveniente e racional trará satisfação à Vossa Excelência.

2. MULHERES ANAMESAS E A DOMINAÇÃO FRANCESA

La Paria, 1 de agosto de 1922

A colonização é, em si, um ato de violência do mais fraco contra o mais forte. Essa violência se torna mais odiosa quando dirigida a mulheres e crianças.

É de uma ironia amarga descobrir que a civilização – simbolizada em suas várias formas, a saber, a liberdade, justiça etc., pela imagem amável da mulher, e comandada por uma categoria de homens muito conhecidos por serem campeões de bravura – inflige sobre o seu emblema vivo o tratamento mais comum e a aflige vergonhosamente em suas maneiras, sua modéstia e até a sua vida.

O sadismo colonial é incrivelmente difundido e cruel, mas aqui nos limitaremos a recordar alguns casos vistos e descritos por testemunhas de parcialidade insuspeita. Esses fatos permitirão que nossas irmãs ocidentais compreendam a natureza da "missão civilizadora" do capitalismo e do sofrimento de suas irmãs nas colônias.

"Quando os soldados chegaram", relata um colonizado, "a população fugiu; restaram apenas dois homens idosos e duas mulheres; uma solteira e uma mãe, amamentando seu bebê e segurando a mão de sua filha de oito anos. Os soldados pediram dinheiro, bebidas e ópio."

"Como não conseguiram se fazer entender, eles ficaram furiosos e derrubaram um dos idosos com uma coronhada de fuzil. Mais tarde, dois deles, que já estavam bêbados quando chegaram, se divertiram por muitas horas assando o outro idoso em uma fogueira. Enquanto isso, os outros estupraram as duas mulheres e a menina de 8 anos. Então, cansados, eles a assassinaram. A mãe conseguiu escapar com o bebê, e a cerca de 100 metros de distância, escondida em um arbusto, ela viu sua companheira ser torturada. Ela não sabia o porquê do assassinato, mas viu a menininha de bruços, amarrada e amordaçada, e um dos homens, várias vezes, enfiando devagar a sua baioneta no estômago dela, e depois retirando. Depois, ele cortou um dedo da garota morta para pegar um anel e a cabeça dela para roubar um colar."

"Os três cadáveres jaziam no chão de um antigo sapal; a menina de 8 anos nua, a mulher jovem estripada, seu antebraço esquerdo enrijecido levantando o punho cerrado para o céu apático; e o homem idoso, horrível, o corpo nu como os outros, desfigurado pelo fogo, sua gordura, que tinha derretido, escorrido e congelado com a pele da barriga inchada, grelhada e dourada como a pele de um porco assado."

3. RELATÓRIO SOBRE AS QUESTÕES NACIONAIS E COLONIAIS NO QUINTO CONGRESSO DA INTERNACIONAL COMUNISTA

Quinto Congresso da Internacional Comunista, 8 de julho de 1924

Discurso 1

Camaradas, desejo apenas encaminhar algumas sugestões sobre as críticas do camarada Manuilsky às nossas políticas acerca da questão colonial.[1] Mas, antes de entrar na questão, convém apresentar algumas estatísticas para nos ajudar a ver sua importância de maneira mais clara.

	Metrópoles		Colônias	
Países	**Área (km²)**	**População**	**Área (km²)**	**População**
Grã-Bretanha	151.000	45.400.000	34.910.000	403.600.000
França	536.000	39.000.000	10.250.000	55.600.000
Estados Unidos	9.420.000	100.000.000	1.850.000	12.000.000
Espanha	504.500	20.700.000	371.600	853.000

1 Dmitry Manuilsky foi Secretário do Comitê Executivo da Comintern de dezembro de 1926 a maio de 1943. Na Comintern, Manuilsky defendia a abordagem da frente única, que ampliaria a luta anticolonial para incluir as forças nacionalistas pequeno-burguesas. Ele disse que o Partido [Comunista] Chinês havia sido crítico em relação aos membros que haviam entrado no Guomindang sob o argumento de "colaboração de classes"; os comunistas, segundo Manuilsky, deveriam "não apenas colaborar com partidos pequeno-burgueses, mas também tomar a iniciativa em organizá-los em países atrasados". Ho Chi Minh não era contrário a essas táticas, desde que não fossem elevadas a uma estratégia. Para mais informações, consultar Quinn-Judge (2001, p. 64), Peterson (2016), Vijay Prashad (2016), Riddell, Prashad e Mollah (2019).

Itália	286.600	38.500.000	1.460.000	1.623.000
Japão	418.000	57.070.000	288.000	21.249.000
Bélgica	29.500	7.642.000	2.400.000	8.500.000
Portugal	92.000	5.545.000	2.062.000	8.738.000
Holanda	32.500	6.700.000	2.046.000	48.030.000

Portanto, nove países com uma população de 320.657 milhões e uma área de 11.470.100 quilômetros quadrados estão explorando colônias que abrangem dezenas de nacionalidades, com uma população de 560.193 milhões e que cobrem uma área de 55.637.600 quilômetros quadrados. A área total das colônias é cinco vezes maior do que a das metrópoles, e a população total deles equivale a menos de três quintos das colônias.

Esses números são ainda mais impressionantes se os maiores países imperialistas forem considerados separadamente. As colônias britânicas, como um todo, são 8,5 vezes mais populosas e cerca de 232 vezes maiores do que a Grã-Bretanha. A França ocupa uma área 19 vezes maior do que a sua própria. A população das colônias francesas tem 16.600 milhões de habitantes a mais do que a França.

Logo, não é exagero dizer que enquanto os Partidos Comunistas francês e britânico não desenvolverem uma política progressista em relação às colônias, não entrarem em contato com os povos das colônias, seu programa como um todo será ineficaz, porque vai contra o leninismo. Explicarei de maneira mais clara. Em seu discurso sobre Lenin e a questão nacional, o camarada Stalin disse que os reformistas e os dirigentes da Segunda Internacional não ousaram alinhar os brancos das colônias com seus semelhantes racializados.[2] Lenin também se

2 "A Europa não é composta por um país isolado; ela está ligada às suas colônias, ela vive da seiva vital proveniente dessas colônias. Acreditar que a conferência

recusou a reconhecer essa divisão e deixou de lado o obstáculo que separava os escravizados civilizados do imperialismo dos escravizados não civilizados.

De acordo com Lenin, a vitória da revolução na Europa Ocidental dependia da sua proximidade com o movimento de libertação contra o imperialismo nas colônias escravizadas e com a questão nacional – as quais são parte do problema comum da revolução e da ditadura do proletariado.

Mais tarde, o camarada Stalin falou sobre a ideia de que os proletários poderiam obter sucesso sem uma aliança direta com o movimento de libertação nas colônias. E ele considerou esse ponto de vista contrarrevolucionário. Mas se julgarmos pela prática para fazer nossa análise teórica, temos o direito de dizer que nossos grandes partidos, com exceção do Partido Comunista da União Soviética (PCUS), ainda mantêm a visão mencionada anteriormente porque não agem com relação a essa questão.

O que a classe burguesa nos países imperialistas faz para oprimir tantas populações por elas escravizadas? Tudo. Usando os meios dados pela máquina administrativa do Estado, ela faz uma propaganda intensa. Enche a cabeça do povo das metrópoles com discursos, filmes, jornais, exposições e todos os outros meios para que elas tenham uma perspectiva colonialista; a burguesia exibe, diante dos olhos dos povos, imagens daquela vida rica, fácil e honrada que parece esperar por elas nas colônias.

Quanto aos nossos partidos comunistas na Grã-Bretanha, Holanda, Bélgica e outros países – o que eles fazem para

pode promover qualquer mudança 'para melhor' nas relações entre a Europa e suas colônias, que ela pode conter ou retardar o desenvolvimento das contradições entre eles, é acreditar em milagres" (Stalin, 1954, p. 293-314).

lidar com as invasões coloniais perpetradas pela burguesia de seus países? O que fazem desde o dia em que aceitaram o programa político de Lenin para formar a classe trabalhadora de seus países no espírito do internacionalismo justo e da proximidade com as massas trabalhadoras nas colônias? O que nossos partidos fazem nesse sentido é quase inútil. Quanto a mim, nasci em uma colônia francesa e sou membro do Partido Comunista Francês. Lamento dizer, mas nosso partido comunista não faz quase nada pelas colônias.

A tarefa dos jornais comunistas é introduzir a questão colonial aos nossos militantes para despertar as massas proletárias nas colônias, conquistá-las para a causa do comunismo; mas o que os nossos jornais têm feito? Absolutamente nada.

Comparemos o número de colunas destinadas à questão colonial nos jornais burgueses como o *The Times, Figaro, Evre* ou naqueles de opiniões diferentes, como o *Le Populaire* ou *Liberty*, com aquelas destinadas à mesma questão no *L'Humanité*, o órgão central do nosso partido. Somos obrigados a dizer que essa comparação não será favorável.

Quando o ministro das Colônias traçou um plano para tornar muitas regiões africanas em imensas plantações privadas e para transformar as populações dessas regiões em verdadeiros escravos presos às terras dos novos patrões, nossos jornais se mantiveram em silêncio. Nas colônias francesas da África Ocidental foram aplicadas medidas coercitivas, desconhecida por séculos, para o alistamento, mas nossos jornais também se mantiveram em silêncio. Na Indochina, as autoridades coloniais se transformaram em traficantes de escravizados e venderam os habitantes do norte do Vietnã para fazendeiros das ilhas do Pacífico; dobraram o serviço militar dos nativos, que passou de dois para quatro anos; venderam a parte mais importante da terra colonial para tubarões financeiros e aumentaram os impostos em mais 30%, embora os nativos mal pudessem pagá-los anteriormente. E isso foi feito enquanto os nativos estavam indo à falência e morrendo de fome devido às enchentes. No entanto, nossos jornais ainda se mantiveram em silêncio. Por isso, é de se esperar que os nativos tendam a se alinhar a organizações pela democracia e liberdade, como a Sociedade dos Direitos do Homem e do Cidadão, ao lado de outras organizações parecidas que cuidam (ou fingem cuidar) deles.

Se formos mais longe, veremos coisas incríveis que fazem todos pensarem que nosso partido ignora tudo o que diz respeito às colônias. O *L'Humanité*, por exemplo, não publicou o "Apelo internacional dos camponeses", emitido pela Internacional, aos povos das colônias.

Antes da conferência de Lyon, os itens listados para debate abrangiam todos os programas políticos, com exceção da questão colonial. O *L'Humanité* publicou muitos artigos sobre o sucesso do boxeador senegalês Siki, mas não levantou a voz quando os estivadores do porto de Dakar, irmãos de Siki, foram amarrados pelas mãos e pés durante o trabalho, arrastados para um caminhão e levados à prisão. Mais tarde, foram enviados para guarnições e tornaram-se "defensores da civilização", ou seja, soldados. O órgão central do nosso partido informava diariamente aos nossos leitores sobre o piloto Uadi, que voou de Paris até a Indochina. Mas quando a administração colonial saqueou o povo de Dai Nam, roubou-lhes os seus campos para dar aos exploradores franceses e provocou bombardeios, ordenando aos pilotos para ensinar os pobres e espoliados locais a raciocinar, o órgão do nosso partido não achou necessário levar essas notícias aos seus leitores.

Camaradas, a imprensa da burguesia francesa percebeu que a questão nacional não pode ser separada da questão colonial. Na minha opinião, nosso partido não entendeu isso completamente. As lições do Ruhr, quando as tropas nativas que foram enviadas para "confortar" os trabalhadores alemães famintos, cercaram os regimentos franceses suspeitos, o exemplo das tropas orientais, nas quais as forças nativas receberam metralhadoras para "mobilizar o espírito" das tropas francesas exaustas pela guerra brutal e prolongada. Os eventos que ocorreram em 1917 em lugares onde as tropas russas estavam estacionadas na França, a lição da greve dos agricultores nos Pirineus, onde as tropas nativas foram forçadas a ter o papel vergonhoso de sabotadores. Por fim, a presença de 207 mil tropas coloniais na própria França; nada disso fez o nosso partido pensar, achar necessário estabelecer uma política clara e firme sobre as questões coloniais. O partido perdeu muitas oportunidades ótimas de propaganda. Os novos órgãos de direção do partido tomaram conhecimento de que o partido está em uma situação complicada com relação a essa questão. Isso é um bom sinal, porque, uma vez que os dirigentes do partido perceberam e reconheceram esse ponto fraco na política do partido, há esperança de que o partido faça o máximo possível para corrigir esses erros. Embora o camarada Manuilsky esteja correto em suas observações sobre as eleições na Argélia, devo dizer, para ser objetivo, que é verdade que nosso partido cometeu erros nessa questão, mas os corrigiu ao nomear representantes das colônias como candidatos nas eleições para o departamento do Sena. Apesar de ainda ser pouco, é um começo bastante satisfatório. Fico feliz em ver que, no momento, nosso partido está novamente cheio das melhores intenções e entusiasmo e que precisa apenas ser fortalecido por ações práticas para adotar uma política correta sobre a questão colonial.

Quais são essas ações práticas? Não é suficiente elaborar longos programas políticos e aprovar resoluções grandiosas, que são engavetadas após o Congresso, como sempre foi feito no passado. Devemos adotar medidas concretas. Eu proponho os seguintes pontos:

1) publicar no *L'Humanité* um novo espaço de pelo menos duas colunas semanais dedicado à cobertura regular de questões coloniais;
2) expandir a propaganda e escolher membros do partido entre os nativos dos países coloniais onde já existem seções da Internacional Comunista;
3) enviar camaradas dos países coloniais para estudar na Universidade Comunista Oriental em Moscou;
4) chegar a um acordo com a Confederação Geral Única do Trabalho sobre a organização dos proletários dos países coloniais que trabalham na França;
5) estabelecer para os membros do partido a tarefa de prestar mais atenção às questões coloniais.

Na minha opinião, essas propostas são de natureza nacional, e se a Internacional Comunista e os delegados de nosso partido as aprovarem, acredito que, no Sexto Congresso, o partido Comunista Francês poderá dizer que a frente única das massas da metrópole e das colônias se tornou uma realidade.

Camaradas, como discípulos de Lenin, devemos concentrar todas as nossas forças e energias nas questões coloniais e em todas as outras questões para implementar os ensinamentos de Lenin.

Discurso 2

As colônias francesas ocupam uma área de 10.241.510 quilômetros quadrados, com 55.571.000 habitantes pelos quatro continentes. Apesar das diferenças de raça, clima, costumes, tradições e desenvolvimento econômico e social, dois pontos em comum as aproximam e trazem unidade na luta em comum.

1. A situação econômica: em todas as colônias francesas, a indústria e o comércio são pouquíssimo desenvolvidos, e a maioria da população está atrelada à agricultura. Noventa e cinco por cento da população é camponesa.
2. Em todas as colônias, os povos nativos são incessantemente explorados pelo capital imperialista francês.

Não tenho tempo suficiente para fazer uma análise completa da situação dos camponeses em cada colônia. Portanto, darei apenas alguns exemplos típicos para se ter uma ideia da vida dos camponeses nas colônias.

Começarei pelo meu país, a Indochina, a qual naturalmente conheço melhor do que as outras colônias. Quando os franceses a ocuparam, a guerra dispersou os camponeses de seus vilarejos. Mais tarde, quando retornaram, eles se depararam com suas terras ocupadas por colonos que seguiram o rastro do exército vitorioso. Tinham dividido, entre eles mesmos, a terra que os camponeses nativos cultivaram por gerações. Consequentemente, os camponeses anameses se transformaram em servos e foram forçados a cultivar suas próprias terras para os senhores estrangeiros.

Inúmeros desafortunados que não suportaram as duras condições impostas pelos ocupantes deixaram suas terras e vagaram sem rumo pelo país. Os franceses o chamavam de "piratas" e buscavam todos os meios para processá-los.

As terras, assim roubadas, foram cedidas aos fazendeiros. Eles só precisavam dizer uma palavra para conseguir extensões de terra – que às vezes abrangiam mais de 20 ou 25 mil hectares.

Esses fazendeiros não só ocupavam as terras sem nenhum pagamento, mas também obtinham o que era necessário para explorá-las, incluindo a mão de obra. O governo lhes permitia usar diversos prisioneiros sem qualquer pagamento, ou ordenava às comunas que fornecessem mão de obra.

Apesar desses usurpadores e da administração, é preciso mencionar a Missão Católica. Somente ela ocupava um quarto das áreas cultivadas na Cochinchina. Usou todos os métodos possíveis e imagináveis para proteger todas essas terras, incluindo suborno, fraude e coerção. Aqui vão alguns exemplos. Aproveitando-se da má colheita, a Missão concedeu empréstimos aos camponeses, hipotecando seus campos de arroz. As taxas de juros eram altíssimas, e os camponeses não eram capazes de saldar as dívidas, tendo que ceder seus campos hipotecados diretamente à Missão. Utilizando todos os métodos dissimulados, ela fez o possível para descobrir informações secretas que pudessem prejudicar as autoridades; fez dessas informações uma ameaça para forçar as autoridades a cumprirem sua vontade. Ao lado dos grandes capitalistas, a Missão fundou empresas para explorar as plantações, que foram ocupadas sem qualquer pagamento, e as terras roubadas dos camponeses. Os capangas da Missão ocupavam altos cargos no governo. Ela explorou os crentes de maneira tão cruel quanto o fez com os fazendeiros. Um dos truques era unir pessoas pobres, forçá-las a recuperar terrenos baldios com a promessa de que, uma vez cultivada, a terra seria dividida entre os camponeses. Mas logo que isso aconteceu e a colheita estava próxima, a Missão declarou que a terra pertencia a ela e despejou aqueles que trabalharam duro para torná-la produtiva. Roubados pelos seus "protetores" (católicos ou não), os camponeses anameses não puderam ficar em paz nem para trabalhar em seus minúsculos lotes de terra restantes. O serviço de registro de terras realizou um levantamento cadastral fraudulento para fazer os camponeses pagarem mais impostos, que aumentavam a cada ano. Recentemente, depois de ocupar milhares de hectares de terras pertencentes aos anameses montanheses para entregá-las aos exploradores, as autoridades enviaram aviões para lá, de modo que as vítimas não puderam pensar em se rebelar.

Os camponeses espoliados, prejudicados e expulsos mais uma vez encontraram meios de recuperar terras virgens. Mas uma vez que elas estivessem cultivadas, a administração as confiscava e obrigava os camponeses a comprá-las por preços estabelecidos pelo governo. Aqueles que não fossem capazes de pagar seriam expulsos de maneira impiedosa.

No ano passado, o país foi devastado por enchentes; no entanto, os impostos sobre a terra aumentaram 30%.

Além dos impostos perversos que destroem os camponeses, eles ainda são submetidos à corveia, pagam capitação e imposto sobre o sal, compram títulos do governo, subscrevem vários fundos e muitas outras coisas, assinam contratos desiguais etc.

Os capitalistas franceses na Argélia, Tunísia e no Marrocos levaram a cabo a mesma política de roubo e exploração. Todas as terras boas e irrigadas foram mantidas nas mãos dos franceses. Os nativos foram expulsos, deslocando-se para áreas nos pés das montanhas ou regiões áridas. As empresas financeiras, os exploradores e altos funcionários dividiram as terras das colônias entre si.

Em 1914, por meio de operações diretas e indiretas, os bancos na Argélia e na Tunísia obtiveram um lucro de 12.258 milhões de francos de um capital de 25 milhões [de francos].

Com um capital de 15.400 milhões de francos, o Banco do Marrocos teve um lucro de 1.753 milhões de francos em 1921.

A Empresa Francesa Argelina ocupou 324 mil hectares da melhor terra.

A Companhia Geral da Argélia ocupou 100 mil hectares.

Uma empresa privada ocupou 50 mil hectares de floresta sem nenhum pagamento, enquanto a Capziere, empresa de fosfato e ferrovias, ocupou 50 mil hectares de terras ricas em minérios e, além disso, garantiu direitos prioritários sobre 20 mil hectares de terra nos arredores.

Um ex-deputado francês ocupou uma plantação que cobre 1.125 hectares de terra, que possui minas avaliadas em 10 milhões de francos, produzindo uma renda anual de 4 milhões. Os nativos, os verdadeiros donos dessas minas, recebem anualmente apenas 10 centavos de franco por hectare.

A política colonial francesa aboliu o direito de propriedade coletiva e o substituiu pela propriedade privada. Também aboliu a pequena propriedade de plantações, favorecendo assim os grandes proprietários. Essa política resultou na apropriação de 5 milhões de hectares das melhores terras dos camponeses nativos.

Em 15 anos, foram roubados 192.090 hectares dos camponeses em Cabília.

A partir de 1913, foram roubados dos camponeses marroquinos 12 mil hectares de terras cultivadas a cada ano. Desde que a França saiu vitoriosa na guerra "pela Justiça", esse número aumentou para 14.540 hectares.

Atualmente, apenas 1.070 franceses vivem no Marrocos, mas ocupam 500 mil hectares de terra. Assim como seus irmãos e irmãs camponeses anameses, os camponeses na África levam uma vida insuportavelmente difícil, estando sempre em situação de trabalho forçado e pagando impostos altíssimos. Sua miséria e sofrimento são indescritíveis. Devido à escassez de alimentos, eles precisam comer vegetais selvagens e gramíneas ou arroz estragado, o que resulta em casos de tifo e tuberculose. Mesmo em anos de boas colheitas, os camponeses são vistos revirando montes de lixo, disputando restos de comida com cães. Em anos de fome, os corpos dos camponeses, mortos pela falta de alimentos, são vistos por toda parte nos campos e nas estradas.

As vidas dos camponeses na África Ocidental e na África Equatorial Francesa são ainda mais assustadoras. Essas colônias estão nas mãos de cerca de 40 empresas. Elas ocupam tudo, terra e campos, recursos naturais e até mesmo as vidas dos nativos; estes não têm sequer o direito de trabalhar para si mesmos. Eles são obrigados a trabalhar para as empresas o tempo todo – e exclusivamente para elas. Para forçá-los a trabalhar sem receber nada, as empresas utilizam meios de coerção inacreditáveis. Todas as terras e campos são confiscados. Apenas aqueles que concordam em cultivar o que as empresas exigem têm permissão para possuir pequenas parcelas de terra. As pessoas são afetadas por doenças devido à desnutrição, e a taxa de mortalidade, especialmente entre crianças, é muito alta.

Outro método é fazer com que idosos, mulheres e crianças trabalhem como servos. Eles são alojados em pequenas cabanas, maltratados, espancados, mal alimentados e, às vezes, assassinados. Em alguns lugares, o número de servos permanentes é mantido aproximadamente igual ao número de trabalhadores para que estes não fujam. Para garantir que o trabalho nas plantações não sofra, os nativos são proibidos de trabalhar suas próprias terras nos tempos de fartura. Portanto, a fome e as epidemias ocorrem com frequência, causando estragos nas colônias.

As poucas tribos que fugiram para as florestas e conseguiram escapar da exploração dos fazendeiros vivem como animais, se alimentando de raízes e folhas, e morrem de malária devido ao clima insalubre. Enquanto isso, os senhores brancos estão devastando seus campos e aldeias. A seguir, há um trecho do diário de um oficial descrevendo de forma breve, mas clara, a repressão dos camponeses coloniais:

> Invasão na aldeia de Colover.
> Invasão na tribo Fan em Cuno. Aldeias e hortas destruídas.
> Invasão na aldeia de Becanit. Aldeia incendiada; 3 mil bananeiras cortadas.
> Invasão na aldeia de Kwa. Aldeia destruída. Hortas e cultivos arrasados.
> Invasão na aldeia de Abimaphan. Todas as casas incendiadas, todos as hortas e cultivos destruídos.
> Invasão na aldeia de Examphami. Aldeia destruída. Toda a comuna ao longo do rio Bom incendiada."

O mesmo sistema de pilhagem, extermínio e destruição prevalece nas regiões africanas sob domínio italiano, espanhol, britânico ou português.

No Congo Belga, a população em 1891 era de 25 milhões, mas caiu para 8,5 milhões em 1911. Nas antigas colônias alemãs na África, as tribos Hereros e Cama foram completamente exterminadas. Oitenta mil foram mortos sob o domínio alemão e 15 mil foram mortos durante o período de "pacificação" em 1914. A população do Congo Francês era de 20 mil em 1894 e apenas 9.700 em 1911. Em uma província, havia 10 mil habitantes em 1910, mas oito anos depois, restavam apenas

1.080. Em outra província com 40 mil habitantes negros, em apenas dois anos, 20 mil pessoas foram mortas e, nos seis meses seguintes, mais 6 mil foram mortas ou incapacitadas.

As regiões densamente povoadas ao longo dos rios foram transformadas em desertos em apenas 15 anos. Ossos estavam espalhados por todo oásis e aldeias devastados.

A vida dos sobreviventes era extremamente atroz. Os camponeses tiveram suas minúsculas parcelas de terra roubadas pelas empresas, os artesãos perderam seus ofícios e os criadores perderam seu gado. Os Matabeles eram criadores de gado; antes da chegada dos britânicos, eles tinham 200 mil cabeças. Dois anos depois, restavam apenas 40.900. Os Hereros tinham 90 mil cabeças de gado. Em 12 anos, os colonos alemães roubaram metade delas. Casos semelhantes são numerosos em todos os países Negros que entraram em contato com a civilização branca.

Para concluir, cito o escritor africano René Maran, autor de *Batouala*, que disse:

> A África Equatorial era uma região densamente povoada, rica em borracha. Havia todo tipo de horta e cultivos com muitas aves e cabras aqui. Após apenas sete anos, tudo foi destruído. As aldeias estavam em ruínas, hortas e cultivos devastados, aves e cabras mortas. Os habitantes enfraqueceram porque tiveram que trabalhar além de suas forças e sem qualquer pagamento. Portanto, não eram suficientemente fortes e não tinham tempo para trabalhar em suas terras. Doenças irromperam, a fome surgiu e a taxa de mortalidade aumentou. É preciso lembrar que eles são descendentes de tribos fortes e saudáveis, imbuídas de um espírito de luta duradouro e valente. Aqui, não há nada que possa ser chamado de civilização.[3]

[3] René Maran (1887-1960) foi um escritor da Guiana Francesa, cujo livro *Batouala* (Maran, 1921) ganhou o Prêmio Goncourt.

Para completar este quadro trágico, quero acrescentar um ponto: o capitalismo francês nunca hesitou em levar cada região à fome se isso lhe fosse vantajoso. Em muitos países coloniais, por exemplo, na Ilha da Reunião, Argélia, Madagascar etc., os habitantes já não têm permissão para cultivar cereais, mas são obrigados a semear outras culturas exigidas pela indústria francesa. Essas culturas são mais lucrativas para os fazendeiros, o que aumentou o custo de vida nas colônias e muitas vezes provoca a fome.

Em todas as colônias francesas, a fome está aumentando, assim como o ódio do povo. Os camponeses nativos estão prontos para a insurreição. Eles se rebelaram muitas vezes em muitas colônias, mas suas revoltas sempre terminaram em sangue. Se, atualmente, os camponeses ainda têm uma atitude passiva, é porque ainda lhes falta organização e líderes. A Internacional Comunista deve ajudá-los na revolução e libertação.

4. A UNIÃO SOVIÉTICA E OS POVOS COLONIAIS

Imprekor, n. 46, 1924

O colonialismo é uma sanguessuga com duas ventosas: uma suga o proletariado metropolitano e a outra, o das colônias. Se quisermos matar esse monstro, devemos arrancar ambas as ventosas ao mesmo tempo. Se apenas uma for arrancada, a outra continuará sugando o sangue do proletariado, o animal continuará vivo e a ventosa arrancada crescerá novamente. A Revolução Russa compreendeu esse fato. É por isso que não se contenta em fazer discursos platônicos e elaborar resoluções "humanitárias" em favor dos oprimidos; em vez disso, ela os ensina a lutar e os ajuda espiritualmente, como proclamado por Lenin em suas teses sobre a questão colonial. Vinte e um países do Oriente enviaram delegados ao Congresso de Baku.[1] Representantes dos partidos operários ocidentais também participaram dos trabalhos do congresso. Pela primeira vez, o proletariado dos Estados ocidentais conquistadores e o dos países orientais subordinados se uniram de

---

1 O Congresso dos Povos do Oriente foi realizado em Baku (Azerbaijão Soviético) em setembro de 1920. O "Manifesto dos povos do Oriente e o apelo aos trabalhadores da Europa, América e Japão" adotou uma perspectiva fundamentalmente anticolonial. Para avançar nos objetivos dessas resoluções, o Congresso estabeleceu um Comitê de Ação e Propaganda dos Povos Orientais, que durou quase um ano.

forma fraternal e deliberaram em conjunto sobre os melhores meios para derrotar seu inimigo comum, o imperialismo.

Após esse congresso histórico, a Rússia revolucionária nunca hesitou em auxiliar os povos, despertados por sua revolução heroica e vitoriosa, apesar das dificuldades internas e externas. Um de seus primeiros atos urgentes foi a fundação da Universidade do Oriente.[2]

Essa universidade tem 1.022 estudantes, incluindo 151 mulheres e 895 comunistas. Sua composição social é de 547 camponeses, 265 trabalhadores e 210 intelectuais proletários.

Se considerarmos que os países do Oriente são quase exclusivamente agrícolas, o alto percentual de estudantes de origem camponesa pode ser facilmente compreendido. Na Índia, Japão e especialmente na China, são os intelectuais fiéis à classe trabalhadora que a dirigem na luta; isso explica o número relativamente grande de intelectuais entre os estudantes da Universidade. O número relativamente baixo de estudantes trabalhadores se deve ao fato de que a indústria e o comércio nos países orientais – exceto o Japão, naturalmente – ainda são pouco desenvolvidos. Além disso, é importante observar a presença de 75 alunos com idades entre 10 e 16 anos.

Cento e cinquenta professores são responsáveis por ministrar cursos em Ciências Sociais, Matemática, Materialismo Histórico, História do movimento operário, Ciências Naturais, Revoluções, Economia Política, entre outros. Jovens de 62 nacionalidades estão unidos pela fraternidade nas salas de aula.

A Universidade possui dez grandes edifícios. Também tem um cinema, que é disponibilizado gratuitamente aos estudantes às quintas-feiras e aos domingos; nos outros dias da

[2] Para mais informações sobre a Universidade, ver Ashby (2021).

semana, funciona em benefício de outras organizações. Duas bibliotecas contendo cerca de 47 mil livros ajudam os jovens revolucionários a estudar a fundo e a pensar criticamente. Cada nacionalidade ou "grupo" tem sua própria biblioteca composta por livros e publicações em sua língua materna. A sala de leitura, decorada com diversas artes pelos estudantes, tem uma abundância de jornais e periódicos. Os próprios estudantes publicam um jornal, cujo único exemplar é afixado em um grande quadro ao lado da porta da sala de leitura. Os estudantes que ficam doentes são atendidos no hospital da Universidade. Existe um sanatório na Crimeia para os estudantes que precisam descansar. Os sovietes designaram dois acampamentos para a universidade, cada um composto por nove prédios para as férias. Cada acampamento tem um centro onde os estudantes podem aprender sobre criação de gado. "Já temos 30 vacas e 50 porcos", disse com orgulho o "secretário agrário" da Universidade. Os próprios estudantes cultivam os 100 hectares de terra atribuídos a esses acampamentos. Durante as férias e fora do horário de trabalho e estudo, eles ajudam os camponeses. A propósito, um desses acampamentos era propriedade de um Grão-Duque. É uma cena memorável ver que, antes adornada com a coroa grão-ducal no topo da torre, agora a bandeira vermelha tremula ao vento, e na "sala de entretenimento de Vossa Excelência" os jovens camponeses coreanos e armênios se entretêm com seus jogos.

Os estudantes da Universidade recebem alimentação, vestimentas e alojamento gratuitamente. Cada um deles recebe seis rublos de ouro por mês.

Para incutir nos estudantes uma ideia precisa da importância da educação infantil, a Universidade possui um berçário modelo e uma creche que cuidam de 60 crianças pequenas.

As despesas anuais da Universidade totalizam 561 mil rublos de ouro.

As 62 nacionalidades representadas na Universidade formam uma "Comuna". Seu presidente e os funcionários são eleitos a cada três meses por todos os estudantes.

Um delegado estudantil participa da gestão econômica e administrativa da Universidade. Todos devem trabalhar regularmente, se revezando na cozinha, na biblioteca, no clube etc. Todas as infrações e os conflitos são julgados e resolvidos por um tribunal eleito na presença de todos os camaradas. Uma vez por semana, a "Comuna" realiza uma reunião para discutir a situação política e econômica internacional. De tempos em tempos, são organizadas reuniões e festas à noite, nas quais artistas amadores apresentam a arte e a cultura de seus países.

O fato de os comunistas tratarem os "nativos inferiores das colônias" como irmãos e incentivá-los a participar da vida política do país é muito característico da "barbárie" dos bolcheviques. Tratados em seu país natal como "súditos submissos" ou "protegidos", sem nenhum outro direito além de pagar impostos, os estudantes orientais, que não são eleitores nem elegíveis para eleição em seu próprio país e que são proibidos até mesmo de expressar sua opinião política, na União Soviética participam da eleição dos sovietes e têm o direito de enviar seus representantes para eles. Que nossos irmãos das colônias, que em vão buscam uma mudança de nacionalidade, comparem a democracia burguesa e a democracia proletária.

Esses estudantes têm sofrido e testemunhado os sofrimentos dos outros. Todos viveram sob o jugo da "alta civilização"; todos foram vítimas de exploração e opressão por parte dos capitalistas estrangeiros. Além disso, eles anseiam apaixonadamente por adquirir conhecimento e estudar. São sérios e cheios de entusiasmo. São completamente diferentes dos frequentadores dos *boulevards* do Quartier Latin, dos estudantes orientais em Paris, Oxford e Berlim. Pode-se dizer, sem exagero, que sob o teto desta universidade está o futuro dos povos coloniais.

Os países coloniais do Oriente Próximo e Extremo, estendendo-se da Síria à Coreia, cobrem mais de 15 milhões de quilômetros quadrados e têm mais de 1,2 milhão de habitantes. Todos esses países imensos estão agora sob o jugo do capitalismo e do imperialismo. Embora o seu número considerável devesse ser sua força, esses povos submissos ainda não fizeram tentativas sérias para se libertarem desse jugo. Ainda não perceberam o valor da solidariedade internacional e não souberam se unir para a luta. As relações entre seus países ainda não estão estabelecidas como estão entre os povos da Europa e da América. Eles possuem uma força tremenda e ainda não se deram conta disso. A Universidade do Oriente, reunindo todos os jovens dirigentes ativos e inteligentes dos países colonizados, tem desempenhado uma excelente tarefa, a saber:

1. ensina aos futuros militantes da vanguarda os princípios da luta de classes, que estavam confusos devido a conflitos raciais e costumes patriarcais;
2. estabelece um contato estreito entre a vanguarda proletária das colônias e o proletariado ocidental, preparando assim o caminho para a cooperação próxima e efetiva que garantirá a vitória final da classe trabalhadora;
3. ensina aos povos colonizados, até então separados uns dos outros, a se conhecerem e se unirem, criando as

bases de uma futura união dos países orientais – uma das alas da revolução proletária;

4. serve de exemplo para o proletariado dos países colonialistas, mostrando o que eles podem e devem fazer em favor de seus irmãos oprimidos.

REVOLUÇÃO

5. O CAMINHO REVOLUCIONÁRIO

> "Sem teoria revolucionária, não há movimento revolucionário. [...] só um partido orientado por uma teoria de vanguarda pode desempenhar o papel de combatente de vanguarda."
>
> Lenin, *Que fazer?*, 1903

Características de um revolucionário

Um revolucionário deve:
Ser econômico e trabalhador.
Mostrar solidariedade, não interesse próprio.
Aprender a corrigir erros.
Ser cuidadoso sem ser covarde.
Ser curioso.
Ter paciência (trabalhar duro).
Estar interessado em pesquisa, aberto a novas ideias.
Apoiar interesses comuns, não privados.
Nunca buscar fama; nunca ser arrogante.
Cumprir o que é dito.
Manter a ideologia firme.
Sacrificar-se.
Ter pouco interesse em coisas materiais.
Saber quando ficar em silêncio.

Ao lidar com as pessoas, deve-se:
Aceitar e perdoar os erros dos outros.
Apresentar uma atitude séria em relação ao grupo.
Estar disposto a compartilhar e dar conselhos às pessoas.
Mostrar integridade, não oportunismo.
Avaliar as pessoas com cuidado.

No trabalho, devemos:
Examinar cuidadosamente a situação.
Ser decisivo.
Ser corajoso.
Trabalhar para o partido.[1]

Por que este livro foi escrito?

1. Seja com qualquer tarefa grande ou pequena, qualquer trabalho fácil ou difícil, isto vale para todos: se não fizermos o nosso melhor, provavelmente não teremos sucesso. Um provérbio chinês diz: "Um leão usa toda a sua força ao atacar um coelho". Como o leão é forte! É tão fácil para ele pegar um coelho, mas ele ainda precisa usar toda a sua força. O mesmo acontece com o nosso trabalho para libertar nosso povo da escravidão. Se não nos esforçarmos ao máximo, não teremos sucesso.
2. Muitas pessoas se sentem desanimadas ao enfrentar dificuldades, sem entender que "a água mole em pedra dura tanto bate até que fura" e que "a prática leva à perfeição". Não importa o quão difícil seja, somente a determinação pode levar ao sucesso. É verdade que não podemos fazer isso com poucas pessoas, mas muitas pessoas trabalhando juntas conseguirão. Se esta geração não puder alcançar a vitória, então a próxima seguirá em frente e conseguirá.

[1] Essa frase, que poderia ser traduzida como algo no sentido de "obedecer ao grupo", tem mais a intenção do princípio do "centralismo democrático" – ou seja, o comunista discutirá e debaterá uma posição nos fóruns do partido no momento apropriado; mas quando o partido decide uma ação, essa ação é executada sem hesitação. Isso é, naturalmente, um tema muito discutido na literatura comunista.

3. Querendo se juntar e trabalhar juntos, querendo estar focados, todos devem primeiro questionar e entender: por que devemos lutar? Por que não podemos lutar? Por que todos devem dar uma mão? Por que devemos fazer isso imediatamente e não ficar parados, observando e esperando pelos outros? Ao fazer isso, teremos o mesmo propósito, e poderemos marchar com a mesma vontade, com o mesmo pensamento, com o mesmo coração e saber que alcançaremos o objetivo mais rapidamente.
4. Muitos livros foram escritos sobre a teoria e a história da revolução. Esse é o medo dos franceses e, portanto, eles nos proibiram de estudá-los e termos acesso a eles, e, consequentemente, nossos compatriotas ainda não têm certeza sobre o significado da Revolução [*cách mênḥ*].[2] Alguns escritores fazem propostas, mas fazem pouco na prática, o que é uma forma muito vaga; ou incitam nosso amado povo à violência sem organização; ou incentivam a dependência e a submissão e se esquecem da resiliência.
5. O propósito deste livro é ajudar nosso povo a compreender:
    1) Por que devemos fazer uma revolução se quisermos viver?
    2) Por que a revolução é a tarefa comum de nosso povo oprimido, e não apenas o dever de poucos?
    3) Como a história revolucionária de outras nações nos mostra lições.

---

2 A Restauração Meiji de 1868.

   4) Como devemos chamar a atenção de nosso povo para o movimento mundial.
   5) Quem são nossos amigos? Quem são nossos inimigos?
   6) Nossa estratégia revolucionária.
6. Este livro transmite ideias de forma breve, é fácil de entender e fácil de lembrar. Talvez alguém possa alegar que o estilo de escrita é muito direto. Sim! O que digo aqui é muito simples, rápido e seguro, como dois mais dois são quatro – sem rodeios.

Por mais de 60 anos, o imperialismo francês nos escravizou. Mais de 20 milhões sucumbiram a esse círculo da morte. Devemos levantar a voz e agir rapidamente para salvar nossa raça. Não há tempo para ser meticuloso!

Após ler este livro, você refletirá, despertará e se levantará, organizando-se para realizar a revolução. Tanto em sentido literal quanto abstrato, este livro enfatiza um único termo:

Revolução! Revolução!! REVOLUÇÃO!!!

Revolução

1. O que é uma revolução?

A revolução é a destruição do antigo e a substituição pelo novo, e é a destruição do ruim e a substituição pelo bom. Por exemplo, Galileu Galilei (1633) representa a revolução científica. No passado, todos pensavam que a Terra era o centro de tudo; mas graças à experiência da pesquisa, Galileu descobriu que a Terra gira ao redor do Sol.

George Stephenson (1800) representa a revolução mecânica. No passado, as pessoas só andavam a pé ou montavam em cavalos; ele inventou a locomotiva a vapor.

Charles Darwin (1859) é famoso pela revolução na biologia. Nos velhos tempos, ninguém entendia as origens das diversas espécies; mas Darwin investigou a evolução como a criatividade da natureza.

Karl Marx representa uma revolução na economia. Ele estudou o capitalismo, o imperialismo e as lutas de classes, mostrando claramente suas origens, história, manifestações atuais e possibilidades futuras.

2. Quantos tipos de revolução existem?

Na história do pensamento político, identificamos três tipos de revolução:

a) Revolução capitalista.

b) Revolução nacionalista.

c) Revolução baseada em classes.

Exemplos da revolução capitalista incluem a Revolução Francesa em 1789, a Revolução Americana pela independência em 1776 (contra os britânicos) e a Revolução Japonesa em 1864.[3]

Revoluções nacionalistas incluem eventos como quando a Itália expulsou as poderosas tropas austríacas em 1859, ou quando a China recuperou a Manchúria em 1911.

Uma revolução de classe é, por exemplo, quando os trabalhadores e camponeses russos expulsaram seus exploradores capitalistas e tomaram o poder em outubro de 1917.

3. Qual foi a origem da revolução capitalista?

a) Os capitalistas na cidade referem-se à burguesia, que possui fábricas e bens manufaturados. Essas fábricas

[3] A restauração da era Meiji de 1868.

requerem trabalhadores qualificados para produzir muitos bens. Eles também precisam de pessoas para comprar e vender esses produtos e de meios de transporte para distribuí-los.

b) No campo, os capitalistas são os proprietários de terras. Eles desejam manter o antigo regime de propriedade feudal, no qual o poder soberano pertence aos ricos. Os camponeses são tratados como se fossem búfalos ou porcos, forçados a permanecer em um só lugar para cultivar os campos. Os comerciantes querem movimentar mercadorias sem impostos arbitrários e tarifas diferentes em cada local. Então, quando estão viajando, eles precisam pedir permissão aos senhores feudais, que fazem de tudo para impedir novos negócios e comércios.

Os senhores feudais estavam obstruindo a burguesia, e a burguesia era contrária a eles; os dois lados estavam em conflito, o que levou à revolução capitalista.

Nunca houve um confronto mais intenso ou óbvio entre eles do que na América. De 1861 a 1865, as províncias do Norte (burguesia) enviaram soldados para lutar contra as províncias do Sul (senhores feudais, proprietários de plantações) como se fossem dois países hostis.[4]

4. Qual é a origem da revolução nacional?

Uma nação poderosa rouba uma mais fraca e governa seu povo por meio da força, conquistando tanto os direitos econômicos quanto os políticos. As populações dessas nações

4 A Guerra Civil nos Estados Unidos durou de 1861 a 1865, sendo travada entre a burguesia industrial no Norte e os proprietários de escravos do Sul.

perdem sua liberdade e independência; seus opressores reivindicam tudo o que elas podem produzir.

O capitalista burguês rouba toda a produção e os direitos do nosso povo. Onde há um inimigo, eles forçam nosso povo a entrar no exército para morrer em seu nome. Como na batalha entre as potências europeias em 1914-1918, os franceses nos obrigaram a ingressar em seu exército e, em seguida, aumentaram impostos e taxas sobre o nosso povo. Se lutarmos e vencermos, eles desfrutarão do benefício e da autoridade; se perdermos, perderemos nosso povo e as propriedades.

Resumindo, os cruéis e poderosos escravizam os outros, como a França faz com o povo vietnamita. Quando as massas escravizadas não conseguem mais tolerar isso, elas despertam, se unem e sabem que preferem morrer a viver como escravos. Elas se unem para expulsar seus opressores. Isso é a revolução nacional.

5. Qual é a origem da revolução de classe?

Existem duas classes no mundo:

a) capitalistas (que não trabalham, mas desfrutam de todos os benefícios).
b) trabalhadores e agricultores (que trabalham duro, mas não veem os frutos de seu trabalho).

Consideremos os trabalhadores vietnamitas que trabalham na mina de carvão de Hon Gay em turnos de 11 horas por dia. Eles trabalham todos os dias, do início ao fim do ano, e recebem apenas 3 centavos por dia. Três centavos por dia não são suficientes para comprar comida; não são suficientes para comprar roupas; esses trabalhadores não poderão comprar remédios quando estiverem doentes e nem sequer um caixão quando morrerem.

Enquanto o proprietário da mina nunca suja suas mãos com o trabalho, desfruta de refeições suntuosas, viaja como bem quer de um lado para o outro e obtém um lucro de milhões por ano (em 1925, eram 17 milhões de dongs vietnamitas [VND]).[5] Então, perguntemos quem produz esses 17 milhões de VND: o proprietário da mina ou os trabalhadores da mina? Os camponeses sequer possuem seus arados, mas as plantações privadas ocupam todos os 122 mil acres de terras aráveis no centro do Vietnã e 150 mil acres no Sul.

Em lugares onde nosso povo não tinha comida suficiente e às vezes passava fome, os proprietários privados de terras vendiam arroz, obtendo um lucro de quase 1 bilhão de *quans* (francos franceses) por ano (em 1925, eles venderam 911.477 milhões de *quans* em arroz).

É assim em nosso país; o mesmo acontece em outros países. Trabalhadores e camponeses não aguentam mais. Devemos nos unir para expulsar os capitalistas, como aconteceu na Rússia; essa é a revolução de classe. Resumindo, a classe oprimida faz uma revolução para derrubar a classe opressora.

6. *Quantos estágios possui a revolução?*

A revolução é dividida em dois estágios:

a) assim como o Vietnã deve expulsar os franceses, a Índia deve expulsar os ingleses, os coreanos devem expulsar os japoneses, os filipinos devem expulsar os

[5] Em 1928, a empresa (Société Française des Charbonnages du Tonkin) empregava 60 mil trabalhadores, na maioria tonquineses, extraía 1.450.000 toneladas de carvão e exportava quase 800 mil toneladas, das quais mais da metade eram destinadas à Ásia (especialmente para o Japão e a China). O restante era usado para abastecer ferrovias e indústrias dentro da Indochina, ou utilizado em todo o mundo pela Marinha Francesa (conforme a *Far-Eastern Economic Review* de setembro de 1930).

Estados Unidos e a China deve expulsar os imperialistas para recuperar, aos seus países, os direitos à igualdade e liberdade nacional: essa é a revolução nacional;

b) os agricultores e trabalhadores de todos os países do mundo, unindo todas as raças como irmãos e irmãs de uma só família, devem então destruir todos os capitalistas do mundo, trazendo felicidade a todos os países e a todas as pessoas, criando assim um mundo igualitário para toda a humanidade: *essa* é a revolução mundial.

As duas vias da revolução são diferentes, porque a revolução nacional não envolve discriminação entre classes, o que significa que intelectuais, camponeses, trabalhadores e comerciantes se unem para lutar contra os invasores estrangeiros. Quanto à revolução de classe ou mundial, o proletariado marcha na vanguarda. Mas as duas formas de revolução estão intimamente relacionadas entre si. Por exemplo, se o povo vietnamita conseguir fazer a revolução, o capital francês enfraquece, e um capitalismo francês enfraquecido tornará mais fácil para os trabalhadores e camponeses franceses fazerem sua revolução. E se os trabalhadores e camponeses franceses obtiverem sucesso, então o povo vietnamita conquistará mais facilmente sua liberdade.

As revoluções vietnamita e francesa devem depender uma da outra.

7. Quem são os revolucionários?

Uma vez que a revolução nasce da opressão, quem é oprimido de maneira mais severa será mais resoluto. Anteriormente, a burguesia era oprimida sob o feudalismo, então eles fizeram sua revolução. Agora, o capitalismo oprime os trabalhadores e camponeses, então eles são a força motriz da revolução.[6]

1. Porque os trabalhadores e camponeses são mais intensamente oprimidos.
2. Porque os trabalhadores e camponeses são uma massa; portanto, possuem a maior força potencial.
3. Porque eles já estão desprovidos, não têm nada; então, se forem derrotados, perderão apenas uma vida miserável. Se vencerem, terão o mundo inteiro. Por esse motivo, os trabalhadores e camponeses são o coração destemido da revolução; enquanto os estudantes, pequenos comerciantes e pequenos proprietários de terras, embora também oprimidos, não sofrem tanto quanto os trabalhadores e camponeses, então essas três classes são apenas aliadas revolucionárias dos trabalhadores e camponeses.

8. A revolução é fácil ou difícil?

Reformar uma sociedade antiga que existe há milhares de anos é um desafio. Mas saber como fazê-lo e trabalhar juntos pode torná-lo possível, e então não fica difícil. Ser fácil ou difícil depende de cada indivíduo, e é inevitável para aqueles que têm determinação. Mas aqueles que desejam fazer uma revolução devem saber como.

a) Capitalistas e imperialistas usam a religião e a cultura para enganar as pessoas. Eles utilizam a lei para prender nosso amado povo; usam o poder para assustar as

[6] Os trabalhadores e agricultores, ou camponeses, são as pessoas destinadas a liderar a revolução como a força central, principal, da revolução.

massas, tomar a riqueza de nosso povo e alimentar a ganância. Fazem com que nosso povo tema a palavra "revolucionário". Portanto, a tarefa revolucionária é, em primeiro lugar, elevar a consciência do povo.

b) As massas estavam degradadas e violentas; os vietnamitas[7] se recusavam a pagar impostos, assim como os anameses em Trung Kỳ (Vietnã central); em Hà Thành (Cidade de Hanói), tentaram envenenamento; no Sul, escapavam da prisão; mas sem um plano, sem ideologia, sempre estavam fadados ao fracasso. Portanto, o caminho revolucionário é esclarecer a teoria e a estratégia,[8] tornando-as compreensíveis para as massas.

c) Uma vez que não teorizam sobre a situação no mundo, as pessoas não sabem pensar estrategicamente, não têm táticas; querem fazer mais, mas não sabem o que fazer. O caminho revolucionário deve compreender o movimento do mundo e as estratégias a serem apresentadas ao povo.

d) Normalmente, as pessoas são divididas em grupos; nosso povo no Sul desconfia das pessoas do Centro, enquanto o Centro despreza o Norte. Essas divisões resultam em fraquezas; somente um hashi não é muito útil.[9] Portanto, o poder do caminho revolucionário é

---

7 "Bac Ho" se refere aos anameses aqui, mas claramente significa o Vietnã em geral.

8 Uma explicação de raciocínio e doutrina, ou seja, uma explicação de raciocínio do marxismo-leninismo.

9 Na série de publicações do jornal *Duong Cach Menh*, essa analogia foi ampliada para argumentar a favor da organização do partido: "Aquele que não participa de nenhuma associação é como um graveto solitário, que pode ser facilmente quebrado. Uma coletividade é como um feixe de gravetos: ninguém pode quebrá-los." *Thanh Niên*, 10 de outubro de 1926 (Minh, 1927).

o nosso foco, e se quisermos nos concentrar, devemos ter um partido revolucionário unido.

9. Quais são as prioridades de uma revolução?

Primeiramente, precisamos de um partido revolucionário responsável por mobilizar nosso povo internamente e entrar em contato com nações oprimidas e proletários no exterior. Nossa revolução deve sua vitória a um partido forte, assim como um barco depende de uma mão firme no leme.[10] Se o partido quiser ser firme, deve haver unidade; cada membro precisa compreender; cada membro deve seguir a teoria marxista. Sem ideologia, o partido seria como um homem sem sabedoria, um barco sem bússola.

Existem muitas doutrinas e teorias, mas o leninismo é o mais genuíno, firme e revolucionário.

A história da Revolução Americana

1. O que é a história da América?

Antes do século XIV, a América era desconhecida para o resto do mundo. Em 1492, um comerciante chamado Cristóvão Colombo queria navegar até a Índia, mas se perdeu e teve a sorte de encontrar os nativos americanos. Os nativos dessa terra eram conhecidos como "peles vermelhas" e preferiam caçar em vez de se estabelecerem e comercializarem.

[10] Aqui, a expressão "người cầm lái" poderia ser traduzida por uma única palavra: timoneiro. E isso evoca considerações, mesmo em 1927. Nós traduzimos como "mão firme no leme" e observamos que o termo "Grande Timoneiro" provavelmente é de proveniência posterior, mesmo que Bác Hồ estivesse escrevendo na China e Mao liderasse a Revolta da Colheita de Outono.

Desde que Colombo encontrou a América, pessoas de outros países europeus vieram para se estabelecer. Os brancos queriam escravizar os nativos americanos, mas eles se recusaram a se submeter. Então os brancos os mataram e, em seguida, levaram africanos negros para a América para trabalhar para eles.

Muitos europeus foram para os Estados Unidos, mas o maior grupo foi o dos britânicos (3 milhões de pessoas). Assim, a Grã-Bretanha conquistou a América como sua colônia.

2. Por que houve uma revolução americana?

A América é muito rica em terras agrícolas, ferro, carvão, algodão, arroz, gado e outros recursos. De maneira secreta, os ingleses queriam tudo isso para si, então promulgaram as seguintes três regras:

1) os americanos sempre devem entregar seus recursos para os ingleses; não lhes era permitido vendê-los a outras nações;
2) os americanos não tinham permissão para construir fábricas ou criar associações comerciais;
3) outros países não tinham permissão para comercializar com a América, somente os ingleses podiam fazer comércio.

Essas três leis, além de impor pesados impostos e taxas, prejudicaram a economia americana e enfureceram os americanos.[11] Por isso, eles decidiram fazer um "boicote" aos ingleses em 1770.

[11] Nesta seção, é claro que Bac Ho se refere aos Estados Unidos e a figuras como Washington, Jefferson, entre outros.

3. Como foi o movimento?

O movimento de boicote contra o governo inglês durou cinco anos. Os ingleses trouxeram soldados para reprimir o levante e prender seus líderes por seus "crimes". Toda vez que os ingleses impunham um de seus escolhidos, o povo ficava mais irritado. Em 1775, quando o exército inglês impôs uma série de seus oficiais aos americanos, o povo se uniu para lutar, e quando o exército inglês matou nove pessoas, foi a gota d'água. O povo estava tão furioso que, vivendo ou morrendo, estava determinado a se livrar do governo inglês.

Um ano depois, em 4 de julho de 1776, a revolução aconteceu, e a América declarou sua independência e se tornou uma república. Agora, os Estados Unidos têm 48 estados[12] e 110 milhões de habitantes.

4. Qual é o significado da Revolução Americana para a Revolução do Vietnã?

1) Hoje, a política francesa em relação ao Vietnã é mais vergonhosa do que a política inglesa em relação à América, porque a França se apoderou de toda a nossa riqueza e impôs restrições ao nosso povo. Eles nos forçaram a fumar ópio e beber álcool. Os ingleses apenas queriam dinheiro americano; os franceses queriam dinheiro, mas também queriam acabar com a nossa raça, deixando o Vietnã desolado. É hora de o povo vietnamita estudar como o povo americano fez uma revolução!

2. Na declaração de independência da América, há esta passagem: "Sob o céu, todas as pessoas são criadas

[12] Naquela época, havia 13 estados e 3 milhões de pessoas.

iguais e são dotadas de certos direitos inalienáveis, entre eles a vida, a liberdade e a busca da felicidade [...]. Sempre que qualquer forma de governo se torna destrutiva de tais fins, é direito do povo alterá-la ou aboli-la, e instituir um novo governo". Mas agora, o governo americano não quer que ninguém fale sobre revolução ou o ameace!

3. Embora a Revolução Americana tenha sido bem-sucedida há mais de 150 anos, os trabalhadores e camponeses americanos ainda estão mergulhados na pobreza e pensando em uma segunda revolução. Visto que a Revolução Americana foi uma revolução dos capitalistas, a revolução capitalista não pode ser a nossa revolução.[13]

Nós estaríamos dispostos a dar nossas vidas pela revolução; mas para fazer uma revolução completa ou mundial devemos trabalhar de tal forma que garanta direitos para todas as pessoas, não apenas para alguns. Somente após muitos sacrifícios nosso povo poderá obter um resultado feliz.

A revolução burguesa na França

1. Por que houve uma revolução na França?

No século XVIII, o rei era arrogante e ostentador; a aristocracia e os missionários manipulavam todos em todos os lugares; a carga tributária era pesada, e o povo era miserável.

A posse do Canadá e da Índia, originalmente colônias francesas, foi perdida para os britânicos.

---

[13] A revolução dos capitalistas não é uma revolução completa.

Além disso, alguns estudiosos como Montesquieu (1755), Voltaire e Rousseau (1778) propagaram o liberalismo.

Ademais, havia o movimento revolucionário britânico (Cromwell executou o rei britânico e estabeleceu um governo republicano em 1653) e havia o exemplo recente da Revolução Americana (1776).

Principalmente porque os novos capitalistas foram obstruídos pelo feudalismo, o rei, a aristocracia e os missionários oprimiam o povo. Então, os novos capitalistas se uniram aos estudantes, fazendeiros e trabalhadores para abolir o feudalismo.

2. Quando a Revolução Francesa começou?[14]

O rei percebeu que o povo estava agitado, então mandou prender aqueles que propagandeavam e se organizavam. O povo ficou indignado e, em 14 de julho de 1789, se reuniu para protestar e resgatar prisioneiros da grande prisão (a Bastilha). O rei ordenou que os soldados defendessem a capital; o povo organizou forças revolucionárias para resistir e lutar contra o rei, que se retirou para o Palácio de Versalhes.

Em 5 de outubro do mesmo ano, os trabalhadores de Paris foram a Versalhes para prender o rei e exigiram que ele assinasse uma declaração para:

1. abolir o regime feudal e libertar os servos.
2. converter todos os bens da Igreja em propriedade estatal.
3. permitir a liberdade de imprensa, liberdade para formar organizações etc.
4. redigir uma constituição, removendo o poder autocrático do rei.

[14] A Revolução Francesa (1789-1794).

O rei buscava apoio no exterior e estava em conluio com os contrarrevolucionários. Então, em 1792, o povo depôs o rei e formou uma república.

Em 21 de janeiro de 1793, o rei, sua esposa e filhos foram condenados como traidores da pátria e foram decapitados.

3. Como os europeus lidaram com a Revolução Francesa?

As pessoas de todos os países estavam felizes, aplaudindo e aprovando a revolução. Mas as aristocracias governantes das outras nações temiam que seu povo imitasse as massas francesas, então, fora da França, eles se aliaram contra a revolução e, dentro da França, apoiaram os contrarrevolucionários.

Embora o povo francês tivesse pouca comida e poucas armas, eles derrotaram a aristocracia e as potências estrangeiras graças à sua bravura e violência revolucionária. Naquela época, os soldados revolucionários eram chamados de "soldados sem calças". Sem chapéu, sem sapatos, com uma camisa rasgada, rostos magros e famintos;[15] mas para onde quer que esses soldados avançassem, as forças apoiadas pelos estrangeiros recuavam, pois não queriam arriscar suas vidas.

Isso mostra que uma pessoa sem medo vale mais do que mil pessoas desanimadas.

4. Quantas revoluções a França realizou?

A primeira República foi de 1792 a 1804. Em 1804, Napoleão agiu contra a revolução para se tornar imperador.

---

15 Os partidários da Revolução Francesa, os *sans-culottes*, compuseram a maior parte do Exército Revolucionário Francês, fundado em 1793. Eles eram principalmente agricultores e artesãos e não possuíam uniformes como o exército da aristocracia.

Em 1814, as nações aliadas derrotaram Napoleão e restauraram o antigo rei no trono até 1848.

Em 1848, houve a segunda revolução.

Em 1852, o sobrinho de Napoleão se rebelou contra a revolução e se declarou Imperador.

Em 1870, após sua derrota pela Alemanha, Napoleão III fugiu, e a França estabeleceu a terceira República.

5. O que foi a Comuna de Paris (Commune de Paris)?[16]

Em 1871, o rei francês foi derrotado e fugiu enquanto os alemães cercavam a capital francesa, Paris. Os capitalistas franceses ofereceram duas províncias à Alemanha em troca da paz. A guerra causou muitas mortes, muitos danos e enormes perdas. As pessoas não tinham o que comer e os trabalhadores não tinham trabalho. Em 18 de março, os trabalhadores parisienses se levantaram em uma revolução comunista (A Comuna).

Porém, como os trabalhadores ainda eram inexperientes e não estavam bem-organizados, e porque a Alemanha ajudou os capitalistas franceses a lutar contra os trabalhadores, a revolução foi derrotada no final de maio.

6. Qual era o propósito da Comuna?

Assim que Paris foi conquistada, a Comuna declarou um Governo Popular[17] e anunciou que a comuna iria praticar as seguintes medidas:

[16] A Comuna de Paris durou de 18 de março a 28 de maio de 1871, quando foi brutalmente reprimida. O primeiro governo proletário durou 72 dias antes de ser derrotado pela colusão da burguesia francesa e do exército alemão invasor. Marx escreveu de maneira significativa sobre isso, em 1871, em *A guerra civil na França* (Marx, 2008).

[17] Ou seja, um governo do Povo.

1. todas as oficinas de manufatura privadas seriam transformadas em propriedade pública.
2. todas as crianças, meninos e meninas, iriam à escola. O Estado pagaria as mensalidades.
3. os cidadãos teriam o direito à liberdade de organização, imprensa, associação, emigração etc.
4. qualquer homem ou mulher poderia se envolver na política, nas eleições e candidaturas a cargos públicos.
5. o governo seria eleito pelo povo, e o povo teria o direito de mudar o governo.

7. Qual foi o resultado da Comuna?

Naquela época, o capitalismo francês estava como uma casa em chamas dos dois lados (enfrentando um movimento de pinça). De um lado, os alemães estavam forçando sua rendição e, do outro, enfrentavam a revolução. Os capitalistas franceses escolheram a humilhação com a Alemanha em vez de se reconciliar com seu destino. Os alemães também tinham medo da revolução e, por isso, fizeram o máximo para ajudar os capitalistas franceses a suprimir a revolução. A Alemanha já havia capturado todos os soldados quando a França se rendeu, deixando apenas 40 mil policiais. A Alemanha permitiu que os capitalistas franceses tivessem mais 100 mil soldados para erradicar a revolução assim que ela começou. Portanto, devemos entender que *o capitalismo não tem pátria*.

Após acabar com a revolução, os capitalistas se vingaram. Eles mataram 30 mil pessoas, homens, mulheres, idosos e crianças. Deportaram 28 mil pessoas. Prenderam 650 crianças, 850 mulheres e 37 mil homens.

8. O que a Revolução Francesa significa para a Revolução do Vietnã?

a) Em todas as três revoluções, de 1789, 1848 e 1870, o povo foi corajoso, mas os intelectuais eram poucos, o que permitiu aos capitalistas prevalecerem.

b) A organização da Comuna de Paris não era muito sofisticada e não se comunicava com os camponeses. Isso levou ao seu fracasso.

c) Os capitalistas usaram as palavras Liberdade, Igualdade e Fraternidade para enganar o povo e incentivá-lo a derrubar o feudalismo. Quando o povo derrubou o feudalismo, a burguesia substituiu os senhores feudais como os novos opressores.

d) A Revolução Francesa foi semelhante à Revolução Americana, o que significa que também foi uma revolução burguesa e incompleta. A França é formalmente uma república, mas internamente os trabalhadores e camponeses são privados de seus direitos, e externamente a França oprime e explora suas colônias. Já ocorreram três revoluções até agora, mas no momento os trabalhadores e camponeses franceses precisam de mais uma para escapar da opressão. Os revolucionários vietnamitas devem ter essas coisas em mente.

9. Alguns exemplos do que a Revolução Francesa nos ensina?

A revolução francesa nos ensina que:

1. os trabalhadores e camponeses são as raízes da revolução, mas os capitalistas são oportunistas; a burguesia se aproveitará das massas; caso contrário, eles são contrarrevolucionários.

2. a revolução deve ter uma organização muito sustentável para ter sucesso.
3. mulheres e crianças também participarão da revolução.
4. onde o povo tem um grande moral, nenhuma arma pode resistir a ele.
5. a Revolução Francesa viu muitas pessoas se sacrificarem sem medo. Se também queremos fazer uma revolução, não devemos ter medo de sacrifícios.

A história da Revolução Russa

1. Quais são as origens da Revolução Russa?

A Rússia é um país vasto, cujo território está dividido pela metade entre a Ásia e a Europa. Mais de 90% dos russos são camponeses, enquanto menos de 10% são trabalhadores urbanos. Antigamente, a Rússia era governada sob o sistema de servidão, no qual toda a terra e os camponeses estavam sob o controle dos senhores feudais. Os senhores tratavam os servos como animais; a vida e a morte dos servos estavam sob seu controle e capricho. Quando precisavam de dinheiro, vendiam os camponeses como escravos como se fossem animais para venda. Os camponeses não podiam deixar uma região para outra.

Somente na segunda metade do século XIX o capitalismo floresceu na Rússia; quando abriram muitas fábricas e precisavam de trabalhadores, campanhas foram feitas para abolir o sistema servil, para que os camponeses pudessem trabalhar para eles. Em 1861, a servidão foi abolida.

Os capitalistas burgueses e os senhores feudais nutriam rancor uns contra os outros, e a revolução dos trabalhadores e camponeses também emerge dessa contradição.

2. O que os servos fizeram após sua libertação?

Ao se tornarem livres, alguns servos foram para a cidade trabalhar, e outros permaneceram trabalhando nos campos.

Trabalhando muitas horas por salários insignificantes, eles agora eram escravos dos capitalistas. Se permanecessem no campo, haveria pouca terra, o gado seria escasso e eles teriam recursos insuficientes em comparação com os ricos proprietários de terras. Embora as pessoas fossem nominalmente livres, na realidade, estavam escravizadas: os trabalhadores eram miseráveis, os camponeses nunca tiveram uma situação melhor.

Aqueles que tinham uma visão revolucionária fundaram um partido para unir os camponeses, mas ignoraram os trabalhadores.

Em 1875, surgiu um partido revolucionário chamado *Narodniks*. Em 1878, surgiu um novo partido chamado "União dos Trabalhadores Russos".

No entanto, esses dois partidos, com pouquíssimos membros, foram perseguidos, e o governo prendeu seus membros. Mais tarde eles acabaram se tornando um partido terrorista,[18] cujo foco era apenas assassinar o rei e os oficiais.

3. Qual foi o resultado dos dois partidos?

Os assassinatos são arriscados, e os resultados não são duradouros, pois sempre haverá outro chefe para substituir aquele que foi morto. Revolução significa a união das massas oprimidas e a extinção de toda a classe opressora – não apenas o assassinato de

[18] "đang kịch liệt" pode ser traduzido como "partido da violência", mas os Narodniks, em particular, adotaram a visão de que a camada camponesa precisava entender que o tsar não era invencível. Optamos por "terrorismo" como uma tradução melhor (apesar de ter uma nova conotação no século XXI), já que isso sinaliza a política e a prática dos Narodniks, conforme explicado na próxima seção.

alguns reis ou funcionários do governo cometido por um grupo de pessoas. Embora os dois partidos tenham sacrificado muitas vidas e assassinado pessoas importantes da classe dominante, eles foram perseguidos pelo governo até serem eliminados, porque não possuíam uma base revolucionária massiva.

Em 1883, Georgi Plekhanov fundou o Grupo de Libertação do Trabalho.[19] Este partido foi organizado para popularizar as teorias de Karl Marx e unir camponeses e trabalhadores na prática e na política da revolução.

4. Como um partido faz uma revolução?

O Grupo de Libertação do Trabalho considerava os trabalhadores como a base da revolução, com a assistência dos camponeses.

Eles trabalhavam de forma muito secreta.

Havia muitos espiões na Rússia, então o escritório do partido teve que se estabelecer no exterior (em Londres).

Em 1898, o partido realizou um Congresso dentro da Rússia; infelizmente, o governo descobriu e prendeu muitos de seus membros. Apesar dessas prisões, a declaração do partido se espalhou por toda a nação, de modo que o movimento revolucionário estava aumentando a cada dia. Aqueles que

[19] Gruppa Osvobozhdenie Truda (Grupo Liberação do Trabalho), estabelecido por Georgui Plekhanov com Axelrod, Lev Deutsch, Vasily Ignatov e Vera Zasulich. Esta última é famosa por sua correspondência com Marx sobre as possibilidades de revolução na Rússia. Tendo aprendido russo por conta própria, Marx enfatizou que o processo histórico delineado em sua obra, especialmente em *O capital*, era um "esboço" relevante para a Europa Ocidental, mas não "imposto pelo destino a todos os povos". Em Carta ao editor do jornal russo *Otecestvenniye Zapisky*, novembro de 1877 (Marx, 1877). Embora Plekhanov mais tarde tenha se unido aos mencheviques, Lenin afirmou que o Grupo de Libertação havia lançado as bases para um partido político baseado no marxismo.

não foram presos agiam de maneira extremamente cautelosa em seus esforços de propaganda e organização.

Pouco depois disso, o nome do partido foi alterado para Partido Social-Democrata, e mais tarde mudou para Partido Comunista.

Entre 1904 e 1905, Rússia e Japão estavam em guerra. Aproveitando a agitação do povo, o partido fez um enorme esforço para mobilizar a revolução.

5. Como o partido mobilizou o povo para a sua causa?

a) Antes de lutar contra o Japão, o tsar enganou os capitalistas fazendo-os gastar dinheiro e os ludibriou ao dizer que, se eles conseguissem vencer, a economia prosperaria e os capitalistas se beneficiariam de forma considerável. Mas, após a derrota, os capitalistas haviam gastado muito dinheiro para obter poucos ganhos, a partir de então, eles se ressentiram com o tsar.

b) Ao mesmo tempo, o ressentimento e a opressão dos trabalhadores pelo tsar significavam que eles o odiavam cada vez mais.

c) Os camponeses odiavam o tsar há muito tempo. Forçados a entrar no exército, muitos morreram na guerra; eles pagavam impostos exorbitantes, e seu ódio pelo tsar aumentava cada vez mais.

As três classes tinham objetivos diferentes, mas o ódio pelo tsar era o mesmo. O partido sabia que havia amplo apoio para uma revolução para derrubá-lo.

6. Naquele momento, qual foi a resposta do tsar?

O tsar sabia que os trabalhadores eram os maiores entusiastas da revolução, então separou os capitalistas, camponeses e trabalhadores uns dos outros. Ele nomeou um missionário para organizar um Sindicato do Trabalho, primeiro para corromper os trabalhadores e, segundo, para identificar e prender aqueles que eram a favor da revolução.

Em 9 de janeiro de 1905, o missionário (Georgy Apollonovich Gapon) levou alguns trabalhadores ao tsar em busca de conselhos. Como ele esqueceu de avisá-lo sobre a visita, quando ele viu uma multidão de pessoas e temeu pela violência, este enviou seus soldados, que atiraram e mataram muitos dos trabalhadores. Gapon fugiu para o exterior. Os trabalhadores das províncias ouviram as notícias e entraram em greve; houve tumultos e começaram a surgir congressos de trabalhadores.

A luta revolucionária contra o tsar e o governo ocorreu entre janeiro e outubro. Por um lado, o tsar usava soldados contra a revolução e, por outro, usava o pretexto de estabelecer um parlamento de representantes do povo para discutir os assuntos do país.

7. Por que a revolução de 1905 foi derrotada?

1. Os capitalistas queriam se aproveitar dos trabalhadores para derrubar o tsar, mas quando viram os trabalhadores entusiasmados, temeram que eles lutassem primeiro contra o tsar e depois se voltassem contra eles. Assim, os capitalistas traíram os trabalhadores em favor do tsar.
2. Os trabalhadores e os camponeses não estavam unidos. Quando os trabalhadores se rebelaram, a maioria dos camponeses não os seguiu imediatamente na luta. Portanto, os trabalhadores foram derrotados. Em seguida, os camponeses se rebelaram contra o tsar, mas

era tarde demais, pois ele conseguiu lidar primeiro com os trabalhadores e depois voltar sua atenção para combater os camponeses.

3. Os trabalhadores não eram muito experientes nem bem-organizados.
4. Sem a mobilização dos soldados, os trabalhadores tinham pouquíssimas armas.

8. A derrota de 1905 foi um atraso para os trabalhadores e o partido?

Não, não atrasou. Após vivenciarem essa derrota, o partido analisou novamente, criticou onde e o que deu errado – o porquê de terem falhado. Compreendendo essas falhas de maneira mais clara, eles as corrigiram, assim como se afia uma faca. Primeiro, você testa a lâmina para saber onde está afiada ou cega; depois, trabalha o lado cego afiando-o até o ponto em que sabe que a nova faca está boa.

Após a derrota em 1905, os trabalhadores entenderam que:

1) eles devem estar bem-organizados;
2) eles devem se conectar com os camponeses;
3) eles devem mobilizar os soldados;
4) eles não devem confiar nos falsos profetas da colaboração franco-anamesa; e,
5) sabendo que os capitalistas e o tsar são iguais, eles devem abolir os capitalistas para abolir o tsar.

O fracasso da revolução de 1905 serviu de exemplo para a revolução bem-sucedida de 1917.

9. Qual é a história da revolução de 1917?

A revolução de 1917 foi resultado dos seguintes fatores:

1. os imperialistas britânicos e franceses se aproveitaram do tsar para lutar contra a Alemanha durante a guerra europeia. No entanto, o tsar russo era desorganizado, desperdiçava dinheiro, e muitos soldados russos foram mortos pelos alemães. As potências imperiais ficaram irritadas e, assim, ajudaram a classe capitalista a se livrar do tsar;
2. os capitalistas estavam irritados porque o tsar havia confiado apenas no exército aristocrático governante, que era ineficaz e perdia todas as batalhas. Além disso, os capitalistas russos estavam alinhados principalmente com os imperialistas britânicos e franceses. Se a Rússia perdesse para a Alemanha, o capital russo estaria em risco, assim como o dos britânicos e franceses. Ficou claro para os imperialistas britânicos e franceses que eles perderiam se o tsar permanecesse no poder. Portanto, os capitalistas também queriam derrubá-lo;
3. obviamente, os trabalhadores e os camponeses consideravam o tsar seu inimigo;
4. os oportunistas políticos se aproveitaram da situação, usando os trabalhadores e camponeses para ajudar os capitalistas russos e o imperialismo britânico e francês a derrubar o tsar. O capitalismo e o imperialismo, por sua vez, aproveitaram essa oportunidade.

10. Como os oportunistas conseguiram fazer isso?

Aproveitando-se das muitas mortes de soldados, da população faminta, do desemprego em massa e da desorganização do governo, os oportunistas disseram ao povo que a revolução derrubaria o tsar, que a terra e as fábricas pertenceriam aos camponeses, que o povo teria o direito de formar o governo e que a guerra se transformaria em paz.

Em fevereiro, de forma inesperada, o tsar renunciou, com sua autoridade empoderada pelos capitalistas, e os oportunistas voltaram atrás em suas palavras. Eles ordenaram que os soldados continuassem lutando; a terra permaneceu nas mãos dos senhores de terras; as fábricas permaneceram nas mãos dos ricos, e os camponeses e trabalhadores não tinham voz no governo.

11. Por que o partido comunista não tomou o poder?

Quando essa revolução depôs o tsar, o partido comunista liderou as massas. No entanto, havia poucos membros do partido naquela época, e não era o momento certo para os comunistas assumirem o governo.

A revolução acabou em fevereiro. Até abril, muitas pessoas ainda pensavam que o novo governo ainda não tinha feito nada em benefício do povo, pois não havia tido tempo suficiente.

Em abril, Lenin e muitos camaradas voltaram do exterior. Entre abril e novembro, o novo governo mostrou, aos poucos, sua verdadeira face contrarrevolucionária. Os membros comunistas participaram da propaganda para o povo da seguinte forma: "Você pode ver que os oportunistas são como serviçais do capitalismo e do imperialismo, nem mais nem menos. Eles não são melhores que o tsar. Isso fez com que todos detestassem o novo governo. Eles se uniram aos camponeses, trabalhadores, soldados e organizações secretas para realizar a revolução comunista".

12. Quando a revolução comunista triunfou?

No final de outubro, já havia organizações espalhadas por todos os lugares; todos queriam agir. Mas Lenin disse:

"Espere! Espere mais alguns dias para que todos se oponham ao governo, e então agiremos". Em 5 de novembro, o governo fez uma reunião para promulgar novas leis que beneficiavam os capitalistas, mas que eram prejudiciais aos camponeses e trabalhadores. Lenin disse aos membros do partido que seria muito cedo para agir em 6 de novembro [24 de outubro], porque as pessoas ainda não saberiam o quão ruins eram as medidas e ainda não culpariam o governo. Por outro lado, 8 de novembro [26 de outubro] seria muito tarde, porque então o governo saberia que o povo estava insatisfeito e em alerta.

Com grande expectativa, o partido comunista decidiu fazer a revolução em 7 de novembro. Os trabalhadores se apressaram para cercar o governo, e os camponeses expulsaram seus senhores. O governo enviou soldados, mas eles se aliaram aos trabalhadores e voltaram-se contra o regime.

A partir desse dia, os oportunistas do governo se retiraram, e o partido comunista assumiu a autoridade e organizou um governo de trabalhadores, camponeses e soldados. Distribuiu terras aos agricultores, concedeu a gestão das fábricas aos trabalhadores, não forçou mais as pessoas a morrerem pelo capitalismo e imperialismo, esforçou-se para organizar uma nova economia e pôs em prática o internacionalismo.[20]

13. O que a Revolução Russa significa para a Revolução do Vietnã?

Naquela época, apenas a revolução bolchevique na Rússia foi uma revolução bem-sucedida – e foi totalmente bem-sucedida.[21] Isso significa que as pessoas desfrutavam

[20] Impulsionar o comunismo por todo o mundo.

[21] Um sucesso radical.

de verdadeira felicidade, liberdade e igualdade, e não a falsa liberdade e igualdade das quais os imperialistas franceses se vangloriam diante do povo vietnamita. A Revolução Russa já havia extinto o tsar, os capitalistas e os senhores de terras, e também se esforçava para ajudar os trabalhadores, camponeses e povos oprimidos nas colônias[22] a fazerem a revolução, derrotando todos os imperialistas e capitalistas do mundo.

A Revolução Russa nos ensina que, para que a revolução seja vitoriosa, devemos tomar as massas (trabalhadores e camponeses) como elementos fundamentais; ter um partido sólido; ser persistentes; ter o mesmo objetivo em mente e estar prontos para sacrificar nossas vidas pela causa. Resumindo: devemos seguir o marxismo-leninismo.

[22] Apoiar novamente os trabalhadores e camponeses oprimidos dos países colonizados.

6. O CAMINHO QUE ME LEVOU AO LENINISMO

Problem of the East, abril de 1960

Quando a Primeira Guerra Mundial acabou, eu ganhava a vida em Paris, primeiro como retocador em um estúdio fotográfico, depois como pintor de "antiguidades chinesas" (feitas na França!). Eu distribuía panfletos denunciando os crimes cometidos pelos colonialistas franceses no Vietnã.

Naquela época, eu apoiava a Revolução de Outubro apenas instintivamente, sem ainda compreender toda a sua importância histórica. Eu amava e admirava Lenin porque ele era um grande patriota que libertou seus compatriotas; até então, eu não havia lido nenhum de seus livros.

A razão de eu me juntar ao Partido Socialista Francês foi porque essas "senhoras e senhores" – como eu chamava meus camaradas naquele momento – haviam mostrado simpatia por mim e pela luta dos povos oprimidos. Mas eu não entendia o que era um partido, um sindicato, nem o que era socialismo ou comunismo.

Naquele período estavam ocorrendo discussões acaloradas nas filiais do Partido Socialista sobre questões como a permanência do Partido Socialista na Segunda Internacional; a fundação de uma Segunda e Meia Internacional ou a junção do Partido Socialista à Terceira Internacional de Lenin. Eu frequentava as reuniões regularmente, duas ou três vezes por semana, e ouvia as discussões com atenção. A princípio, não conseguia entender completamente essas discussões. Por que eram tão acaloradas? A revolução poderia ser travada tanto com a Segunda, Segunda e Meia ou Terceira Internacional. Qual era a utilidade de discutir, então? E quanto à Primeira Internacional – o que havia acontecido com ela?

O que eu mais queria saber – e isso nunca foi debatido nas reuniões – era qual Internacional estava ao lado dos povos dos países coloniais.

Eu levantei essa questão – a mais importante na minha opinião – em uma reunião. Alguns camaradas responderam que era a Terceira, não a Segunda Internacional. E um camarada me deu para ler a "Tese sobre as Questões Nacionais e Coloniais" de Lenin, publicada no *L'Humanité*.

Havia termos políticos difíceis de entender naquela tese. Mas ao lê-la outras vezes fui capaz, finalmente, de captar a parte principal. Que emoção, entusiasmo, clareza e confiança ela me despertou! Fui levado às lágrimas. Embora estivesse sentado sozinho em meu quarto, gritei em voz alta como se estivesse me dirigindo a grandes multidões: "Caros mártires, compatriotas! É disso que precisamos, e este é o caminho para a nossa libertação!"

Com isso, eu tinha total confiança em Lenin e na Terceira Internacional.

Antes, durante as reuniões da sucursal do partido, eu apenas ouvia as discussões; tinha uma crença vaga de que todos pareciam racionais e não conseguia diferenciar quem estava certo e errado. Mas, a partir daquele momento, eu também me envolvi nos debates e discuti com fervor. Embora eu não tivesse as palavras para expressar todos os meus pensamentos em francês, eu refutava as alegações contra Lenin e a Terceira

Internacional com a mesma energia. Meu único argumento era: "Se vocês não condenam o colonialismo, se não estão ao lado do povo das colônias, que tipo de revolução estão fazendo?".

Eu não apenas participava das reuniões da minha própria seção do partido, como também ia a outras para mostrar "minha posição". Agora, devo enfatizar novamente que os camaradas Marcel Cachin, Vaillant Couturier, Monmousseau e muitos outros me ajudaram a ampliar o conhecimento. Finalmente, no Congresso de Tours, votei com eles para nos juntarmos à Terceira Internacional.

Inicialmente, o patriotismo – ainda não o comunismo – me levou a ter confiança em Lenin e na Terceira Internacional. Pouco a pouco, junto com a luta, estudando o marxismo--leninismo em paralelo com a participação em atividades práticas, fui me dando conta de que apenas o socialismo e o comunismo podem libertar as nações oprimidas e os trabalhadores das garras da escravidão em todo o mundo.

Existe uma lenda em nosso país, assim como na China, sobre o milagroso *Livro dos sábios*. Quando enfrentamos grandes dificuldades, o abrimos e encontramos uma saída. O leninismo não é simplesmente um milagroso "livro dos sábios", uma bússola para nós, revolucionários vietnamitas e nosso povo; é também o sol radiante que ilumina nosso caminho para a vitória final, para o socialismo e o comunismo.

INDEPENDÊNCIA E GUERRA

7. DECLARAÇÃO POR OCASIÃO DA FUNDAÇÃO DO PARTIDO COMUNISTA DA INDOCHINA

Hong Kong, 18 de fevereiro de 1930

Trabalhadores, camponeses, soldados, jovens e estudantes!
Conterrâneos oprimidos e explorados!
Irmãs e irmãos! Camaradas!

As contradições imperialistas foram a causa da Primeira Guerra Mundial de 1914-1918. Após esse terrível massacre, o mundo foi dividido em dois campos: o campo revolucionário que inclui os povos colonizados oprimidos e a classe trabalhadora explorada em todo o globo. Sua vanguarda é a União Soviética; e há o campo contrarrevolucionário do capitalismo internacional e do imperialismo, cujo Estado-Maior é a Liga das Nações.

Essa guerra resultou em perdas inestimáveis de vidas e propriedades do povo. O imperialismo francês foi o mais brutalmente afetado. Portanto, para restaurar as forças do capitalismo na França, os imperialistas franceses recorreram a todo tipo de esquema pérfido para intensificar a exploração capitalista na Indochina. Eles construíram novas fábricas para explorar os trabalhadores, pagando-lhes salários baixíssimos. Saquearam as terras dos camponeses para estabelecer plantações e levá-los à miséria. Impuseram novos e pesados impostos. Forçaram nosso povo a comprar títulos do governo. Resumindo, eles levaram nosso povo à miséria completa. Eles expandiram suas forças militares para: 1) sufocar a Revolução do Vietnã; 2) se preparar para uma nova guerra imperialista no Pacífico com o objetivo de conquistar novas colônias; 3) reprimir a revolução chinesa; e 4) atacar a União Soviética, porque ela ajuda as nações oprimidas e a classe trabalhadora explorada a fazer revolução. A Segunda Guerra Mundial irá eclodir. Os imperialistas franceses certamente conduzirão nosso povo a um massacre ainda maior quando isso acontecer. Se permitirmos que eles se preparem para essa guerra, que se oponham à revolução chinesa e ataquem a União Soviética, se permitirmos que eles sufoquem a Revolução do Vietnã, tudo isso será equivalente a deixá-los extinguir nossa raça da face da Terra e afogar nossa nação no Pacífico.

No entanto, a opressão brutal e exploração implacável dos imperialistas franceses despertaram nossos compatriotas – todos perceberam que a revolução é o único caminho para a sobrevivência e que, sem ela, morrerão lentamente. É por isso que o movimento revolucionário se fortalece a cada dia; os trabalhadores se recusam a trabalhar, os camponeses exigem terra, os estudantes entram em greve e os comerciantes param de fazer negócios. Em todos os lugares, as massas se levantaram para se opor aos imperialistas franceses.

A revolução fez os imperialistas franceses tremerem de medo. Por um lado, eles usam os feudalistas e a burguesia compradora para oprimir e explorar nosso povo. Por outro, eles aterrorizam, prendem, encarceram, deportam e matam muitos revolucionários vietnamitas. Se os imperialistas franceses pensam que podem suprimir a revolução do Vietnã por meio do terror, estão completamente enganados. Em primeiro lugar, a revolução não está isolada; ela conta com a ajuda do proletariado mundial em geral e da classe trabalhadora francesa em particular. Em segundo lugar, é precisamente no momento em que os imperialistas franceses estão realizando atos terroristas com frenesi que os comunistas vietnamitas, que antes trabalhavam separadamente, se uniram em um único partido, o Partido Comunista da Indochina, para liderar a luta revolucionária de todo o nosso povo.

Trabalhadores, camponeses, soldados, jovens, estudantes!
Compatriotas oprimidos e explorados!

O Partido Comunista da Indochina foi fundado. É o partido da classe trabalhadora. Ele ajudará o proletariado a liderar a revolução empreendida em prol de todos os oprimidos e explorados. A partir de agora, devemos nos unir ao partido, ajudá-lo e segui-lo de modo a implementar as seguintes palavras de ordem:

- derrubar o imperialismo francês, o feudalismo vietnamita e a burguesia reacionária;
- tornar a Indochina completamente independente;
- estabelecer um governo do operário-camponês-soldado;
- confiscar os bancos e outras empresas pertencentes aos imperialistas e colocá-los sob o controle do governo do operário-camponês-soldado;
- confiscar todas as plantações e propriedades pertencentes aos imperialistas e à burguesia reacionária vietnamita e distribuí-las aos camponeses pobres;
- implementar a jornada de trabalho de oito horas;
- abolir a compra forçada de títulos do governo, o imposto de capitação e todos os impostos injustos que atingem os pobres;
- conceder liberdades democráticas às massas;
- proporcionar educação a todo o povo;
- estabelecer a igualdade entre homens e mulheres.

8. A LINHA DO PARTIDO NO PERÍODO DA FRENTE DEMOCRÁTICA[1]

JULHO DE 1939

1. Por enquanto, o partido não deve ser muito ambicioso em suas demandas (independência nacional, parlamento etc.). Fazer isso seria comer na mão dos fascistas japoneses. Portanto, deve-se apenas exigir direitos democráticos, liberdade de organização, liberdade de reunião, liberdade de imprensa, liberdade de expressão, anistia geral para todos os presos políticos, além de lutar pela legalização do partido.
2. O partido deve procurar organizar uma ampla Frente Democrática Nacional para alcançar esse objetivo. Essa Frente deve ser composta não apenas pelos povos da Indochina, mas também por todos os franceses progressistas que vivem na Indochina; não apenas pelos trabalhadores, mas também pela classe burguesa nacional.
3. O partido deve adotar uma atitude sábia e flexível em relação à burguesia nacional. Deve procurar incorporá-la na Frente, reunir os elementos que podem ser reunidos e neutralizar aqueles que podem ser neutralizados. Devemos evitar a todo custo deixá-los fora

[1] Trecho do relatório de Ho Chi Minh para a Internacional Comunista.

da Frente, para que não caiam nas mãos dos inimigos da revolução e aumentem a força dos reacionários.

4. Não podemos fazer nenhuma aliança ou concessões ao grupo trotskista. Devemos fazer todo o possível para expor seus rostos como os capachos dos fascistas e aniquilá-los politicamente.
5. Para aumentar e consolidar suas forças, ampliar sua influência e trabalhar efetivamente, a Frente Democrática Indochinesa deve manter contato próximo com a Frente Popular Francesa, pois esta também luta pela liberdade e pela democracia e pode nos ajudar tremendamente.
6. O partido não deve exigir que a Frente reconheça sua liderança. Em vez disso, deve se mostrar como a organização que faz os maiores sacrifícios e é a mais ativa e leal. É somente por meio da luta e do trabalho diário que as massas do povo reconhecerão as políticas corretas e a capacidade de liderança do partido e, assim, poderão conquistar a direção.
7. Para poder realizar estas tarefas, o partido deve lutar implacavelmente contra o sectarismo e organizar de forma mais sistemática a cooperação marxista-leninista para elevar o nível cultural e político de todos os membros do partido. É necessário manter contato próximo com o Partido Comunista Francês.

9. MULHERES[1]

1941

Desde sempre as mulheres vietnamitas
Se sacrificam pelo nosso país e nossa raça
Dez mil delas reunidas ao clamor das irmãs Trung
Partindo rumo à salvação do país e do povo, para sempre.
Ao longo dos anos dessa luta revolucionária
Nossas irmãs estiveram presentes.
Muitas vezes lutaram com bravura
Corações de ouro, coragem de aço, quem faria menos?
Como Nguyen Minh Khai
Condenada à morte amiúde.
Agora, a oportunidade se aproxima.
Derrotar os franceses, os japoneses, salvar o povo e seus lares,
Mulheres de todas as idades
Se unem na luta
Se reúnem no Vietminh
Para primeiro salvar o país, depois nos salvar
Para que todo o mundo saiba
Que somos os filhos da Fada e do Dragão.

[1] Minh (2000, p. 259-260).

10. DIÁRIO DA PRISÃO

1942-1943

Aprendendo a jogar xadrez

I
Para passar o tempo, aprendemos a jogar xadrez.
Aos montes, cavalos e infantaria se acossam,
Numa ação rápida de ataque ou defesa.
O talento e os pés ligeiros nos dão vantagem

II
Olhos no horizonte, pensamentos profundamente ponderados.
Seja ousado e incansável no ataque.
Dê o comando errado e as torres se tornam inúteis.
Chegue no momento certo e um peão lhe trará a vitória.

III
As forças dos dois lados estão equilibradas.
Mas a vitória é só de um.
Ataque, recuo, a estratégia infalível:
E então o título de grande comandante.

Os guardas carregam porcos

I

Viajando pela estrada, os guardas carregam porcos.
Os porcos nos ombros dos guardas, os homens acorrentados.
Quando um homem é forçado a abdicar de sua liberdade humana natural
Seu valor é menor que o de um porco.

II

Nesse mundo, podem ser milhares os males do homem,
Mas nada que possa lhe acontecer é pior do que perder a liberdade.
Uma simples palavra, um gesto, já não mais seu direito.
Podemos apenas nos submeter a sermos conduzidos como cavalos ou gado!

Alerta no Vietnã

Antes a morte do que a escravidão! Por todo o meu país
As bandeiras vermelhas estão tremulando novamente.
Ah, como é ser prisioneiro em um momento como este!
Quando estarei livre para me juntar à batalha?
(Notícias de Xicarao Agency, publicadas na imprensa de Nanning).

No bureau político da quarta zona de resistência

Já percorri os 13 distritos da Província de Kwangsi
E provei os prazeres das suas 18 prisões.
Ainda pergunto: qual crime cometi?
O de ser devoto ao meu povo.

11. DECLARAÇÃO DE INDEPENDÊNCIA DO VIETNÃ

2 DE SETEMBRO DE 1945

"Todos os homens nascem iguais. Eles são dotados pelo seu Criador de certos direitos inalienáveis; entre eles estão a Vida, a Liberdade e a busca pela Felicidade". Esta passagem imortal se encontra na Declaração de Independência dos Estados Unidos da América em 1776. Em um sentido mais amplo, ela significa que todos os povos na Terra são iguais desde o nascimento; todos os povos têm o direito de viver, de serem felizes e livres. A Declaração da Revolução Francesa, feita em 1791 sobre os Direitos do Homem e do Cidadão, também afirma: "Todos os homens nascem livres e iguais em direitos e devem sempre permanecer livres e iguais em direitos".

Essas são verdades inegáveis.

No entanto, há mais de 80 anos, os imperialistas franceses, abusando dos princípios de Liberdade, Igualdade e Fraternidade, violam nosso país e oprimem nossos concidadãos. Eles agem contra os ideais de humanidade e justiça.

Na esfera política, privaram nosso povo de toda liberdade democrática. Impuseram leis desumanas; estabeleceram três regimes políticos distintos no Norte, no Centro e no Sul do Vietnã para destruir nossa unidade nacional e impedir que nosso povo se una. Construíram mais prisões do que escolas. Mataram, sem nenhuma piedade, nossos patriotas e afogaram nossas revoltas em rios de sangue. Amordaçaram a opinião pública e praticaram o obscurantismo contra nosso povo. Para enfraquecer nossa raça, nos forçaram a usar ópio e álcool.

No campo econômico, nos exploraram até os ossos, empobreceram nosso povo e devastaram nossa terra. Roubaram nossos campos de arroz, minas, florestas e matérias-primas. Monopolizaram a emissão de notas bancárias e o comércio de exportação. Inventaram inúmeros impostos injustificáveis e reduziram nosso povo, especialmente nossa classe camponesa, a um estado de extrema pobreza. Prejudicaram o desenvolvimento de nossa burguesia nacional e exploraram nossos trabalhadores impiedosamente. No outono de 1940, quando os fascistas japoneses violaram o território da Indochina para estabelecer novas bases em sua luta contra os Aliados, os imperialistas franceses se ajoelharam e entregaram nosso país a eles. Assim, desde aquele dia, nosso povo está submetido ao duplo jugo dos franceses e dos japoneses. Seus sofrimentos e desgraças só aumentaram.

O resultado foi que do final do ano passado até o início deste ano, da província de Quang Tri ao norte do Vietnã, mais de 2 milhões de nossos concidadãos morreram de fome. Em 9 de março, as tropas francesas foram desarmadas pelos japoneses. Os colonialistas franceses fugiram ou se renderam, mostrando que não apenas eram incapazes de nos "proteger", mas que, em cinco anos, venderam nosso país duas vezes aos japoneses. Em várias ocasiões antes de 9 de março, a Liga Vietminh instou os franceses a se aliarem a ela contra os japoneses. Em vez de concordar com essa proposta, os colonialistas franceses intensificaram suas atividades terroristas contra os membros do Vietminh, e, antes de fugirem, massacraram um grande número de nossos prisioneiros políticos detidos em

Yen Bay e Cao Bang. Apesar de tudo isso, nossos concidadãos sempre manifestaram uma atitude tolerante e humana em relação aos franceses. Mesmo após o golpe japonês de março de 1945, a Liga Vietminh ajudou muitos franceses a cruzar a fronteira, resgatou alguns deles das prisões japonesas e protegeu vidas e propriedades francesas. Desde o outono de 1940, nosso país havia, de fato, deixado de ser uma colônia francesa e se tornara uma possessão japonesa. Depois que os japoneses se renderam aos Aliados, nosso povo se levantou para recuperar nossa soberania nacional e fundou a República Democrática do Vietnã.

A verdade é que conquistamos nossa independência dos japoneses – e não dos franceses. Os franceses fugiram, os japoneses capitularam, e o Imperador Bao Dai abdicou. Nosso povo quebrou as correntes que o aprisionaram por quase um século e conquistou a independência do país. Ao mesmo tempo, derrubamos o regime monárquico que reinou supremo por dezenas de séculos. Em seu lugar, foi estabelecida a atual República Democrática. Por esses motivos, nós, membros do Governo Provisório, representando todo o povo vietnamita, declaramos que, a partir de agora, romperemos todas as relações de caráter colonial com a França; revogamos todas as obrigações internacionais que a França assumiu em nome do Vietnã até agora e abolimos todos os direitos especiais que os franceses adquiriram ilegalmente em nosso país. Todo o povo vietnamita, movido por um propósito comum, está determinado a lutar até o fim contra qualquer tentativa dos colonialistas franceses de reconquistar seu país. Estamos convencidos de que as nações aliadas, que em Teerã e São Francisco reconheceram os princípios de autodeterminação e igualdade das nações, não se recusarão a reconhecer a independência do Vietnã. Um povo que corajosamente se opôs à dominação francesa por mais de 80 anos, um povo que lutou ao lado dos Aliados contra os fascistas durante esses últimos anos, deve ser livre e independente.

Por essas razões, nós, membros do Governo Provisório da República Democrática do Vietnã, declaramos solenemente ao mundo que o Vietnã tem o direito de ser um país livre e independente, e, de fato, já o é. Todo o povo vietnamita está determinado a mobilizar todas as suas forças físicas e mentais, a sacrificar suas vidas e propriedades para salvaguardar sua independência e liberdade.

12. CARTA AOS ALUNOS NO DIA DA VOLTA ÀS AULAS

SETEMBRO DE 1945

Meus queridos sobrinhos,

Hoje é o primeiro dia do período escolar na República Democrática do Vietnã. Eu consigo imaginar toda a animação e empolgação para a reabertura da escola que acontecerá em todos os lugares. Vocês estão todos felizes em ver seus professores e colegas novamente após um feriado tão longo e tantos eventos marcantes. Mas a maior alegria é que, a partir de agora, vocês terão uma educação totalmente vietnamita. Em outras épocas, seus pais, irmãos e, no ano passado, vocês mesmos, foram obrigados a receber uma educação opressora, ou seja, uma educação destinada a formar pessoas como serviçais para os colonizadores franceses. Hoje, vocês têm uma chance melhor; vocês desfrutam da educação de um país independente, uma educação que os formará como cidadãos úteis para o Vietnã, uma educação que desenvolverá plenamente suas habilidades inatas.

Essa oportunidade de receber educação é fruto dos sacrifícios de tantos compatriotas; então, o que vocês acham disso? Vocês devem agir de forma a retribuir o grande trabalho do povo que não poupou suas vidas e propriedades para reconquistar a independência nacional.

Escutem as minhas palavras, as palavras de um homem que sempre acalenta o desejo de ver vocês se tornarem pessoas competentes. No próximo ano escolar, vocês devem se esforçar em seus estudos, ser bons, obedecer aos professores e cooperar com os colegas de classe. Oitenta anos de escravidão enfraqueceram nosso país; agora, devemos reconstruir a herança legada por nossos antepassados para que possamos acompanhar outras nações do mundo. Nessa construção, vocês são a esperança do país. Se o Vietnã se tornará glorioso ou não, se o povo vietnamita poderá se igualar às nações poderosas do mundo ou não, tudo isso será significativo devido aos seus estudos.

Dou um conselho a mais aos alunos mais velhos: nós expulsamos os colonialistas franceses e reconquistamos a independência. Mas eles estão tentando voltar. Sem dúvida eles falharão, porque todo o nosso povo está unido, decidido a lutar pelo país e pronto para se opor aos invasores, cumprindo seu dever como cidadãos. Vocês ainda não chegaram à idade em que precisam carregar o peso dessas palavras difíceis. Mas, depois das aulas, vocês devem se juntar à Associação dos Pioneiros para a Salvação Nacional, preparar-se para uma vida de combatente e contribuir para a defesa nacional. Este é o meu sincero conselho, que espero que vocês sempre tenham em mente.

Hoje, por ocasião da reabertura da escola, desejo a vocês um ano cheio de alegria e sucesso.

Todo o meu amor a todos vocês.

13. CARTA AOS ANCIÕES

20 DE SETEMBRO DE 1945

Caros anciões,

Estou me dirigindo a vocês como um ancião também. Um ditado antigo diz que "os talentos se esgotam com a chegada da velhice", e nossos mais velhos geralmente acreditam nisso. Aconteça o que acontecer, eles dizem: "Pessoas idosas devem viver em tranquilidade, nós estamos velhos, não temos mais ambição. Cabe aos nossos filhos assumirem os assuntos mundanos. Estamos nos aproximando da morte; não precisamos mais ser ativos".

Eu não concordo com essa perspectiva. Os patriotas nunca vivem de maneira ociosa por causa de sua idade avançada. A China teve pessoas como Ma Fu Po. Nosso país teve pessoas como Ly Thuong Kiet. Quanto mais velhos ficaram, mais enérgicos e heroicos se tornaram.

Atualmente, nossa independência e liberdade acabaram de ser recuperadas, mas ainda temos que enfrentar muitas dificuldades para consolidá-las. Consequentemente, nosso povo, os jovens e idosos, devem se esforçar para assumir parte da responsabilidade.

Nossos filhos são jovens e farão trabalhos pesados. Nós somos idosos, não podemos fazer trabalhos pesados; mas, apoiados em nossas bengalas, vamos tomar a frente para incentivá-los e transmitir nossas experiências a eles. Somos mais velhos; devemos, em primeiro lugar, nos unir de maneira sincera para dar o exemplo aos nossos filhos. Portanto, espero que os idosos em Hanói liderem a organização da Associação Nacional de Salvação Nacional para os idosos, para que os mais velhos de todo o país sigam o exemplo e contribuam para a salvaguarda de nossa independência nacional.

14. PARA OS COMITÊS EXECUTIVOS DO POVO EM TODOS OS NÍVEIS (BOS,[1] PROVÍNCIAS, DISTRITOS E VILAS)

OUTUBRO DE 1945

Prezados amigos,

Os franceses oprimiram nosso país por mais de 80 anos e os japoneses por quatro ou cinco anos. A pobreza que nosso povo sofreu era indescritível. É de partir o coração lembrar disso agora. Graças à unidade monolítica de nosso povo e à sábia orientação do governo, conseguimos romper os grilhões da escravidão e recuperar nossa independência e liberdade.

Se não houver pessoas suficientes, não teremos força suficiente; se não houver governo, ninguém guiará o povo. Portanto, o governo e o povo devem se unir em um bloco. Agora construímos nossa República Democrática do Vietnã. Mas se nosso país for independente sem que nosso povo desfrute de felicidade e liberdade, então essa independência não terá sentido.

Nosso governo prometeu ao povo que fará o melhor para que cada cidadão possa desfrutar de sua felicidade. Na construção de nosso país, as coisas a serem restauradas terão que ser restauradas lentamente. Isso não pode ser feito em um mês ou um ano. Mas, desde o início, devemos seguir corretamente nossos princípios orientadores. Devemos perceber que todos

---

1 Bo: uma das três partes do Vietnã (Norte, Centro, Sul).

os órgãos governamentais, desde o âmbito central até o comunal, são servidores do povo; ou seja, eles são designados para trabalhar em prol dos interesses de todo o povo, e não para oprimi-lo – como acontecia sob o domínio francês e japonês.

Devemos nos esforçar para fazer o que é benéfico para o povo.

Devemos nos esforçar para evitar o que lhe prejudica.

Devemos amá-lo para que ele possa nos amar e respeitar.

Sei que muitos de vocês têm seguido corretamente as políticas do governo e conquistado a confiança do povo. Mas muitos de vocês cometeram graves erros.

Os principais são:

1) violações da lei: traidores, cuja culpa está claramente estabelecida, devem ser punidos, e eles não têm por que reclamar. Mas às vezes, por causa de inimizades pessoais e rancor, vocês prendem pessoas honestas e confiscam suas propriedades, causando-lhes sofrimento;
2) arrogância: ao abusar de suas posições como membros de tais comitês, vocês se tornam insolentes e agem à sua maneira. Vocês menosprezam a opinião pública e ignoram os interesses do povo. Esquecem que foram eleitos pelo povo para servi-los e que não devem ser arrogantes em relação a eles.
3) depravação: se vocês fazem grandes festas, se vestem com roupas finas, se tornam cada vez mais esbanjadores e românticos, vocês devem se perguntar de onde vem o dinheiro. Vocês foram tão longe a ponto de se apropriarem da riqueza pública, esquecendo a integridade e a virtude. Vocês, membros dos comitês, suas esposas e até seus filhos usam carros oficiais. Perguntem-se quem está pagando por essas despesas;

4) sectarismo e conivência: vocês reúnem seus amigos e parentes ao seu redor e lhes dão cargos para os quais não têm capacidade. Aqueles que são competentes e adequados, mas não agradam vocês, são descartados. Vocês esquecem que isso é um assunto público, e não uma questão particular de alguém;
5) divisão: vocês colocam um setor da população contra outro. Não fazem com que vários setores se reconciliem para terem uma boa convivência. Em alguns lugares, vocês foram tão longe a ponto de deixar campos em pousio e fizeram com que os camponeses ficassem insatisfeitos com vocês. Esquecem que, neste momento, devemos unir todo o povo, que nenhuma distinção pode ser feita entre velhos e jovens, ricos e pobres; isso é necessário para salvaguardar nossa independência e lutar contra o inimigo comum;
6) presunção: por achar que um funcionário é importante, vocês olham para o povo com desprezo. Sempre querem mostrar que são "revolucionários mandarins". Vocês não percebem que perderão a confiança do povo e prejudicarão o prestígio do governo por causa de sua presunção.

Erros não devem ser temidos, mas devem ser corrigidos quando descobertos. Portanto, aquele que não caiu nos erros mencionados deve evitá-los para progredir ainda mais. Aquele que os cometeu deve se esforçar para corrigi-los. Se não se corrigir, o governo não o perdoará.

Pela felicidade do povo e dos interesses nacionais, mencionei esse erros. Devemos sempre ter em mente as palavras "justiça" e "integridade".

Espero que vocês progridam.

15. DISCURSO AOS FRANCESES NA INDOCHINA

OUTUBRO DE 1945

Amigos,

Eu gostaria de dirigir algumas palavras a vocês, não como presidente da República Democrática do Vietnã, mas como um amigo sincero dos franceses honestos. Vocês amam a França e desejam sua independência. Vocês amam seus compatriotas e querem que eles sejam livres. Seu patriotismo é uma glória para vocês, pois é o mais alto ideal da humanidade.

Mas nós também temos o direito de amar nosso país[1] e desejar sua independência, não é verdade? Nós também temos o direito de amar nossos compatriotas e querer que eles sejam livres, não é mesmo? O que vocês consideram como seu ideal também deve ser o nosso.

Nós não desgostamos nem odiamos o povo francês. Ao contrário, os respeitamos como um grande povo que foi o primeiro a propagar o nobre ideal de liberdade, igualdade e fraternidade, e que contribuiu significativamente para a cultura, ciência e civilização.

---

[1] A palavra em vietnamita é "Tổ Quốc", frequentemente traduzida como "pátria", mas que de forma mais precisa significa "país" – com todas as associações de patriotismo. Um dos nomes de guerra de Ho Chi Minh era "Nguyễn Ái Quốc" ou "Nguyễn, o Patriota".

Nossa luta não é direcionada contra a França, nem contra os franceses honestos; estamos combatendo a cruel dominação do colonialismo francês na Indochina. Vocês compreenderão até que ponto esse colonialismo manchou a reputação da França e nos impôs calamidades desastrosas: trabalho forçado, corveia, imposto sobre o sal, consumo compulsório de ópio e álcool, impostos pesados, completa ausência de liberdade, terrorismo incessante, sofrimentos morais e materiais, e exploração impiedosa. Perguntem-se quem se beneficia ao nos fazer sofrer dessa maneira. É a França e o povo francês? Não, a França não fica mais rica com a exploração colonialista, e não é pela ausência dessa exploração que ela se tornará mais pobre. Ao contrário, os gastos com as colônias são um fardo imposto aos ombros do povo francês.

Os colonos e industriais franceses na Indochina lucram? Antes de responderem, peço que se coloquem em nosso lugar por um momento. O que vocês fariam se estrangeiros chegassem e impusessem a vocês uma sequência interminável de desgraças e sofrimentos? Eu acredito piamente que vocês lutariam até o fim contra essa dominação. Então, por que querem que aceitemos vergonhosamente a dominação francesa?

Vocês também sabem que essa dominação não beneficia nem a França nem o povo francês. Ela apenas enriquece alguns tubarões colonialistas e mancha a reputação da França.

Algumas pessoas dizem que a França está tentando se agarrar à Indochina por uma questão de prestígio.

O reconhecimento da independência do Vietnã não diminuirá o prestígio da França, mas o elevará diante do mundo e da história. Esse gesto mostrará ao mundo, especialmente aos vietnamitas, que a França de hoje é completamente diferente da antiga França imperialista. Ele conquistará o respeito de todos os povos e o amor dos vietnamitas, que agora, como sempre, apenas desejam ver seu país independente.

Franceses na Indochina! Vocês não acham que o sangue da humanidade já foi derramado em excesso? Não acreditam que a paz, uma paz genuína baseada na justiça e nos ideais democráticos, deve substituir a guerra, e que a liberdade, igualdade e fraternidade devem estar em todos os países, sem discriminação de nacionalidades e raças?

Não tememos a morte, porque queremos viver. Assim como vocês, queremos viver livres, e não ser pisoteados e estrangulados. Por isso, fizemos uma distinção entre os franceses bons e maus.

Repito que estamos lutando por nossa independência; estamos lutando contra a dominação, e não contra os franceses honestos.

Agora, os colonialistas franceses começaram sua ofensiva contra nós no Sul. Eles estão matando muitos de nossos compatriotas, cometendo incêndios criminosos e saques. Somos obrigados a lutar contra esses invasores para proteger nossas famílias e nosso país.

No entanto, em todo o Vietnã, as vidas e propriedades dos franceses estão sendo protegidas e continuarão a ser protegidas, desde que eles estejam satisfeitos em viver tranquilamente e não causem problemas.

Eu garanto solenemente que sempre trataremos os franceses que ganham a vida honestamente e vivem em paz como amigos e irmãos. Somos um povo que defende a paz e respeita os interesses e a liberdade dos outros.

Franceses na Indochina! Agora cabe a vocês mostrarem que são dignos filhos dos gloriosos heróis que lutaram anteriormente pela liberdade, igualdade e fraternidade.

Saudações a todos vocês.

16. APELO A TODO O POVO PARA SE ENGAJAR NA GUERRA DE RESISTÊNCIA

20 DE DEZEMBRO DE 1946

Compatriotas de todo o país!

Como desejamos a paz, fizemos concessões. Mas quanto mais cedemos, mais longe os colonialistas franceses foram, porque estão determinados a invadir nosso país novamente.

Não! Preferimos sacrificar tudo a perder nosso país. Estamos decididos a não ser escravizados.

Compatriotas! Levantem-se!

Homens e mulheres, velhos e jovens, independentemente de crenças, partidos políticos ou nacionalidades, todos os vietnamitas devem se unir para lutar contra os colonialistas franceses e salvar o país. Aqueles que têm rifles usarão seus rifles; aqueles que têm espadas usarão suas espadas; aqueles que não têm espadas usarão pás, enxadas ou pedaços de pau. Todos devem se esforçar para resistir aos colonialistas e salvar nosso país.

Soldados, guardas de autodefesa e milicianos!

A hora da salvação nacional chegou! Devemos sacrificar até a última gota de sangue para proteger nosso país.

Mesmo que tenhamos que suportar dificuldades na Guerra de Resistência, a vitória certamente será nossa com a determinação de fazer sacrifícios.

Viva um Vietnã independente e unificado!

Viva a Resistência vitoriosa!

17. CARTA AOS CAMARADAS DO VIETNÃ DO NORTE

I DE MARÇO DE 1947

Camaradas do Vietnã do Norte,

Não tenho tempo para me encontrar com vocês e participar das críticas, da revisão e discussão dos assuntos públicos. Sinto muito que as circunstâncias não me permitam fazê-lo. Por isso, estou enviando algumas palavras e espero que prestem atenção a elas:

1) agora que nossa nação está numa encruzilhada, entre viver ou morrer, perecer ou existir, cada camarada e toda a organização devem dedicar todo o coração e força para unir todo o povo em uma direção, visando um único objetivo: expulsar os colonialistas franceses e trazer unidade e independência para o país. É por isso que cada camarada e toda a organização devem ser perspicazes, inteligentes, cuidadosos, resolutos, trabalhadores e focados;

2) essa longa Guerra de Resistência é a revolução nacional em um alto nível. Atualmente, os pensamentos e ações de cada camarada têm grande importância para todo o país. A negligência de um indivíduo pode levar um grande projeto ao fracasso. Erros pequenos podem causar resultados desastrosos.

Portanto, devemos nos livrar, de maneira resoluta, das seguintes deficiências:

a. *Regionalismo*. Dar atenção apenas aos interesses de sua própria localidade sem levar em conta os interesses de todo o país. Cuidar apenas da organização onde se está trabalhando. Devido a essas deficiências, podem ocorrer coisas que parecem de pouca importância à primeira vista, mas que na realidade são prejudiciais ao plano comum. Para dar um exemplo: tentar recrutar o máximo possível de quadros e materiais para a própria localidade, sem querer permitir que as autoridades superiores direcionem os quadros e materiais para onde são mais necessários.

b. *Sectarismo*. Ouvir aqueles com que têm concordância, mesmo quando estão errados, e empregá-los mesmo quando não têm habilidades. Descartar aqueles que têm opiniões diferentes, mesmo quando são talentosos, e se recusar a ouvi-los, não importa o quão corretos eles possam estar. Essa é uma deficiência muito prejudicial. Ela priva a organização de quadros e unidade e sempre garante que o trabalho falhará. É uma atitude muito perigosa.

c. *Militarismo e burocracia*. Comportar-se como um pequeno rei quando estiver no comando de uma região, ser arrogante e autoritário. Menosprezar os superiores, abusar da autoridade e oprimir os subalternos. Assustar as pessoas com uma postura soberba. Esse estado mental despótico tem gerado muitos ressentimentos e discórdias, criando uma lacuna entre os níveis superiores e inferiores, entre as organizações e o povo.

d. *Mente fechada*. Devemos ter em mente que cada pessoa tem seus pontos fortes e fracos. Devemos utilizar seus pontos fortes e ajudá-las a corrigir suas deficiências. Lidar com pessoas é como usar madeira. Um trabalhador habilidoso pode usar todos os tipos de madeira, seja ela grande ou pequena, reta ou curva. A mente fechada leva a ações mesquinhas, resultando em muitos inimigos e poucos amigos. Um homem cuja mente é fechada recebe pouca ajuda dos outros. E uma organização de mente fechada não consegue prosperar.

e. *Formalismo*. As questões não são levadas em consideração por seus resultados práticos ou sua urgência, mas apenas para mera exibição. Por exemplo, no momento, o treinamento militar tem como objetivo ensinar apenas como manusear armas de fogo, facas, granadas de mão, entender as condições topográficas, se movimentar de maneira ágil no escuro e fazer reconhecimentos – em outras palavras, treinar todos para a guerra de guerrilha. Mas, em muitos locais, o tempo é dedicado apenas ao treinamento de um desfile. Isso é como tocar música para apagar um incêndio.

Em outros lugares, as formas de propaganda se limitam a escrever palavras de ordem, pendurar bandeiras e faixas, embelezar os postos de informação e montar tribunas apenas pela forma da propaganda. Mas eles nunca vão ao encontro do povo para dar explicações que os ajudem a entender completamente as políticas da organização.

f. *Burocracia*. Amor pela papelada. Sentar-se em seu escritório e enviar ordens sem ir aonde o trabalho está sendo realizado, sem ver como o trabalho está sendo feito e sem traçar planos para a implementação bem-sucedida das instruções e resoluções da organização é muito problemático. Portanto, os funcionários não sabem se as instruções e resoluções enviadas pelos níveis superiores para as localidades podem ser cumpridas ou não. Esse estilo de trabalho é muito prejudicial. Ele nos impede de acompanhar o movimento e de compreender a situação real. Portanto, muitas de nossas políticas não são implementadas completamente.

g. *Indisciplina*. Em algumas regiões assoladas pela guerra, vários camaradas, por iniciativa própria, deixaram suas casas e foram trabalhar em outros lugares sem uma decisão das instâncias superiores da organização. Assim, esses camaradas mostraram um espírito fraco, fazendo o que é fácil ou de seu agrado e abandonando o que é difícil ou não lhes agrada, bem como desconsideraram a disciplina da organização e criaram caos nas fileiras da organização.

Em muitos lugares, os camaradas que cometeram erros não foram punidos adequadamente. Alguns foram rebaixados em um lugar, mas mantiveram seu antigo cargo ao ir para outro lugar, ou foram rebaixados apenas por formalidade, quando na realidade mantiveram seu cargo anterior.

Havia camaradas que mereciam punição, mas, por razões pessoais, foram apenas criticados ou receberam uma advertência por formalidade. Em outros lugares, algumas pessoas chegaram ao ponto de encobrir os erros alheios e perdoar uns aos outros, enganando as instâncias superiores e escondendo seus erros da organização. Essas formas de implementar a disciplina não apenas impedem que os culpados corrijam seus erros, mas também os levam a menosprezar a disciplina. Pior ainda, uma disciplina frouxa proporcionará oportunidades para que elementos reacionários se infiltrem em nossas fileiras e sabotem nossa organização.

h. Egoísmo, depravação. Há camaradas que ainda sofrem de megalomania. Eles estão em busca de um cargo em algum comitê ou presidência. Outros se entregam à boa comida e roupas finas, tentam transformar a propriedade pública em sua propriedade, abusam de sua autoridade ou emprego para se envolver em transações comerciais e enriquecer, e pensam mais em seus negócios privados do que nos assuntos públicos. As virtudes revolucionárias e a opinião pública não significam nada para eles.

Há camaradas que são arrogantes e complacentes, acreditando que, como ex-presos políticos ou membros da Frente Việt Minh, são mais competentes do que qualquer outra pessoa e insubstituíveis. É verdade que as prisões imperialistas são escolas para eles, e a Frente Việt Minh é uma organização de patriotas que se dedicam à salvação nacional. Mas é certo que fora da Việt Minh ainda existem muitas pessoas capazes e talentosas que a Việt Minh ainda não conseguiu organizar. Além disso, se os prisioneiros políticos e os membros da Frente Việt Minh são os melhores, isso significa que todos aqueles que não tiveram a honra de estar na prisão ou aqueles que não se juntaram à Frente Việt Minh não têm talento e não são úteis de forma alguma?

Cada um de nós deve ser modesto. Quanto mais experientes e talentosos formos, maior deve ser nossa modéstia. Devemos almejar o progresso e ter em mente as palavras de nosso mestre: "Aprender, aprender e aprender". A arrogância e a complacência só atrapalharão nosso progresso.

Alguns camaradas ainda têm o hábito de pensar: "Quando um homem é mandarim, toda a sua família se beneficiará". Eles dão cargos a seus amigos e parentes sem se preocupar com os resultados desastrosos causados à organização, desde que obtenham cargos.

Em geral, vocês têm muitas qualidades, como perseverança, minuciosidade, engenhosidade e iniciativa – qualidades inestimáveis que servem de base para o desenvolvimento de outras virtudes. Mas, neste período de grandes dificuldades e tarefas pesadas, essas qualidades não são suficientes. Somente se vocês usarem essa boa base poderão corrigir resolutamente as deficiências mencionadas anteriormente e ter certeza de alcançar o sucesso completo.

3) Vocês devem fazer o máximo possível para realizar os seguintes pontos:

a. nossa organização deve ser militarizada. Pensamento e ações devem estar em absoluta harmonia. Nossa organização é a unidade de vanguarda e, se estivermos em desacordo ao lançar um ataque, não teremos esperança de vitória. Não apenas nossa organização deve ter um único objetivo, mas também o exército, o povo e a administração devem estar unidos.

b. As pessoas certas devem ser escolhidas para os órgãos dirigentes, com poder e responsabilidade definidos, conexão próxima entre si e estreita cooperação. Abuso de poder, pluralismo, conflito, exibicionismo e ciúme em relação a cargos de responsabilidade devem ser absolutamente evitados. No momento, a questão dos órgãos dirigentes é de extrema importância. É preciso ter muito cuidado ao nomear os membros desses órgãos, mas, uma vez nomeados, deve haver obediência absoluta. Somente quando os subordinados obedecem aos superiores é que as coisas podem correr bem.

c. A ligação e a comunicação entre províncias, zonas e entre Trung Bộ, Nam Bộ e Bac Bộ devem ser firmemente mantidas. A comunicação é o fluxo de tudo. Se a comunicação for interrompida, haverá grandes dificuldades em todas as esferas. A boa comunicação facilitará tudo.

Espero que vocês dediquem todo o seu espírito revolucionário para superar suas deficiências, desenvolver suas qualidades, unir seus esforços, fortalecer a solidariedade interna, ampliar suas fileiras e reorganizar seu trabalho para conduzir todo o povo com entusiasmo a travar a Guerra de Resistência rumo a uma vitória gloriosa. Saudações de amizade e de determinação para vencer.

18. DOZE RECOMENDAÇÕES

5 DE ABRIL DE 1948

O povo é a raiz da nação.

Na Guerra de Resistência e na reconstrução nacional, a principal força está no povo. Portanto, todas as pessoas no exército, na administração e nas organizações populares que têm contato ou vivem com o povo devem lembrar e seguir as seguintes 12 recomendações:

Seis *proibições*:

1) não faça o que pode danificar a terra e as colheitas ou estragar as casas e pertences do povo;
2) não insista em comprar ou pegar emprestado o que o povo não está disposto a vender ou emprestar;
3) não leve galinhas vivas para as casas das pessoas que vivem nas montanhas;
4) nunca falte com a sua palavra;
5) não ofenda a fé e os costumes das pessoas (como deitar-se diante do altar, levantar os pés sobre a lareira, tocar música dentro de casa etc.);
6) Não fale coisas que provavelmente possa fazer as pessoas acreditarem que as desprezamos.

Seis "*permissões*":

1) ajude as pessoas em seu trabalho cotidiano (colheita, busca por lenha, transporte de água, costura etc.);

2) sempre que possível, compre mercadorias para aqueles que vivem longe dos mercados (facas, sal, agulhas, linha, canetas, papel etc.);
3) no seu tempo livre, conte histórias engraçadas, simples e curtas, que sejam úteis para a resistência, mas que não revelem segredos;
4) ensine à população a escrita nacional e noções básicas de higiene;
5) estude os costumes de cada região para se familiarizar com eles, a fim de criar uma atmosfera de simpatia primeiro e, gradualmente, explicar ao povo coisas que possam amenizar suas superstições;
6) mostre ao povo que você é correto, diligente e disciplinado.

Um poema estimulante:

> As doze recomendações mencionadas
> São viáveis a todos.
> Aquele que ama o seu país
> Jamais se esquecerá delas.
> Todos feito um só homem,
> Com bons soldados e pessoas do bem,
> Tudo será coroado com sucesso.
> Somente com a raiz forte a árvore pode viver bastante
> E a vitória se constrói tendo o povo como alicerce.

19. APELO À EMULAÇÃO PATRIÓTICA

1 DE AGOSTO DE 1949

Recentemente, tenho estado ocupado demais com a Guerra de Resistência e tive poucas oportunidades de conversar com vocês, compatriotas e lutadores. Hoje, em primeiro lugar, transmito minhas calorosas saudações a todos vocês:

Idosos,

Personalidades,

Quadros políticos, administrativos e técnicos,

Compatriotas aqui e no exterior e na área ocupada pelo inimigo,

Jovens e pioneiros,

Transmito minhas calorosas saudações a todos vocês:

A todos os oficiais e soldados no exército, milícia e setor guerrilheiro,

Aos nossos trabalhadores nos escritórios do Ministério da Defesa Nacional.

Hoje é o primeiro dia de uma nova campanha de emulação patriótica, então falarei apenas sobre a emulação.

Desde a Revolução de Agosto, o mundo tem se maravilhado e nos admirado por três motivos:

1. conseguimos realizar nossa revolução com sucesso; nos livramos das correntes dos colonialistas, derrubamos o feudalismo e estabelecemos uma república democrática;

2. não só podemos dirigir a Guerra de Resistência, mas estamos seguros da vitória;
3. estamos realizando a emulação patriótica enquanto lutamos.

Começamos a competir uns com os outros em junho do ano passado. A campanha de emulação tem três objetivos: erradicar a fome, a ignorância e a invasão estrangeira.

Apesar da falta de recursos, experiência e dos danos generalizados causados pelos franceses, obtivemos muitos resultados positivos após um ano de emulação.

- Graças aos nossos compatriotas, que fizeram o máximo para aumentar a produção, que conseguimos evitar a fome, apesar de algumas dificuldades. Outros países enfrentaram mais dificuldades do que nós em tempos de guerra.
- Graças ao apoio entusiasmado de nossos compatriotas e à dedicação dos lutadores da Educação em Massa, várias províncias como Quang Ngai, Ha Tinh, Hung Yen e Thai Binh praticamente erradicaram o analfabetismo. Outras províncias estão se esforçando para acompanhá-las. Isso é um feito glorioso quando comparado com o fato de termos tido menos de meio milhão de alunos sob o regime colonialista em 1941.
- Graças ao total apoio do povo, ao heroísmo do exército, da milícia e dos guerrilheiros, e aos esforços dos trabalhadores em fabricar armas, conquistamos muitas vitórias gloriosas do Norte ao Sul. Os próprios colonialistas tiveram que admitir que nosso exército fez muito progresso, e o exército francês não conseguiu derrotá-lo.

Além desses esforços primários, nossos compatriotas praticaram a emulação patriótica em muitos outros aspectos, e suas conquistas não são menos gloriosas. Aqui estão alguns exemplos:

Organizações populares e indivíduos competem no apoio ao exército e à milícia, como a província de Hà Tĩnh, que arrecadou dezenas de milhões de dongs para eles.

Mulheres idosas se emularam para se juntar à Associação das Mães dos Lutadores.

Todo o povo competiu em comprar títulos de Resistência, contribuindo com impostos e deveres de Resistência. Mulheres, embora isentas, também se emularam economizando para fazer contribuições.

Homens e mulheres idosos competiram na organização de unidades guerrilheiras.

Os jovens se emularam ao se alistar.

Funcionários de escritório se emularam para melhorar o estilo de trabalho.

Pioneiros se emularam ao estudar e ajudar as pessoas mais velhas. Muitos deles me enviaram dinheiro como contribuição para os fundos de Resistência.

Os vietnamitas no exterior e os compatriotas na área ocupada pelo inimigo também se emularam de acordo com suas habilidades.

De maneira resumida, todos emularam os outros, e cada tarefa foi realizada com emulação e sucesso. Nesta ocasião, agradeço e parabenizo nossos compatriotas e lutadores em nome do governo.

Quanto mais conquistas alcançamos, mais claramente vemos nossas deficiências. Em muitos lugares, nosso povo, especialmente nossos quadros, não compreende o significado do movimento de emulação patriótica. Isso resulta nas seguintes deficiências:

- *representar erroneamente a emulação como algo diferente das atividades diárias.* Na verdade, estas são a base da emulação. Por exemplo, até agora, temos nos alimentado, vestido e vivido. Agora, devemos emular as melhores práticas em comer, vestir e viver de acordo com as regras de higiene para prevenir doenças. Até o momento, temos trabalhado na agricultura. Agora, devemos emular novas técnicas de fertilização do solo e aumento da produção. É assim que devemos emular em tudo;
- *representar erroneamente a emulação como um trabalho temporário.* Na verdade, ela deve ser contínua. Devemos emular os compatriotas e lutadores mais avançados para liderar a Guerra de Resistência à vitória e construir o país com sucesso.

Em muitos casos, os planos de emulação não são apropriados para as circunstâncias nem para a localidade.

Em alguns lugares, eles são muito ambiciosos para serem alcançados.

Em outros lugares, a emulação é inicialmente realizada com tanta intensidade que não pode ser mantida após algum tempo, devido à falta de recursos.

Em outros lugares, cada organização e setor têm seus próprios planos, mas eles não se harmonizam. Como resultado, prevalece a contradição; as pessoas estão sobrecarregadas com o trabalho, incapazes de realizar todos esses planos e perdidas quanto ao plano a ser seguido.

As experiências de sucesso ou fracasso são numerosas, mas não há trocas entre diferentes localidades em benefício de todos. Em certos lugares, os comitês de emulação trabalham apenas de acordo com as ordens dos superiores. Assim, uma instrução emitida pelo comitê central chega ao comitê da vila por meio dos comitês regionais, provinciais e distritais, sem perguntar se ela se adequa a cada localidade.

Estes são os nossos principais defeitos, que estamos determinados a corrigir. O ponto essencial é explicar claramente a todos como a emulação patriótica é benéfica para ele, sua família, sua vila e seu país. Uma vez que todos tenham absorvido isso profundamente, todas as dificuldades podem ser resolvidas e todos os defeitos corrigidos.

Atualmente, como a Guerra de Resistência atingiu a fase de avançar na luta e do preparo para a contraofensiva geral, o movimento de emulação patriótica também deve ter como objetivo esse aspecto. Portanto, o programa de emulação nesta fase ainda trata da eliminação da fome, ignorância e invasão estrangeira, mas em um ritmo mais acelerado.

No campo cultural, nos locais onde o analfabetismo foi erradicado, as pessoas devem emular os estudantes e estudar ainda mais.

As pessoas devem emular aqueles que sabem como erradicar o analfabetismo em outros lugares.

Escritores e artistas devem emular uns aos outros em seu trabalho criativo. Técnicos devem emular outros técnicos em fazer descobertas.

No campo econômico, a emulação deve ser realizada no fornecimento de comida, roupas e mercadorias suficientes para que o povo e o exército lutem contra o inimigo.

No campo militar, o exército do povo, a milícia e os guerrilheiros devem emular guerreiros vitoriosos no treinamento de quadros e reorganização do exército. As oficinas devem emular novas ideias para produzir armas de qualidade em grande quantidade e rapidamente.

Além disso, devemos nos emular com as melhores práticas em cada tarefa benéfica ao bem-estar nacional, ao sustento do povo, e que se relacionem com a Resistência e a construção nacional. A emulação deve ser realizada por todo o povo e em todos os campos. Na emulação patriótica, virtudes como diligência, economia, probidade e retidão devem ser destacadas.

O lema para a emulação patriótica neste momento é: "Todos pela vitória. Vitória sobre os colonialistas. Vitória sobre a ignorância. Vitória sobre a fome. Vitória sobre nossos defeitos".

Tenho certeza de que, com as experiências em emulação que obtivemos no ano passado, e com o entusiasmo de nossos compatriotas e lutadores, a emulação patriótica certamente terá grande sucesso, assim como uma longa Guerra de Resistência terminará em grande vitória. Espero que nossos compatriotas e lutadores se esforcem para avançar!

Além disso, nossos compatriotas e lutadores devem lembrar que os colonialistas franceses sofreram muitas derrotas na última primavera. Sua história de usar os fantoches para enganar nosso povo também falhou. Portanto, neste outono e inverno, eles estão se esforçando para reunir mais forças e lançar ataques precipitados e repentinos para reverter a situação por meio da força. Enfrentaremos mais dificuldades do que antes. Eu sempre digo que, quanto mais próximos estamos da vitória, mais problemas enfrentaremos. Espero que todos os nossos compatriotas e lutadores emulem uns aos outros com entusiasmo e superem todas as dificuldades para alcançar a vitória.

Nosso país será genuinamente independente e unificado. Nosso povo será próspero e forte.

Com minhas calorosas saudações rumo ao sucesso.

20. MENSAGEM AOS QUADROS CAMPONESES

NOVEMBRO DE 1949

Nosso país é predominantemente agrícola. Mais de nove décimos da nossa população são camponeses. Mais de nove décimos dos nossos camponeses são camponeses médios, pobres e sem-terra. A maioria dos combatentes no exército regular e nas forças locais, na milícia e nas forças guerrilheiras é composta por camponeses. O trabalho de produção para alimentar o exército, os trabalhadores e os funcionários é realizado pelos camponeses. O trabalho de sabotagem para combater o inimigo, reparar estradas, comunicações e transporte é realizado principalmente pelos camponeses. Em resumo, os camponeses constituem uma força extremamente grande na nação e são os aliados mais leais da classe trabalhadora.

Para que a resistência e a construção nacional tenham sucesso, e para alcançar a independência e a reunificação, devemos contar com as nossas forças camponesas. Nossos camponeses são uma grande força, possuem um ardente patriotismo, determinação para lutar e fazer sacrifícios. A agitação entre os camponeses consiste em:

- organizar sistematicamente os camponeses;
- unir os camponeses de maneira sólida;
- formar os camponeses para que estejam completamente conscientes de seus direitos e poder;

- dirigir os camponeses a lutar com fervor por seus interesses e pelos interesses de seu país;

Agitar os camponeses significa despertar todos eles; ou seja, fazer com que compreendam claramente os interesses da nação e de sua classe, levá-los a se juntar de forma numerosa à Associação dos Camponeses para a Salvação Nacional para lutar por seus objetivos e participar ativamente na Guerra de Resistência e na construção nacional.

Os quadros camponeses devem eliminar o subjetivismo, o formalismo e a burocracia para alcançar esse objetivo.

Os quadros provinciais devem ir aos distritos e vilas.

Os quadros distritais devem ir às vilas e aldeias.

Os quadros devem ir às bases para ver e ouvir por si mesmos e agir de acordo. Ao mesmo tempo, devem refletir sobre o que estão fazendo e concentrar-se em seu trabalho para conduzir investigações no local, ajudar a controlar situações desfavoráveis e compartilhar e trocar experiências para ajudar os camponeses a aprender com eles.

Nos comitês administrativos e órgãos de liderança da Associação dos Camponeses, os camponeses pobres e trabalhadores rurais devem participar da gestão.

Se os quadros (tanto os quadros camponeses quanto os quadros nas instituições estatais) aderirem estritamente a esses princípios e os cumprirem rigorosamente, então serão alcançadas com sucesso:

- a emulação na produção para evitar a fome;
- a emulação no aprendizado da língua vietnamita para eliminar o analfabetismo; e
- a emulação em auxiliar o exército e fortalecer a milícia e a força guerrilheira para aniquilar os agressores estrangeiros.

21. SOBRE A FORMAÇÃO PARA TRABALHO E ESTUDO

Primeira Conferência Nacional sobre Formação para o Trabalho, maio de 1950

Precisamos ser práticos e prestar a devida atenção à formação para o trabalho

Formação e estudo não são simples. Para colocá-los em prática, é necessário compreendê-los completamente. Vou responder algumas perguntas sobre esse assunto, uma a uma.

1) Quantas pessoas as várias organizações formaram até agora?

Os números precisos ainda não estão disponíveis, mas podemos calcular de maneira aproximada do seguinte modo: no relatório da Organização Juvenil da Quinta Interzona,[1] foi dito que 2.713 cursos de formação foram abertos. Esse número parece tão "científico" que não podemos confiar completamente nele. Agora, vamos "descartar" o número 713, ímpar, e dizer aproximadamente 2 mil cursos. Outras organizações na Quinta Interzona (de trabalhadores, camponeses, mulheres etc.) também podem ter aberto mais 3 mil cursos. Assim, somente a Quinta Interzona, que não tem tantas pessoas, conseguiu organizar 5 mil cursos de formação. Suponhamos que dez pessoas tenham participado de cada curso; haveria 50 mil pessoas capacitadas em toda a Interzona.

---

[1] Região Centro-Sul do Vietnã.

Nam Bộ,[2] a Quarta e Terceira Interzonas e a Interzona de Viet Bac têm uma população maior e, em algumas localidades, a capacitação também é mais desenvolvida. Mas vamos colocar a cifra de maneira direta, em 50 mil para cada interzona; então haveria, em todo o país, não menos que 250 mil pessoas formadas, ou seja, 250 mil quadros. No entanto, ouvimos reclamações de que faltam quadros. Por quê? Porque a formação está sendo feita apenas por formalidade e não visando resultados práticos; muita atenção é dada à quantidade, em vez da praticidade e cuidado.

2) Quem deve ser formado?

Devemos formar quadros, membros do partido, quadros de várias áreas profissionais da administração e o povo.

Vamos mencionar os quadros primeiro, porque "eles são o capital do partido". Somente com capital podemos obter lucro. Em qualquer política e trabalho, teremos sucesso se tivermos bons quadros; ou seja, seremos lucrativos. Sem bons quadros, tudo será arruinado; ou seja, perderemos nosso negócio.

3) Quem são os instrutores?

Nem todo mundo pode realizar o trabalho de formação.

Para formar um ferreiro ou um ajustador, o instrutor deve ser um ferreiro ou um montador experiente. Os instrutores do partido *devem ser exemplares em todos os campos no que tange* a ideologia, virtude e estilo de trabalho.

Para cumprir sua tarefa, um instrutor deve aprender de forma continuada. Lenin nos aconselhou a "aprender, aprender mais, aprender incessantemente". Todos devem ter isso em

[2] Sul do Vietnã, propriamente dito.

mente e praticá-lo – especialmente os instrutores. Qualquer instrutor que pense que sabe tudo é o mais ignorante de todos. O lema “Estudar sem tédio, ensinar incansavelmente”, que está escrito nesta sala de reuniões, é de Confúcio. Embora ele fosse um feudalista e haja muitas coisas errôneas em sua teoria, devemos aprender o que é bom. “Somente os verdadeiros revolucionários podem assimilar o conhecimento valioso transmitido pelas gerações anteriores.” Isso é o que Lenin nos ensinou.

4) O que ensinar?

Teoria: devemos ensinar a todos a teoria marxista-leninista. Aquele que conhece a teoria, mas não a coloca em prática não serve para nada. Não devemos aprender teoria para nos gabarmos dela. Se conhecemos a teoria, mas não a colocamos em prática, isso é mera teoria. Aprendemos a teoria para aplicá-la em nosso trabalho. Trabalhar sem teoria é como tatear na escuridão da noite; se avança lentamente e se comete erros com frequência. Somente com a teoria podemos entender tudo o que acontece na sociedade e nos movimentos de massa para elaborar políticas corretas e agir corretamente.

Trabalho: além da teoria, devemos ensinar as pessoas a como trabalhar. Por exemplo, na mobilização geral, no movimento de emulação patriótica, na coleta de impostos no arrozal etc., devemos explicar às pessoas o que são essas coisas; devemos saber como mobilizar as pessoas e organizar o trabalho. Quanto ao nosso recente sucesso diplomático, devemos entender sua influência sobre nosso povo e o inimigo, aqui e no exterior, e saber como tirar pleno proveito disso. Tais coisas devem ser ensinadas aos nossos quadros e camaradas.

Cultura: devemos prestar atenção no ensino de cultura para os camaradas que ainda têm baixo nível cultural, para ajudá-los a avançar em teorias e trabalhos.

Conhecimento profissional: todos devem ter uma profissão para ganhar a vida. No que diz respeito aos quadros, em particular, aquele que lidera uma área de atividade deve ter conhecimento profissional sobre ela. Por exemplo, os camaradas que lideram o serviço ferroviário devem conhecer o trabalho ferroviário. Somente assim podem liderar corretamente.

5) Como formar?

A coisa mais importante é ser prático e cuidadoso em vez de buscar quantidade

O essencial é fazer com que os alunos entendam completamente o que estão aprendendo. No entanto, também existem muitas maneiras de entender; podemos tentar fazer com que as pessoas compreendam todos os detalhes do problema. Ensinar dessa maneira requer muito tempo. Por outro lado, também podemos ensinar de forma mais geral e ainda fazer com que os alunos compreendam os problemas profundamente. Por exemplo, se quisermos ensinar sobre um elefante, podemos explicar de maneira detalhada como é o seu esqueleto, quantos dentes ele tem e quanto tempo vive, e assim por diante. Mas se ainda assim não conseguimos ensinar tão minuciosamente, podemos contar às pessoas de forma mais geral sobre a forma de um elefante – como, por exemplo, ele é três ou quatro vezes maior do que um búfalo, tem pernas tão grandes quanto as colunas de uma casa, duas orelhas como dois leques, uma tromba e duas presas na ponta da cabeça, e assim por diante. Dessa forma, os alunos não confundiriam um elefante com um camarão, gato ou boi. Além disso, ao falar sobre caçar elefantes, as pessoas não pensariam em usar ganchos para capturá-los ou varas e pedaços de pau para bater neles. Assim, até certo ponto, o aluno pode aplicar seu conhecimento às suas ações. Por outro lado, se tivermos pouco tempo e nosso nível cultural ainda for baixo, mas nos dedicarmos a estudar cuidadosamente apenas as presas de um elefante, ao sair da aula podemos pensar que o elefante é apenas uma presa, o que não traz benefício algum.

A formação deve ser feita de níveis mais baixos para níveis mais altos

As comissões de formação não devem tentar fazer tudo sozinhas. Elas devem primeiro formar quadros de níveis mais baixos e, em seguida, permitir que eles formem, por sua vez, os níveis inferiores. Assim, o Comitê Central forma quadros nos níveis interzonais e provinciais, e estes, por sua vez, devem formar quadros para os distritos e aldeias. Dessa maneira, podemos economizar trabalho e tempo, e os quadros que formam aqueles diretamente abaixo deles conhecerão melhor seus formados. No entanto, esse tipo de formação deve ser realizado com cuidado. Não o façam de forma descuidada, caso contrário, os erros se tornarão cada vez maiores em cada nível inferior.

Devemos vincular a teoria com a prática de maneira profunda

O Comitê Central emite instruções sobre cada linha e política. As comissões de formação devem elaborar documentos com base na situação concreta e nas experiências de trabalho para explicar essas linhas e políticas. Somente assim a teoria não ficará dissociada da prática.

A formação deve visar exatamente às exigências

As comissões de formação devem manter um contato próximo com os órgãos responsáveis pela propaganda e agitação entre o povo e os órgãos administrativos. O objetivo principal da formação é fornecer quadros para várias áreas de atividade – o Partido, a Frente Única Nacional, a Administração e o Exército. As áreas de atividade são como consumidores, e a comissão de formação, produtores. Estes devem fornecer exatamente o que os consumidores precisam. Se produzirmos muitos bules de chá quando as pessoas precisam de muitos veículos, nossos produtos não poderão ser vendidos.

Em nosso trabalho de formação, devemos prestar atenção à reformulação ideológica.

Ao formar as pessoas, devemos conhecê-las bem para ajudá-las a melhorar suas habilidades e eliminar suas falhas. Devemos educar e formar ao mesmo tempo, ajudando-as a conhecer coisas novas e, ao mesmo tempo, eliminando o que há de reacionário em seu pensamento. Por exemplo, no momento, nossos quadros têm um grande defeito: presunção e autocomplacência. Precisamos destrui-lo. Se o mantivermos, aprender e conhecer muitas coisas só nos prejudicará. Devido à presunção e à autocomplacência, nossos quadros têm outro grande defeito: a sede por um cargo. Por exemplo, alguns de nossos quadros que trabalharam no nível interzonal ficaram ressentidos e chateados quando foram enviados para trabalhar no nível provincial, argumentando que o trabalho no nível provincial estava abaixo de suas habilidades e que deveriam estar trabalhando em um nível mais alto. Devemos acabar com essa sede de cargo. Vamos fazer qualquer coisa benéfica para a revolução e o partido. Não existem ocupações gloriosas ou desonrosas.

6) Materiais de formação

Em primeiro lugar, devemos tomar os materiais sobre o marxismo-leninismo como base. No entanto, os materiais devem ser selecionados e reorganizados, pois os níveis dos educandos não são uniformes. Deve haver materiais adequados para cada categoria de educandos. Se os materiais não corresponderem ao nível dos educandos, eles não serão úteis. Uma vez voltando de uma conferência, encontrei um grupo de jovens camponeses, homens e mulheres, descansando ao pé de um declive. Perguntei a eles para onde estavam indo, e eles responderam que estavam voltando de um curso de formação. Embora fosse época de colheita, eles conseguiram participar do curso; cada um levava consigo arroz suficiente para dez dias.

– A aula de vocês é divertida? – perguntei.

– Sim, muito.

– O que vocês aprenderam?

– Sobre Karl Marx.

– Vocês aprenderam algo novo depois do curso?

Depois de alguma hesitação, alguns deles disseram que não.

Isso é um verdadeiro desperdício de trabalho e dinheiro.

Além do material sobre o marxismo-leninismo, há também o material de natureza prática. São as experiências trazidas para a aula pelos próprios educandos, experiências de sucessos e fracassos também. Quando reunidas e trocadas, essas experiências constituem lições valiosas, além das palestras de camaradas de níveis mais altos. No entanto, a troca e a coleta de experiências devem ser organizadas de forma a dar igual oportunidade aos instrutores.

Todas as instruções, resoluções, leis e ordens do partido e do governo são materiais que devem ser estudados.

Precisamos elevar o nível da autoaprendizagem e guiá-la

Aprender nas escolas do partido não é o mesmo que aprender nas escolas do tipo antigo, onde aprendíamos apenas quando o professor estava presente e brincávamos quando ele estava ausente. Hoje, devemos saber como aprender por nós mesmos. É por isso que devemos entender:

1) Por que devemos aprender?

Devemos aprender para corrigir nossos erros ideológicos. Seguir a revolução com todo nosso ardor é algo magnífico. Mas nossa ideologia ainda não é genuinamente revolucionária, então devemos aprender para corrigi-la. Somente quando pensamos corretamente podemos evitar erros em nossas ações e cumprir nossas tarefas revolucionárias.

Devemos aprender para recarregar nossas virtudes revolucionárias. Somente com virtudes revolucionárias podemos trabalhar com autossacrifício pela revolução e dirigir as massas em direção ao triunfo da revolução.

Devemos aprender a ter confiança no partido, no povo, no futuro da nação, no futuro da revolução. Somente com confiança podemos agir com firmeza e zelo, permanecer firmes e abnegados diante das dificuldades.

Devemos aprender com o objetivo de agir. Aprendizado e ação devem andar juntos. Aprender sem agir é inútil – e vice-versa: a ação não pode ser bem-sucedida sem aprendizado.

2) Onde aprendemos?

Podemos aprender na escola, a partir de livros, sozinhos e com as pessoas. Não aprender com as pessoas é uma falha enorme.

Aqui vai uma história muito interessante sobre aprender com as pessoas, relacionada a uma camarada tailandesa da província de Sơn La. Quando ela tinha seus 15 ou 16 anos, os quadros revolucionários a encarregaram de um trabalho de propaganda. Mas ela fazia apenas o que lhe pediam, já que ainda não entendia muito bem. Um ano depois, o inimigo ocupou Sơn La. O povo local e os quadros fugiram para a província de Hòa Bình. Como a população de lá os olhava com desdém, dizendo que eles temiam o inimigo, eles decidiram voltar e retomar suas aldeias nativas. Enfrentaram inúmeras dificuldades e adversidades em seu caminho de volta para casa, mas os quadros, unidos pelo amor mútuo, fizeram o máximo para proteger uns aos outros. Certa vez, uma camarada nesse grupo ficou muito doente. Seus camaradas cuidaram muito bem dela, até mesmo lavando suas roupas. Ao mesmo tempo, os quadros faziam o melhor para ajudar a população em tudo, ganhando assim sua simpatia e admiração. Como resultado, a população e os quadros se sentiram intimamente ligados, e as bases revolucionárias foram restauradas. Os quadros viveram entre o povo e gradualmente reorganizaram a produção e a resistência armada. Um dia, quatro soldados do Estado-fantoche vieram à aldeia. Mulheres, vestidas com suas melhores roupas, saíram para convidá-los para beber. Os soldados caíram na armadilha, beberam a bebida alcoólica com drogas e desmaiaram. As mulheres chamaram os guerrilheiros para vir e desarmá-los. Os soldados, recobrando a consciência e vendo que estavam sem seus rifles, fugiram. Os quadros, prevendo que o inimigo certamente voltaria para retaliar, disseram ao povo para esconder o arroz e outros bens na floresta. No entanto, ainda não se atreviam a propor a tática da "terra arrasada". Mas os mais velhos na aldeia foram precisamente os primeiros a levantar a ideia de queimar todas as habitações para que os inimigos não pudessem encontrar abrigo se voltassem. Os aldeões aceitaram essa ideia. Quando as tropas inimigas realmente chegaram à aldeia, o povo revidou com os rifles que haviam tomado dos soldados fantoches embriagados. O inimigo teve que recuar. A partir daí, o povo passou a acreditar nos quadros e em sua própria força e, como resultado, o movimento cresceu a cada dia.

Nossa camarada tailandesa tem agora 20 anos e ainda não conseguiu aprender muito. No entanto, ela relatou a história de forma muito clara e tirou uma conclusão marxista correta, com três pontos. Disse:

- primeiro, éramos muito unidos;
- segundo, a população nos amava;
- terceiro, aprendemos com as experiências dela.

Isso tudo quer dizer que:

- se os quadros se unem, tudo pode ser feito;
- os quadros devem ser amados, respeitados e admirados pela população;
- os quadros devem manter contato próximo com a população e aprender com ela.

Uma deficiência na formação que precisa de correção imediata

Nossa deficiência comum é correr atrás da quantidade, em detrimento da qualidade, esquecendo o lema "qualidade, não quantidade". Um caso muito evidente pode ser encontrado na abertura de cursos de formação.

Os cursos têm uma participação demasiado grande

Se a participação for muito grande, tanto o ensino quanto a aprendizagem terão resultados fracos, porque os padrões teóricos dos alunos são desiguais e, portanto, seus aprendizados também são desiguais. Os níveis de trabalho prático dos alunos também são desiguais e, portanto, o programa de estudos não se adequa bem a eles.

Cursos são abertos indiscriminadamente

Há, no momento, uma epidemia de abertura de escolas. Por exemplo: o partido já possui uma escola, no entanto, também existem escolas sobre agitação em massa, agitação dos camponeses, agitação das mulheres, agitação da juventude e agitação dos trabalhadores. Existe alguma escola do partido que não ensine agitação em massa? Qual é a utilidade de abrir escolas especiais para esse propósito?

Como há cursos demais, não há professores suficientes. E se não há professores suficientes, os alunos não conseguem estudar o suficiente. E, assim, deve haver um "recrutamento forçado" de professores que, consequentemente, estão sempre com pressa ao dar seus cursos. Eles entram em uma turma por um tempo e depois vão para outra por um tempo, como as libélulas tocam a superfície da água. Eles não conseguem ensinar bem de jeito nenhum. A falta de professores muitas vezes leva a "soluções temporárias". As "soluções temporárias" geralmente têm padrões baixos e dizem coisas erradas, o que é prejudicial para os alunos, ou seja, para o partido.

No fim das contas, é apenas desperdício de tempo, e o aprendizado não traz resultado concreto. Agora, o que deve ser feito? Devemos racionalizar nosso trabalho, ou seja:

- cada curso aberto deve ser um bom curso;
- cada aluno e professor devem ser cuidadosamente escolhidos;
- cursos não devem ser abertos indiscriminadamente.

Mas isso não se aplica apenas à abertura de cursos de formação. A imprensa também deve racionalizar seu trabalho. Não façamos muitas coisas ao mesmo tempo. Vamos fazer um pouco, mas fazer bem. Se não racionalizamos nosso trabalho, podemos escrever muitas coisas em nossos jornais e gastar muito dinheiro com eles, mas ninguém vai querer ler. Nessas condições, o trabalho do partido seria prejudicado, já que não poderíamos pagar aos jornalistas para ficarem desenhando elefantes e cavalos se não tivermos leitores.

Enfim, isso é tudo o que quero lhes dizer. Espero que vocês ponderem sobre isso.

22. RESPOSTAS ÀS PERGUNTAS FEITAS PELA IMPRENSA SOBRE A INTERVENÇÃO DOS EUA NA INDOCHINA[1]

25 DE JULHO DE 1950

Pergunta: Senhor presidente, qual é a situação atual da política intervencionista dos imperialistas dos EUA na Indochina?

Resposta: Ultimamente, os imperialistas dos EUA têm interferido abertamente nos assuntos da Indochina. Com dinheiro, armas e instruções, os colonialistas franceses têm travado guerra no Vietnã, Camboja e Laos. No entanto, os imperialistas dos EUA estão intensificando sua trama de descartar os colonialistas franceses para ganhar controle total sobre a Indochina. Por isso, eles fazem o máximo para intensificar sua intervenção direta em todos os campos – militar, político e econômico. Por essa razão, as contradições entre eles e os colonialistas franceses se tornam cada vez mais nítidas.

Pergunta: Que influência essa intervenção exerce sobre o povo indochinês?

---

1 Em 1950, os Estados Unidos intervieram diretamente na Indochina. Em 1º de maio, os EUA aprovaram 10 milhões de dólares em assistência militar aos franceses em sua guerra na Indochina. Naquele mês, os EUA abriram um Escritório de Ligação de Defesa em Saigon, o que selou a entrada direta do país na guerra contra os vietnamitas. Em setembro, o presidente dos EUA, Harry Truman, enviou o Grupo Consultivo de Assistência Militar (MAAG) para auxiliar os franceses. Até 1953, a assistência financeira dos EUA ao esforço de guerra francês havia aumentado para 350 milhões de dólares.

Resposta: Os imperialistas dos EUA fornecem armamentos a seus asseclas para massacrar o povo indochinês. Eles despejam seus produtos na Indochina para impedir o desenvolvimento das artes e ofícios locais. Sua cultura pornográfica contamina a juventude nas áreas sob seu controle. Eles seguem a política de comprar, iludir e dividir nosso povo. Eles transformam alguns elementos prejudiciais em suas ferramentas e os usam para invadir nosso país.

Pergunta: Quais medidas devemos tomar contra eles?

Resposta: Para conquistar a independência, nós, o povo indochinês, devemos derrotar os colonialistas franceses, nosso inimigo número um. Ao mesmo tempo, lutaremos contra os intervencionistas dos EUA. Quanto mais profunda for a interferência deles, mais poderosa é nossa solidariedade e nossa luta. Vamos expor suas manobras perante todo o nosso povo, especialmente aqueles que vivem em áreas sob seu controle. Vamos expor todos aqueles que servem como lacaios dos imperialistas dos EUA para coagir, enganar e dividir nosso povo. A solidariedade consistente entre os povos do Vietnã, Camboja e Laos constitui uma força capaz de derrotar os colonialistas franceses e os intervencionistas dos EUA. Os imperialistas estadunidenses foram derrotados na China; eles serão derrotados na Indochina. Ainda estamos enfrentando grandes dificuldades, mas a vitória certamente será nossa.

23. RELATÓRIO POLÍTICO LIDO NA OCASIÃO DO SEGUNDO CONGRESSO NACIONAL DO PARTIDO DOS TRABALHADORES DO VIETNÃ[1]

11-19 DE FEVEREIRO DE 1951

1. A situação internacional dos últimos 50 anos

O primeiro mês de 1951 marcou o encerramento da primeira metade e a abertura da segunda metade do século XX. É um momento de grande importância na história da humanidade. As mudanças dos últimos 50 anos ocorreram de forma mais rápida e importante do que em muitos séculos anteriores somados. O cinema, a telegrafia sem fio, a televisão e até a energia atômica foram descobertos durante esses 50 anos. A humanidade deu um grande passo no domínio da natureza. Além disso, com a transição da livre concorrência para o monopólio neste período, o capitalismo transformou-se em imperialismo.

Nesses 50 anos, os imperialistas desencadearam duas guerras mundiais – as mais terríveis da história. Nelas, os imperialistas russos, alemães, italianos e japoneses foram derrotados; os imperialistas britânicos e franceses estavam em declínio, enquanto os capitalistas dos EUA se tornaram os principais imperialistas, os principais reacionários.

1 O Partido Comunista do Vietnã, fundado em 1930, realizou seu primeiro Congresso Nacional em 1935. Este foi o segundo Congresso, realizado após um intervalo de 16 anos. O relatório político foi formalmente apresentado pelo secretário-geral Trường Chinh, embora tenha sido redigido em conjunto com Ho Chi Minh.

O mais importante de tudo foi o sucesso da Revolução de Outubro na Rússia. A União Soviética, um país socialista, foi estabelecida, abrangendo um sexto da área do globo. Quase metade da raça humana embarcou no caminho de uma nova democracia. Os povos oprimidos, um após o outro, se levantaram contra o imperialismo em busca de independência e liberdade. A Revolução Chinesa foi bem-sucedida. O movimento dos trabalhadores nos países imperialistas se fortaleceu.

No mesmo período, nosso partido, que agora tem 21 anos de idade, nasceu no Vietnã. Estamos independentes há seis anos. Nossa longa Guerra de Resistência avançou com sucesso e agora completa cinco anos.

Enfim, muitos eventos de grande importância ocorreram na primeira metade do século XX, e podemos ousar dizer que, com os esforços dos revolucionários, mudanças maiores e mais gloriosas ocorrerão na segunda metade deste século.

2. O nascimento do nosso partido

Após a Primeira Guerra Mundial (1914-1918), para compensar suas pesadas perdas, os colonialistas franceses investiram mais capital no desenvolvimento de negócios em nosso país, obtendo mais riqueza e explorando mais a força de trabalho de nosso povo. Enquanto isso, a bem-sucedida Revolução Russa de Outubro e a fervilhante Revolução Chinesa exerceram influência profunda e extensa. Como resultado, a classe trabalhadora vietnamita, que estava crescendo, foi esclarecida, começou a lutar e precisava de uma vanguarda, uma direção geral, para orientá-la.

Em 6 de janeiro de 1930, nosso partido foi criado.[2]

[2] O Terceiro Congresso Nacional do Partido dos Trabalhadores do Vietnã aprovou uma resolução corrigindo a data de fundação do Partido Comunista Indochinês para 3 de fevereiro de 1930.

Após o sucesso da Revolução de Outubro na Rússia, Lenin promoveu o estabelecimento da Internacional Comunista. Desde então, o proletariado internacional e a revolução mundial se tornaram uma grande família, e nosso partido é um de seus membros mais jovens. Marx, Engels, Lenin e Stalin são os professores fundamentais para a revolução mundial. O camarada Mao Zedong habilmente "sinicizou" a ideologia de Marx, Engels, Lenin e Stalin, aplicando-a corretamente à situação prática da China e liderou a Revolução Chinesa rumo ao triunfo.

Devido a condições geográficas, históricas, econômicas e culturais, a Revolução Chinesa influenciou significativamente a Revolução Vietnamita, que teve que aprender e, de fato, aprendeu muitas experiências dela. Graças às experiências da Revolução Chinesa e ao pensamento de Mao Zedong, compreendemos ainda mais a ideologia de Marx, Engels, Lenin e Stalin e, consequentemente, alcançamos muitos sucessos.

Os revolucionários vietnamitas devem gravar essas experiências em suas mentes e ser gratos por elas.

Enquanto os colonialistas franceses estavam realizando uma política de perseguição cruel, nosso partido nasceu em circunstâncias desafiadoras. No entanto, imediatamente após a fundação, nosso partido liderou uma luta feroz contra os colonialistas franceses, que atingiu o clímax nos dias do Soviete de Nghệ An.[3] Foi a primeira vez que nosso povo deteve

[3] Entre 1930 e 1931, sob a liderança do partido Comunista, os camponeses de Nghệ e Hà Tinh, províncias no centro da Indochina, se revoltaram e formaram várias seções camponesas de aldeias (xã bộ nông), que eram conhecidas como os sovietes. Esses sovietes cavaram poços e canais de irrigação, zeraram impostos locais, reduziram aluguéis, distribuíram arroz, aboliram impostos sobre álcool, ópio e sal, e estabeleceram sua autoridade. A demanda pelo confisco de terras não foi implementada.

o poder local e começou a implementar, embora em uma área pequena, políticas democráticas. O Soviete de Nghệ An fracassou, mas teve uma grande influência. Seu heroísmo sempre esteve intenso no coração das massas populares e pavimentou o caminho para vitórias futuras. De 1931 a 1945, sempre sob a liderança de nosso partido, o movimento revolucionário no Vietnã cresceu, depois diminuiu e depois cresceu novamente. Esses 15 anos podem ser divididos em três períodos:

1. O período de 1931 a 1935.
2. O período de 1936 a 1939.
3. O período de 1939 a 1945.

1) O período de 1931 a 1935

De 1931 a 1933, os colonialistas franceses seguiram uma política de perseguição frenética. Muitos quadros do partido e pessoas foram presos e mortos. Quase todo o partido e as organizações de massas se desintegraram. Como resultado, o movimento revolucionário diminuiu temporariamente. Graças à lealdade e devoção dos camaradas remanescentes, à determinação do Comitê Central e à ajuda dos partidos irmãos, a partir de 1933, o movimento revolucionário voltou a crescer gradualmente. Naquela época, o partido se esforçou, por um lado, para consolidar suas organizações clandestinas e, por outro, para combinar o trabalho clandestino com atividades legais, propaganda e agitação na imprensa e nos conselhos municipais, conselhos regionais etc.

Em 1935, o partido realizou seu Primeiro Congresso em Macau. O evento avaliou a situação no país e no mundo, fez uma revisão do trabalho realizado e traçou um programa para o período seguinte. No entanto, as políticas elaboradas no Congresso de Macau não estavam de acordo com o movimento revolucionário no mundo e no país naquela época. (Eles defendiam a distribuição de terras para trabalhadores agrícolas e não se davam conta da tarefa antifascista e o perigo das guerras fascistas etc.).[4]

2) O período de 1936 a 1939

Em 1936, no Segundo Congresso do partido, os camaradas Lê Hồng Phong e Hà Huy Tập corrigiram esses erros e elaboraram novas políticas em conformidade com as resoluções do Sétimo Congresso da Internacional Comunista (criando a Frente Democrática, atividade semi-ilegal e semiclandestina do partido).

Naquela época, na França, a Frente Popular estava no poder. Nosso partido lançou um movimento em prol da democracia e criou a Frente Democrática Indochinesa. O movimento da Frente Democrática era razoavelmente forte e disseminado. O povo lutava abertamente. Esse era o nosso ponto forte. No entanto, nosso ponto fraco era que o partido não fornecia uma direção próxima o suficiente; portanto, em muitas localidades, nossos quadros tinham um pensamento raso, tendiam a permanecer dentro da lei, estavam complacentes com sucessos parciais e negligenciavam a consolidação da organização clandestina do partido. O partido não explicou claramente sua posição sobre a questão da independência nacional. Muitos camaradas cooperaram sem princípios com os trotskistas. Quando a Frente Popular na França entrou

4 O texto faz alusão às decisões tomadas no Sétimo Congresso Mundial da Internacional (julho-agosto de 1935), que endossou uma política de Frente Popular para enfrentar o crescimento do fascismo. Essa política amenizou a abordagem de classe contra classe do Sexto Congresso Mundial da Internacional (1928). A reunião do Partido Comunista Vietnamita foi realizada em março de 1935, alguns meses antes do Congresso da Internacional.

em colapso e a Segunda Guerra Mundial começou, o movimento da Frente Democrática em nosso país também foi reprimido pelos colonialistas, e nosso partido ficou confuso por um tempo.[5]

No entanto, esse movimento também proporcionou ao nosso partido e à atual Frente Nacional experiências valiosas. Ele nos ensinou que tudo o que está em conformidade com as aspirações do povo receberá apoio das massas, que lutarão com todo coração por isso, tornando-se assim um verdadeiro movimento de massas. Ele também nos ensinou a evitar, a todo custo, o subjetivismo e a mente fechada etc.

3) O período de 1939 a 1945

Os eventos significativos neste período em nosso país e no mundo ocorreram há apenas dez anos. Muitas pessoas testemunharam esses eventos e eles ainda estão frescos na memória de muitos de nós. Vou relembrar apenas alguns dos principais.

No mundo

A Segunda Guerra Mundial começou em 1939. Inicialmente, foi uma guerra imperialista entre os imperialistas fascistas alemães, italianos e japoneses de um lado, e os imperialistas britânicos, franceses e estadunidenses do outro.

---

[5] Em dezembro de 1936, o governo da Frente Popular na França, que incluía o Partido Comunista Francês, promulgou um decreto que permitia reformas modestas na Indochina. Com base nessas reformas, o Partido Comunista do Vietnã criou a Frente Democrática Indochinesa. O jornal *La Lutte* foi o centro disso; sua equipe editorial incluía comunistas e alguns intelectuais trotskistas do Sul. Após a queda do governo da Frente Popular em 1938, a primavera terminou. Em setembro de 1939, o governo francês proibiu as organizações comunistas na Indochina.

Em junho de 1941, fascistas alemães atacaram a União Soviética, a Fortaleza da Revolução Mundial, e esta teve que se defender se aliando aos britânicos e estadunidenses contra o campo fascista. A partir daí, a guerra foi travada entre os campos democrático e fascista. Graças às enormes forças do Exército Vermelho e do povo soviético, e à estratégia correta de Stalin, em maio de 1945, a Alemanha foi derrotada e, em agosto de 1945, o Japão se rendeu.

O campo democrático saiu vitorioso. Nessa vitória, a União Soviética foi a mais bem-sucedida no campo militar, político e espiritual. Graças ao sucesso da União Soviética, os países da Europa Oriental, que eram bases ou partes integrantes da Alemanha fascista, tornaram-se novas democracias. Graças ao sucesso da União Soviética, países semicoloniais como a China e países coloniais como a Coreia e o Vietnã expulsaram, ou estão expulsando, os imperialistas agressivos para recuperar a liberdade e a independência. Graças à vitória da União Soviética, o movimento de libertação nacional em outras colônias está avançando rapidamente.

Os Estados Unidos tiveram sucesso no campo financeiro. Enquanto outros países estavam canalizando seus recursos para a guerra e foram devastados por ela, os Estados Unidos obtiveram grandes lucros.[6]

---

[6] A União Soviética perdeu: 1.710 cidades e vilas, 70 mil aldeias, 31.850 fábricas, 10.876 fazendas, 40 mil hospitais e casas de repouso, 84 mil escolas, 65 mil quilômetros de ferrovias etc. Em termos de dinheiro, as perdas totalizaram 128 milhões de dólares. Em 1938, a renda nacional dos EUA era de apenas 64 milhões de dólares. Mas em 1941, ela chegou a 96 milhões de dólares, aumentando para 122 milhões de dólares (1942), 149 milhões de dólares (1943) e 160 milhões de dólares (1944). Em apenas quatro anos de guerra, a renda dos EUA aumentou duas vezes e meia.

Após a guerra, os fascistas alemães, italianos e japoneses foram aniquilados. Os imperialistas britânicos e franceses foram significativamente enfraquecidos. A União Soviética rapidamente se recuperou e desenvolveu seu trabalho de construção socialista. Mas seguindo os passos da Alemanha, Itália e Japão, os Estados Unidos agora se tornaram os líderes dos imperialistas fascistas.

Em nosso país

Após o início da Segunda Guerra Mundial, o Comitê Central do partido realizou a sessão de novembro de 1939 e elaborou suas políticas: estabelecer uma frente única contra os colonialistas franceses e a guerra imperialista, e preparar-se para uma insurreição. Retiramos a palavra de ordem "confiscar as terras dos senhores feudais para distribuir aos camponeses" para atrair a classe dos senhores feudais para a Frente Única Nacional.

Após a capitulação da França diante da Alemanha fascista, o Japão avançou sobre o poder francês na Indochina e usou os colonialistas franceses como seus capangas para reprimir a revolução em nosso país. Nesse período, nosso povo organizou três levantes em Bắc Sơn, Nam Kỳ e Đô Lương.

Em maio de 1941, o Comitê Central do partido realizou sua Oitava Sessão. A principal questão era determinar se a revolução que o Vietnã atravessava era uma revolução pela libertação nacional e estabelecer a Frente Việt Minh. A principal palavra de ordem era "Unir todo o povo, se opor aos japoneses e franceses, recuperar a independência e adiar a revolução agrária". O nome Việt Nam Độc Lập Đồng Minh Hội (Liga pela Independência do Vietnã) tinha um significado muito claro, prático e totalmente de acordo com as aspirações de todo o povo. Além disso, o programa simples, prático e completo da Frente consistia em dez pontos, como é relatado em uma canção de propaganda:

> Dez políticas traçadas
> Que, primeiro, são úteis ao país, e depois
> *Beneficiam o povo* [...]

Esses dez pontos incluem aspectos comuns a toda a nação e aqueles relacionados à luta em prol dos trabalhadores, camponeses e todas as camadas populacionais. Como resultado, a Frente Việt Minh foi recebida pelo povo de forma calorosa e, graças aos esforços dos quadros para permanecerem próximos ao povo, se desenvolveu muito rapidamente e com muita força. À medida que a Frente prosperava, o partido também amadurecia. Ele também ajudou os intelectuais progressistas a fundar o Partido Democrático do Vietnã para atrair jovens intelectuais e funcionários públicos e acelerar a desintegração do Đại Việt, que era pró-Japão.[7]

No mundo, a União Soviética e os Aliados conquistaram vitórias sucessivas. Em nosso país, os japoneses e os franceses estavam em conflito. Sob a liderança do partido, a Frente Việt Minh tornou-se bastante forte. Nessa situação, a diretoria permanente do Comitê Central realizou sua sessão amplia-

[7] Essa foi uma dentre uma variedade de partidos políticos criados por forças políticas vietnamitas para cooperar com a ocupação japonesa: Việt Nam Phục quốc Đồng minh hội (Liga de Restauração Nacional do Vietnã), Việt Nam Phục quốc đảng (Partido de Restauração do Vietnã), Việt Nam Dân chính đảng (Partido Democrático do Vietnã), Việt Nam Hùng quốc Cách mạng đảng (Partido Revolucionário do Vietnã para Prosperidade Nacional), Đại Việt Quốc xã (Liga Nacionalista do Grande Vietnã), Đảng Việt Nam Ái quốc (Partido Patriótico do Vietnã), Đảng Đại Việt Quốc gia Liên minh (Partido de Unidade Nacional do Grande Vietnã), Thanh niên Ái quốc đoàn (Os Jovens Patriotas) e Đảng Đại Việt Quốc dân đảng (Partido Nacionalista do Grande Vietnã). Para mais detalhes, ver *Quốc* (2001).

da em março de 1945. A principal resolução era acelerar o movimento anti-Japão e preparar-se para a insurreição geral. Naquela época, o poder dos colonialistas franceses já havia caído nas mãos dos fascistas japoneses.

Em maio de 1945, a Alemanha foi derrotada. Em agosto, o Japão se rendeu. A União Soviética e os Aliados triunfaram. No início de agosto, o partido realizou seu Segundo Congresso Nacional em Tan Trao para decidir o plano de ação e participar do Congresso Nacional do Povo convocado pela Frente Việt Minh. O evento ocorreu em Tân Trào no mesmo mês. Aprovou o plano apresentado pelo Việt Minh e a ordem para a insurreição geral, e elegeu o Comitê de Libertação Nacional do Vietnã, que mais tarde se tornaria o governo provisório de nosso país. Devido às políticas corretas do partido, implementadas a tempo e de maneira flexível, a insurreição geral de agosto foi bem-sucedida.

3. Da Revolução de Agosto até agora

Graças à liderança perspicaz e resoluta de nosso partido e à solidariedade e entusiasmo de todo o povo dentro e fora da Frente Việt Minh, a Revolução de Agosto foi bem-sucedida.

Camaradas.

Não apenas as classes trabalhadoras e o povo, mas também os povos oprimidos de outros países podem se orgulhar de que esta é a primeira vez na história revolucionária dos povos coloniais e semicoloniais em que um partido, com apenas 15 anos de idade, liderou a revolução com sucesso e tomou o poder em todo o país.

De nossa parte, devemos ter em mente que nosso sucesso se deve à grande vitória do Exército Vermelho Soviético, que derrotou o Japão fascista, à assistência amigável da solidariedade internacional, à estreita união de todo o nosso povo e ao sacrifício heroico de nossos predecessores revolucionários.

Nossos camaradas, como Trần Phú, Ngô Gia Tự, Lê Hồng Phong, Nguyễn Thị Minh Khai, Hà Huy Tập, Nguyễn Văn Cừ, Hoàng Văn Thụ e milhares de outros, colocaram os interesses do partido, da revolução, de sua classe e nação acima e antes de tudo.[8] Eles tinham profunda confiança nas

[8] Cada um destes líderes merece sua própria biografia. 1) Trần Phú (1904-1931) foi o primeiro secretário-geral do Partido Comunista Indochinês (PCI). Ele editou as "teses sobre a revolução burguesa dos direitos civis" (1931). Foi executado pelos franceses em 6 de setembro de 1931. 2) Ngô Gia Tự (1908-1935) estabeleceu a primeira célula comunista no Vietnã. Ele foi secretário provisório do comitê do partido em Cochinchina. Preso pelos franceses em 1933, desapareceu durante sua fuga da prisão em 1935. 3) Lê Hồng Phong (1902-1942), o "Vento Vermelho", foi o secretário-geral do Comitê Executivo Ultramarino do PCI. Devido aos seus esforços, a Internacional reconheceu o PCI como o partido comunista oficial e o elegeu para seu Comitê Executivo. Lê foi preso em 1938 e 1940, morrendo nas jaulas de tigres na prisão de Poulo Condore em 6 de setembro de 1942. Antes de ser levado para ser morto, ele disse a seu colega de cela: "Camarada, diga ao partido que eu, Lê Hồng Phong, fui fiel à nossa causa revolucionária até o meu último suspiro". 4) Nguyễn Thị Minh Khai (1910-1941) foi cofundadora do Novo Partido Revolucionário do Vietnã em 1927, um partido que se fundiu ao PCI. Ela foi assistente de Ho Chi Minh em 1930, foi presa pelos britânicos em Hong Kong de 1931 a 1934, participou do Sétimo Congresso da Internacional, foi presa pelos franceses em 1940 e executada por pelotão de fuzilamento em 28 de agosto de 1941. Na parede de sua prisão, escreveu: "Não estou preocupada comigo mesma. Todos os meus pensamentos são sobre salvar o partido". 5) Hà Huy Tập (1906-1941) foi o terceiro secretário-geral do PCI. Ele estudou na Universidade Internacional Comunista em Moscou em 1929, durante a qual escreveu a *História Cáqui do Movimento Comunista na Indochina* e o *Plano de Ação do Partido Comunista Indochinês*. Foi preso várias vezes pelos franceses por seu trabalho na construção do partido, e pela última vez em 1941 por "ser responsável pelo espírito de insurreição na Indochina". Em seguida, foi executado. 6) Nguyễn Văn Cừ (1912-1941) foi secretário-geral do PCI de 1938 a 1940. Foi preso e executado por pelotão de fuzilamento. 7) Hoàng Văn Thụ (1909-1941), um poeta, foi secretário do Comitê do partido do Norte e era conhecido como Camarada Sete (đồng chí Bảy). Ele foi uma pessoa-chave do Comitê do partido de Hanói de 1939 a 1943 e, após 1941, supervisionou o transporte militar para o Việt Minh. Preso em agosto de 1943, ele foi generoso na prisão com seus camaradas. Ao ser levado para ser executado por pelotão de fuzilamento em 1944, disse a seus guardas: "Na

imensas forças de sua classe e nação e em seu futuro glorioso. Sacrificaram voluntariamente tudo, até mesmo suas vidas, pelo bem de seu partido, sua classe e sua nação. Fertilizaram a árvore da revolução com seu sangue e seus ossos, e, como resultado, a árvore da revolução floresceu e deu bons frutos. Todos nós devemos seguir esses exemplos de heroísmo e abnegação para sermos verdadeiros revolucionários.

A Revolução de Agosto derrubou a monarquia centenária, rompeu as correntes do domínio colonial (quase centenário), devolveu o poder ao povo e construiu as bases para uma República Democrática do Vietnã independente, livre e feliz. Isso representa uma mudança de extrema importância na história de nosso país. Graças à bem-sucedida Revolução de Agosto, nos tornamos membros da grande família democrática mundial. A Revolução de Agosto exerceu uma influência direta e muito significativa sobre nossas duas nações irmãs, Camboja e Laos. Após o sucesso da Revolução de Agosto, os povos cambojano e laociano também se levantaram contra os imperialistas para reivindicar a independência.

Em 2 de setembro de 1945, o Governo da República Democrática do Vietnã declarou que o país tinha o direito de ser independente e implementou as liberdades democráticas. Aqui, é preciso mencionar que alguns camaradas, membros do Comitê de Libertação Nacional do Vietnã que, eleitos pelo Congresso Nacional do Povo, deveriam ter participado do governo provisório, mas, por sua própria vontade, se retiraram para dar lugar a personalidades patriotas fora do âmbito do Việt Minh. Isso é um gesto altruísta e magnânimo de pessoas

luta da vida e morte entre nós, que perdemos nosso país, e vocês, os ladrões do nosso país, o sacrifício de pessoas como eu é uma questão natural. Apenas saibam que, no final, nós venceremos".

que não se importam com o cargo, que colocam os interesses da nação e a união nacional acima dos interesses individuais. Esse é um gesto louvável e honroso que devemos reproduzir.

4. As dificuldades do partido e do governo

Assim que foi estabelecido, o poder popular se deparou com grandes dificuldades. Devido à exploração implacável dos japoneses e franceses, em apenas meio ano (final de 1944 e início de 1945), mais de 2 milhões de pessoas no Norte morreram de fome. Mal cumprimos um mês de independência quando as tropas britânicas entraram no Sul. Alegaram vir desarmar o exército japonês, mas na realidade eram um corpo expedicionário ajudando os colonialistas franceses em sua tentativa de reocupar nosso país. As tropas do Guomindang entraram no Norte sob o mesmo pretexto, mas na verdade tinham três objetivos perversos:

- aniquilar nosso partido;
- destruir a Frente Việt Minh;
- ajudar os reacionários vietnamitas a derrubar o poder popular e estabelecer um governo reacionário sob sua influência.

Diante dessa situação grave e urgente, nosso partido fez tudo o que era possível para se manter, trabalhar e se desenvolver, prover uma liderança discreta e mais eficaz para ter o tempo necessário para consolidar gradualmente as forças do poder popular e fortalecer a Frente Única Nacional. Naquela época, o partido não podia hesitar; a hesitação significaria o fracasso. O partido teve que tomar decisões rápidas e adotar medidas – mesmo que dolorosas – para superar a situação. A maior preocupação era a proclamação de dissolução voluntária do partido. Mas o que aconteceu foi que ele se tornou clandestino. E mesmo assim continuou a liderar a administração e o povo. Reconhecemos que a declaração de dissolução voluntária do partido (na verdade, de clandestinidade) foi uma medida correta.

Apesar das muitas dificuldades, o partido e o governo guiaram nosso país por corredeiras perigosas e implementaram muitos pontos nos programas da Frente Việt Minh:

- realização de eleições gerais para eleger a Assembleia Nacional e elaborar a Constituição;
- construção e consolidação do poder popular;
- aniquilação dos reacionários vietnamitas;
- construção e fortalecimento do exército popular e armamento do povo;
- elaboração de leis trabalhistas;
- redução do aluguel da terra e das taxas de juros;
- construção da cultura popular;
- ampliação e consolidação da Frente Única Nacional (estabelecendo a União de Todo o Vietnã).

Vale a pena mencionar o Acordo Preliminar de 6 de março de 1946 e o *modus vivendi* de 14 de setembro de 1946, pois foram considerados ultradireitistas e causaram muitos descontentamentos. No entanto, na opinião de nossos camaradas e compatriotas no Sul, eles estavam corretos. E de fato estavam, pois nossos camaradas e compatriotas aproveitaram essa oportunidade para construir e desenvolver suas forças com muita destreza.

Lenin disse que se um compromisso com bandidos fosse vantajoso para a revolução, ele o faria. Precisávamos de paz para construir nosso país e, portanto, fizemos concessões para manter a paz. Embora os colonialistas franceses tenham faltado com sua palavra e desencadeado a guerra, quase um ano de paz temporária nos deu tempo para construir nossas forças básicas. Não podíamos mais tolerar os franceses quando eles provocaram deliberadamente a guerra, e a guerra nacional eclodiu.

5. A Guerra de Resistência de longo prazo

O inimigo tramou uma guerra relâmpago. Como eles queriam atacar rapidamente e vencer rapidamente, nosso partido e governo lançaram a palavra de ordem "Guerra de Resistência de longo prazo". O inimigo planejava semear a discórdia entre nós, então nossa palavra de ordem foi "Unidade de todo o povo". Portanto, nossa estratégia prevaleceu sobre a estratégia do inimigo desde o início.

Para travar uma guerra de resistência de longo prazo deve haver um suprimento adequado de armas e munições para o exército, comida e roupas para as tropas e o povo. Nosso país é pobre e nossas capacidades técnicas são subdesenvolvidas. As cidades e vilas, que possuem algumas indústrias, estão ocupadas pelo inimigo. Tentamos compensar nossas deficiências materiais com entusiasmo de todo o povo. Assim, o partido e o governo promoveram a emulação patriótica. A emulação abrange todos os campos, mas visa a três pontos principais: acabar com a fome, erradicar o analfabetismo e aniquilar os invasores estrangeiros.

Nossos trabalhadores emularam aqueles altamente treinados na fabricação de armas para as tropas, se formaram com muita garra e conquistaram vitórias militares magníficas. As vitórias recentes foram provas disso. Nosso povo emulou com ardor aqueles que eram mais avançados e obteve resultados satisfatórios. Nosso país é economicamente atrasado; estamos travando a Guerra de Resistência há anos e ainda assim conseguimos suportar essa luta sem sofrer muitas privações. Isso é um fato. A maioria de nossa população agora é alfabetizada. Isso é um feito glorioso elogiado pelo mundo. Sugiro que nosso Congresso envie agradecimentos e congratulações afetuosos a nossas tropas e nossos compatriotas.

Mas nossa organização, supervisão, troca e resumo de experiências ainda são fracos. É nossa deficiência. Nos esforçamos para superá-los a partir de agora, e o movimento de emulação certamente trará muitos resultados melhores e mais abundantes.

O aspecto militar é o principal na Guerra de Resistência. No início, nosso exército era jovem. Embora cheio de heroísmo, ele sofria com falta de armas, experiência, oficiais, tudo. O exército inimigo era bem conhecido no mundo. Eles tinham marinha, infantaria e força aérea.

Além disso, eram apoiados pelos imperialistas britânicos e estadunidenses, especialmente por estes últimos. A diferença entre nossa força e as forças do inimigo era tão grande que na época havia pessoas que comparavam nossa Guerra de Resistência a um "gafanhoto lutando contra um elefante". Essas pessoas só viam as coisas pelo lado material, nas condições presentes e com uma mente fechada. Naquela época, só podíamos enfrentar os aviões e canhões do inimigo com bambus. Mas, guiado pelo marxismo-leninismo, nosso partido não olhava apenas para o presente, mas também para o futuro – e tinha confiança absoluta no espírito e nas forças das massas e da nação. Portanto, resolutamente dissemos às pessoas hesitantes e pessimistas que:

> Hoje, o gafanhoto luta contra o elefante.
> Mas amanhã o elefante será estripado!

A vida real demonstrou que o elefante colonialista está sendo estripado enquanto nosso exército se tornou um tigre poderoso. No início o inimigo era mais forte, e nós, mais fracos; no entanto, travamos a Guerra de Resistência com muita determinação. Obtivemos muitos sucessos e acreditamos firmemente em nossa vitória final; porque nossa causa é justa e nossas tropas são corajosas; nosso povo é unido e destemido; porque somos apoiados pelo povo francês e pelo campo democrático mundial; e também porque nossa estratégia está correta.

Nosso partido e governo previram que nossa Guerra de Resistência teria três estágios:

- o primeiro começou em 23 de setembro de 1945 e seguiu até o final da campanha Viet Bac, no outono-inverno de 1947, na qual tudo o que fizemos foi preservar e aumentar nossas principais forças;
- o segundo estágio começou no final da campanha Viet Bac em 1947 e continua até hoje. Estamos resistindo ativamente contra o inimigo e nos preparando para a contraofensiva geral;
- o terceiro estágio é a contraofensiva geral.

Por não compreenderem a política do partido e do governo, muitos camaradas tiveram ideias erradas. Alguns diziam que a palavra de ordem para uma contraofensiva geral foi apresentada cedo demais. Outros queriam saber a data em que ela ocorreria. Outros, ainda, acreditavam que a contraofensiva geral, sem dúvida, seria lançada em 1950. Essas concepções erradas eram prejudiciais ao nosso trabalho. Devemos, antes de tudo, ter em mente que a Guerra de Resistência será longa e difícil, mas venceremos. Ela deve ser prolongada porque temos uma população pequena e um território pequeno, e nosso país é pobre; nossa nação inteira deve fazer planos versáteis. Devemos sempre ter em mente que, em comparação conosco, os invasores franceses são bastante fortes e, além disso, são assistidos pelos britânicos e pelos Estados Unidos. Eles são uma "tangerina de casca grossa", e devemos ter tempo para "afiar nossas unhas" para despedaçá-los.

Também devemos entender que cada estágio está ligado ao anterior e ao seguinte; o segundo sucede o primeiro e produz sementes para o terceiro. Muitas mudanças ocorrem no decorrer de um estágio para outro. Cada estágio também tem mudanças próprias. É possível examinar a situação geral e dividi-la em grandes estágios, mas não é possível desconectar completamente um estágio do outro, como se corta um pão. A duração de cada estágio depende da situação no país e no mundo e das mudanças entre as forças inimigas e as nossas. Devemos entender que a Guerra de Resistência de longo prazo está intimamente ligada aos preparativos para a contraofensiva geral. Como a Guerra de Resistência é longa, deve haver também preparativos prolongados para a contraofensiva geral. Se a contraofensiva geral ocorrerá cedo ou tarde, depende das mudanças entre as forças inimigas e as nossas e das mudanças na situação internacional.

Em todas as circunstâncias, quanto mais cuidadosos e completos forem os preparativos, mais favorável será a contraofensiva geral e mais certa será nossa vitória. A palavra de ordem "Preparar-se com vigor para a contraofensiva geral" foi apresentada no início de 1950.

Fizemos preparativos durante esse ano? Sim, fizemos. O governo emitiu a ordem de mobilização geral e lançou o movimento de emulação patriótica. Como bem se sabe, as tropas e o povo têm se esforçado para fazer preparativos e obtiveram bons resultados.

Passamos para a contraofensiva geral em 1950? Sim, passamos e estamos passando para ela. Os grandes sucessos diplomáticos obtidos no início de 1950 e as vitórias conquistadas nos campos de batalha no final desse ano foram prova disso.

Lançamos a contraofensiva geral? Estamos nos preparando para passar a ela, mas isso ainda não aconteceu. Devemos compreender por completo o significado das palavras "*Preparar-se para ir com vigor rumo a...*". Uma vez que os preparativos estejam completos, lançaremos a contraofensiva geral. Quanto mais completos forem os preparativos, mais rápida será a hora de lançar a contraofensiva geral e mais favorável ela será. Devemos evitar precipitação, imprudência e impaciência. As tropas, o povo, os quadros, todos e todos os setores devem se esforçar para fazer preparativos completos. Quando nossas práticas estiverem concluídas, lançaremos a contraofensiva geral e, sem dúvida, ela será bem-sucedida.

6. Correção de erros

Nosso partido conquistou muitos feitos, mas também cometeu erros. Devemos fazer uma autocrítica sincera para corrigi-los. Devemos nos esforçar para corrigir nossos erros de modo que possamos progredir.

Antes de falar de nossos erros, devemos reconhecer que nossos quadros do partido, especialmente aqueles nas zonas temporariamente ocupadas, são muito heroicos e dedicados, e que, apesar de todas as dificuldades e perigos, estão sempre próximos ao povo, agarram-se ao seu trabalho sem medo e queixas, e estão sempre prontos para sacrificar suas vidas. Eles são lutadores modelo da nação, filhos e filhas meritórios do partido.

Pode-se dizer que, desde a fundação do partido, *suas políticas como um todo eram corretas*. Como poderíamos ter conquistas tão grandes agora se elas não fossem corretas? No entanto, também temos grandes deficiências e erros, como por exemplo:

- devido à falta de formação ideológica, a ideologia de muitos quadros e membros do partido não é sólida, e seu nível teórico é baixo. Como resultado, ao implementar as políticas do partido e do governo, surgiram tendências errôneas, tanto "esquerdistas" quanto "direitistas" (como na implementação das políticas sobre terra, frente, minorias nacionais, religião, administração etc.);
- nosso trabalho organizacional ainda é débil, portanto, muitas vezes não consegue garantir a implementação correta das políticas do partido e do governo.

Portanto, o estudo ideológico, o aumento do nível teórico e o reajuste da organização são tarefas urgentes para o partido. Além disso, ainda existem, entre os órgãos de liderança em todos os níveis, erros generalizados e graves no estilo de trabalho, planejamento e forma de orientação. Estes são o subjetivismo, a burocracia, o "mandonismo", a mente fechada e a arrogância. O subjetivismo se manifesta na ideia de que a Guerra de Resistência de longo prazo pode se tornar uma Guerra de Resistência de curto prazo.

A burocracia se revela no gosto pelo formalismo, distante das massas do povo, falta de investigação e estudo do controle e supervisão da implementação do trabalho, e relutância em aprender com as experiências das massas.

O "mandonismo" se revela na tendência de depender da administração para forçar o povo a fazer as coisas, sem se preocupar em agitá-lo e lhe explicar os assuntos, para fazê-lo trabalhar por iniciativa e por vontade própria.

A mente fechada é evidente na dureza em relação às pessoas não filiadas ao partido ou no fato de ignorá-las, mostrando falta de disposição para discutir com elas ou pedir sua opinião.

E a arrogância se revela da seguinte maneira:

- descansar sobre louros passados e considerar-se o "salvador" do povo e o "beneficiário" do partido, buscar posição e honra, ser incapaz de realizar grandes trabalhos e ser relutante em fazer os pequenos. A arrogância é muito prejudicial à solidariedade dentro e fora do partido;
- abusar de sua posição como membro do partido é desconsiderar a disciplina e os níveis superiores da organização ou administração do povo.

Os camaradas que cometeram esse erro não entenderam que cada membro do partido deve ser exemplar na observância da disciplina, não apenas a disciplina do partido, mas também a das organizações do povo e do poder revolucionário.

O Comitê Central compartilha a responsabilidade por esses erros cometidos pelos membros do partido, porque ainda não deu atenção suficiente ao trabalho de supervisão. Embora a formação ideológica tenha sido fornecida aos membros do partido, ela ainda não foi suficientemente ampla e adequada. A democracia interna não foi praticada de forma ampla. A crítica e a autocrítica ainda não se tornaram um hábito diário. No entanto, tudo isso foi parcialmente corrigido. As recentes análises críticas e os movimentos de crítica e autocrítica têm produzido resultados promissores, apesar de algumas divergências.

Stalin disse que um partido revolucionário precisa de crítica e autocrítica assim como os seres humanos precisam de ar. Ele também observou que a supervisão rigorosa poderia ajudar a evitar muitos erros graves.[9]

A partir de agora, o partido deve tentar fornecer uma educação ideológica ampla para elevar os padrões políticos dos membros do partido. Um estilo de trabalho coletivo deve ser promovido. As relações entre o partido e as massas devem ser fortalecidas. A observância da disciplina, a compreensão dos princípios e o espírito do partido de cada membro do partido devem ser destacados. O partido deve ampliar o movimento de crítica e autocrítica no partido, nos órgãos do Estado, nas organizações do povo, na imprensa e entre o povo. A crítica e a autocrítica devem ser conduzidas regularmente, de maneira prática e democrática, da mais alta esfera para baixo e da esfera mais baixo para cima. Por fim, deve haver uma supervisão rigorosa pelo partido. Se conseguirmos fazer isso, haverá menos erros e progresso mais rápido.

7. Novas situações e novas tarefas

1. Nova situação

Como se sabe, o mundo atual se divide em dois campos distintos:

O campo democrático era liderado pela União Soviética, incluindo os países socialistas e as novas democracias na Europa e na Ásia. Ele também abrange as nações oprimidas que lutam contra o imperialismo agressivo e as organizações democráticas e os povos nos países capita-

[9] Joseph Stalin desenvolveu o tema da autocrítica na segunda de suas nove palestras na Universidade Comunista Sverdlov em 1924, publicadas primeiro em *Pravda* e depois como *Fundamentos do Leninismo* (Stalin, 1954).

listas. O campo democrático é um campo poderoso que está crescendo em força. Vamos dar uma olhada no mapa mundial: da Europa Oriental à Ásia Oriental, a URSS e as novas democracias formam um imenso bloco de 800 milhões de pessoas. Nesse bloco, as nações estão unidas, têm o mesmo objetivo e não há antagonismos entre elas. É o símbolo do progresso e do futuro brilhante da humanidade. Esta é uma força extremamente poderosa. No Segundo Congresso da Frente pela Paz, realizado na capital polonesa em novembro de 1950, os representantes de 500 milhões de lutadores pela paz em 81 países garantiram sua determinação para proteger a paz mundial e se opor às guerras imperialistas.[10] Isso é a Frente Única do mundo pacífico e democrático. Essa é uma força poderosa cuja força cresce a cada dia que passa.

O campo antidemocrático é liderado pelos EUA. Logo após a Segunda Guerra Mundial, os EUA se tornaram o líder dos imperialistas e reacionários mundiais. A Grã-Bretanha e a França são suas mãos direita e esquerda, e os governos reacionários no Oriente e no Ocidente, seus capangas. Aspirando à hegemonia mundial, os EUA ostentam dólares em uma mão para atrair as pessoas do mundo e uma bomba atômica na outra para ameaçá-las. O Programa

[10] Em novembro de 1950, o Congresso Mundial dos Apoiadores da Paz foi realizado em Varsóvia (Polônia) após o governo do Reino Unido negar vistos aos delegados para irem a Sheffield, o local original. No Congresso, o Comitê de Partidários pela Paz – criado em abril de 1949 em Paris – foi substituído pelo Conselho Mundial da Paz. Em março, aqueles associados ao processo lançaram o Apelo de Estocolmo, contra a guerra nuclear, que coletou 560 milhões de assinaturas.

Truman, o Plano Marshall,[11] a Otan[12] e o programa para o Sudeste Asiático são meras manobras dos EUA com o objetivo de se preparar para uma terceira guerra mundial.

No entanto, a ambição do país tem enfrentado uma resistência enorme: a tremenda força da União Soviética, o movimento pela democracia e pela paz, e o movimento de libertação nacional, que está em ebulição por todo o mundo.

No momento, a política dos Estados Unidos na Ásia é ajudar os reacionários como Jiang Jieshi (Chiang Kai-shek), Syngman Rhee, Bảo Đại etc., auxiliar os imperialistas britânicos a reprimir as forças de resistência em Malaya e os colonialistas franceses, e acabar com a Guerra de Resistência no Vietnã; enquanto isso, os próprios Estados Unidos estão travando uma guerra agressiva contra a Coreia e ocupando Taiwan na tentativa de minar a Revolução Chinesa. Na Europa, os Estados Unidos, por meio do Plano Marshall e da Otan, tomaram o controle sobre os países ocidentais nos campos militar, político e econômico, e ao mesmo tempo se esforçam para armar esses países e compelir a fornecer homens que serão usados como bucha de canhão – como acontece no plano para estabelecer 70 divisões sob comando de um chefe militar estadunidense na Europa Ocidental.

---

[11] O Secretário de Estado dos EUA, George C. Marshall, apresentou um plano em 5 de junho de 1947 para fornecer ajuda econômica aos países europeus. A ajuda era concedida desde que os Estados europeus concedessem privilégios econômicos aos EUA e rompessem os laços comerciais com a URSS e os países democráticos populares.

[12] Vários países assinaram um acordo em 4 de abril de 1949 para criar a Organização do Tratado do Atlântico Norte (Otan). Esses países incluíam Bélgica, Reino Unido, Canadá, Dinamarca, França, Holanda, Islândia, Itália, Luxemburgo, Noruega, Portugal e Estados Unidos. Em 1952, Grécia e Turquia aderiram. Esse tratado é uma aliança militar que foi formada para ameaçar a URSS.

No entanto, o campo dos Estados Unidos possui muitas fraquezas: além da força do campo democrático, há ainda uma outra força ameaçadora – a crise econômica. Existem muitas contradições no campo dos Estados Unidos. Por exemplo, eles querem que a Alemanha Ocidental estabeleça um exército de dez divisões, mas o povo francês se opôs. A Grã-Bretanha se opõe secretamente aos Estados Unidos porque disputam os campos petrolíferos no Oriente Médio e a influência no Extremo Oriente. As pessoas, especialmente as camadas operárias nos países "ajudados" pelos Estados Unidos, os odeiam por interferir em seus interesses econômicos e na independência de seus países. Eles são muito gananciosos. Seu plano é estabelecer bases em todo o mundo. Eles apoiam todo grupo reacionário e todo governo reacionário. Sua frente se estende a perder de vista; consequentemente, suas forças se dispersam. Prova clara disso é que os Estados Unidos e 40 de seus países vassalos, que invadiram a Coreia, estão sofrendo derrotas. Os Estados Unidos ajudaram o grupo reacionário na China, o Guomindang liderado por Jiang Jieshi, mas ele foi derrotado. Eles apoiam os colonialistas franceses no Vietnã; no entanto, a Guerra de Resistência Vietnamita está vencendo.

Em resumo, podemos prever que o campo imperialista reacionário certamente será derrotado, e o campo da paz e da democracia sairá vitorioso.

O Vietnã é parte do campo democrático mundial. Atualmente, é um bastião contra o imperialismo, contra o campo antidemocrático liderado pelos Estados Unidos. Desde o início da Guerra de Resistência, a Grã-Bretanha e os Estados Unidos ajudaram os colonialistas franceses. E desde 1950, os Estados Unidos intervieram abertamente em nosso país. No final de 1950, a Grã-Bretanha e a França se prepararam para formar uma frente "Única" para juntar suas forças contra a Guerra de Resistência na Malásia e no Vietnã. Assim, a situação internacional está intimamente relacionada a nós. O sucesso do campo democrático também é nosso, e nosso sucesso também é um sucesso para o campo democrático. Portanto, no presente, nossa principal palavra de ordem é: "*aniquilar os colonialistas franceses e derrotar os intervencionistas dos Estados Unidos para conquistar a unidade, a independência completa e a salvaguarda da paz mundial*".

2. Novas tarefas

- Os camaradas do Comitê Central apresentarão relatórios sobre questões importantes, como o programa político, a constituição, a questão militar, a administração, a Frente Única Nacional, a questão econômica etc. Meu relatório mencionará apenas algumas tarefas principais entre as nossas novas: a. fazer a Guerra de Resistência triunfar; b. fundar o Partido dos Trabalhadores do Vietnã.

1. Fazer a Guerra de Resistência triunfar

É preciso que haja esforços para desenvolver forças para as tropas e o povo, a fim de constantemente alcançar sucesso após sucesso e avançar rumo à contraofensiva geral. Esta tarefa visa alguns pontos principais:

- *Construção e desenvolvimento do exército*: deve-se fazer esforços para intensificar a construção e o fortalecimento do trabalho político e militar de nosso exército. A consciência política, as táticas e técnicas, e a disciplina autoimposta de nossas tropas devem ser elevadas. Nosso exército deve se tornar um verdadeiro exército popular. Simultaneamente, a milícia e as unidades de guerrilha devem ser desenvolvidas e fortalecidas em organização, treinamento, orientação e combatividade. As forças de milícia e guerrilha devem se tornar uma vasta e sólida rede espalhada por todo o país; assim, aonde quer que o inimigo vá, ele será capturado.

- *Desenvolvimento do patriotismo*: nosso povo é muito patriota. Essa nossa tradição tem um valor inestimável. Hoje, assim como no passado, sempre que o país é invadido, o patriotismo deles transborda em uma onda de grande violência que varre todos os perigos e dificuldades e afoga todos os traidores e agressores. Nossa história possui diversas grandes guerras de resistência, que são prova do patriotismo de nosso povo. Podemos nos orgulhar das gloriosas páginas históricas das eras das Irmãs Trưng, Lady Triệu, Trần Hưng Đạo, Lê Lợi, Quang Trung etc. Devemos ter em mente as conquistas de nossos heróis nacionais, pois eles são os símbolos de uma nação heroica.

Nossos compatriotas de hoje são dignos de seus antepassados. Nossos idosos de cabelos brancos, assim como nossas crianças, compatriotas que residem no exterior e nas áreas provisoriamente ocupadas, nas planícies, nas terras altas, todos estão impregnados de um ardente amor pelo país e ódio pelo agressor. Os combatentes na linha de frente passaram fome por dias a fio para perseguir o inimigo e aniquilá-lo. Os funcionários públicos na retaguarda passaram fome em prol das tropas. As mulheres aconselharam seus maridos a se alistar no exército, enquanto elas mesmas se voluntariaram para ajudar no serviço de transporte. Essas mães amam e cuidam das tropas como se fossem seus próprios filhos. Os trabalhadores e camponeses de ambos os sexos emulam esse patriotismo para aumentar a produção e não recuam diante das dificuldades, para que possam contribuir com a Guerra de Resistência – e até mesmo os proprietários rurais entregaram suas terras ao governo.

Embora sejam diferentes em ação, todos esses atos louváveis são parecidos no que diz respeito a seu ardente patriotismo. O patriotismo é como outras preciosidades. Às vezes, é visível a olho nu quando exposto em uma vitrine ou em vasos de cristal. Mas há momentos em que ele fica escondido em um baú ou uma mala. Devemos tentar trazer todas essas preciosidades ocultas à luz do dia. Quero dizer que todo esforço deve ser feito para explicar, popularizar, organizar e liderar, para que o patriotismo de todos nós encontre expressão em trabalhos que beneficiem o país e a Guerra de Resistência.

O patriotismo genuíno é completamente diferente do chauvinismo dos imperialistas reacionários. Ele é parte integrante do internacionalismo. Graças ao patriotismo, o exército e o povo da União Soviética acabaram com a Alemanha fascista e o Japão e salvaguardaram o país socialista, ajudando assim a classe trabalhadora e os povos oprimidos do mundo. Graças ao patriotismo, o Exército de Libertação Popular e o povo destruíram a facção traidora de Jiang Jieshi (Chiang Kai-shek) e expulsaram os imperialistas dos Estados Unidos. Graças ao patriotismo, as tropas e o povo coreanos, ao lado do Exército Voluntário Chinês, derrotaram os imperialistas dos Estados Unidos e seus comparsas. Também é graças ao patriotismo que nossas tropas e nosso povo, ao longo de muitos anos de sofrimento e dificuldades incontáveis, têm se mantido determinados a destruir os agressores colonialistas e os traidores vietnamitas, para construir um Vietnã independente, unificado, democrático, livre, próspero e forte, um novo Vietnã democrático.

- *Intensificação da emulação patriótica*: primeiro, as tropas emulam o patriotismo exterminando o inimigo e alcançando vitórias militares; segundo, o povo emula o patriotismo aumentando a produção. Devemos nos dedicar de corpo e alma para acelerar esses dois trabalhos.

No trabalho grandioso da Guerra de Resistência e construção nacional, a Liên Việt, Việt Minh,[13] os sindicatos, a associação de camponeses e outras organizações populares têm influência significativa. Devemos ajudá-los a se desenvolver, fortalecer e trabalhar de forma positiva.

Em relação à política de terras, nas zonas livres, devemos reduzir rigorosamente os aluguéis de terras e as taxas de juros; devemos confiscar terras apropriadas pelos franceses e pelos traidores vietnamitas e distribuí-las temporariamente aos camponeses pobres e às famílias dos soldados, para melhorar o sustento dos camponeses, elevar seu espírito e fortalecer sua força para a Guerra de Resistência.

Nossa base econômica deve ser protegida e desenvolvida para combater a economia inimiga no que diz respeito à economia e às finanças. É preciso haver um sistema tributário equitativo e racional. As despesas devem equilibrar a receita para garantir o bem-estar do exército e do povo.

Deve-se acelerar o trabalho cultural para capacitar novos indivíduos e novos quadros para a Guerra de Resistência e construção nacional. Todos os vestígios do colonialismo e da

[13] Liga para a Independência do Vietnã.

influência servil da cultura imperialista devem ser sistematicamente erradicados. Ao mesmo tempo, as boas tradições da cultura nacional devem ser desenvolvidas e é preciso assimilar o que há de novo na cultura progressista do mundo para construir uma cultura vietnamita de caráter nacional, científico e popular.

Quando vencermos, as áreas provisoriamente ocupadas serão libertadas uma após a outra. Portanto, devem ser feitos preparativos para consolidar as áreas recém-libertadas em todos os aspectos.

A vida e propriedade dos residentes estrangeiros que obedecem às leis vietnamitas serão protegidas. Os residentes chineses devem ser encorajados a participar da Guerra de Resistência. Se eles se voluntariarem para fazê-lo, desfrutarão de todos os direitos e deveres de um cidadão vietnamita.

Estamos travando nossa Guerra de Resistência; nossas nações irmãs cambojanas e laocianas também estão travando as suas. Os colonialistas franceses e os intervencionistas dos EUA são inimigos comuns de nossos três países. Consequentemente, devemos nos esforçar para ajudar nossos irmãos cambojanos e laocianos em suas guerras de resistência e chegar à criação de uma Frente Vietnã-Camboja-Laos.

Temos tido sucesso em nossa resistência, em parte graças à simpatia dos países irmãos e dos povos do mundo. Portanto, devemos fortalecer a amizade entre nossos países e os países irmãos, entre nosso povo e os povos de outros países no mundo.

2. Fundar o Partido dos Trabalhadores do Vietnã

Para realizar esses pontos, precisamos ter um partido legal adequado à situação mundial e nacional para liderar a luta de nosso povo rumo à vitória. Esse partido é o Partido dos Trabalhadores do Vietnã.

Quanto à sua composição, o Partido dos Trabalhadores do Vietnã admitirá os trabalhadores, camponeses e intelectuais mais entusiasmados e esclarecidos.

No que diz respeito à teoria, ele adere ao marxismo-leninismo.

Quanto à organização, adota o sistema de centralização democrática.

No que diz respeito à disciplina, a sua é rígida e, ao mesmo tempo, autoimposta.

No que diz respeito à sua lei de desenvolvimento, utiliza a crítica e autocrítica para educar seus membros e as massas populares.

Quanto ao seu objetivo imediato, o Partido dos Trabalhadores do Vietnã une e dirige todo o povo na luta de resistência rumo ao triunfo, para recuperar a unidade nacional e a independência completa; ele dirige todo o povo na implementação de uma nova democracia e na criação de condições para o avanço em direção ao socialismo.

O Partido dos Trabalhadores do Vietnã deve ser um partido grande, poderoso, estável, puro e profundamente revolucionário. Deve ser o dirigente esclarecido, determinado e leal da classe trabalhadora e de outros trabalhadores, do povo vietnamita, para unir e dirigir o povo na realização da resistência armada para triunfar e conquistar uma nova democracia. Na fase atual, os interesses da classe operária, de outros trabalhadores e da nação são um só. É justamente porque é o partido da classe operária e dos trabalhadores que o Partido dos Trabalhadores do Vietnã deve ser o partido do povo vietnamita.

A primeira tarefa, a mais urgente tarefa do nosso partido, hoje, é dirigir a Guerra de Resistência rumo ao triunfo. As outras tarefas devem estar conectadas a ela.

Nosso trabalho é imenso. Nosso futuro é muito glorioso. Mas temos que enfrentar muitas dificuldades, e a guerra tem suas próprias dificuldades. A vitória também tem suas próprias dificuldades. Por exemplo:

- a mentalidade dos quadros, membros do partido e do povo ainda não está preparada o suficiente para lidar com todos os desenvolvimentos internos e externos;
- é possível que os imperialistas dos EUA forneçam maior assistência aos invasores franceses, e, portanto, estes atuarão mais freneticamente;
- estamos recebendo cada vez mais trabalho, enquanto o número de quadros é insuficiente, e nossos quadros carecem de habilidade e experiência;
- temos que resolver os problemas econômicos e financeiros de maneira racional e benéfica para o povo etc.

Não temos medo das dificuldades. Mas devemos nos antecipar e enxergá-las e estar preparados e prontos para superá-las. Com solidariedade e unidade de pensamento, com determinação e um espírito indomável de nosso partido, governo e de todo o nosso povo, certamente superaremos todas as dificuldades para triunfar.

A Revolução de Outubro foi vitoriosa. A construção do socialismo na União Soviética foi bem-sucedida. A Revolução Chinesa foi bem-sucedida. Esses grandes êxitos abriram o caminho para o sucesso de nossa revolução e de muitos outros países no mundo.

Temos um partido grande e poderoso. Ele é grande e poderoso graças ao marxismo-leninismo, aos esforços constantes de todos os nossos membros, e ao amor, confiança e apoio de nosso exército e povo como um todo.

Temos os irmãos mais esclarecidos e dignos e amigos da humanidade – o camarada Stalin e o camarada Mao Zedong.

É por isso que estou convencido de que cumpriremos as seguintes tarefas pesadas, mas gloriosas:

- fundar um partido extremamente poderoso, o Partido dos Trabalhadores do Vietnã;
- seguir na Resistência até a vitória;
- construir um novo Vietnã democrático;
- contribuir para a defesa da democracia no mundo e para a paz duradoura.

24. MENSAGEM ENVIADA AOS ARTISTAS POR OCASIÃO DA EXPOSIÇÃO DE PINTURA DE 1951[1]

10 DE DEZEMBRO DE 1951

Caros artistas,

Fui informado sobre a exposição, mas lamento não poder visitá-la devido à pressão do trabalho. Transmito-lhe aqui as minhas saudações fraternas. Aproveito esta oportunidade para compartilhar alguns pontos de vista sobre as artes plásticas para que vocês considerem.

A literatura e as artes pertencem à mesma frente na qual vocês são lutadores. Assim como outros lutadores, vocês têm suas próprias responsabilidades no campo artístico – servir à resistência, ao país e ao povo, principalmente aos trabalhado-

---

1 O debate sobre arte e cultura no Vietnã tem uma longa história. Em 1948, na Convenção Nacional de Arte e Literatura, o pintor Tô Ngọc Vân debateu com o secretário-geral do partido, Trường Chinh, sobre a questão da propaganda e pintura, realismo social e liberdade artística. Esses debates ecoaram as palestras de Mao em 1942 no Fórum de Literatura e Arte de Yenan. Vân desenvolveu essas discussões em seu cargo de diretor do Colégio Central de Belas Artes na Província de Phú Thọ e como diretor do Colégio de Belas Artes do Vietnã em Hanói em 1951. Foi neste colégio que a exposição de pintura foi realizada e para a qual Ho Chi Minh contribuiu com essas observações. O compromisso de Vân com a arte não significou que ele se afastou do trabalho político ativo: em 1950, ele participou da campanha fronteiriça Biên Giói e na libertação de Lào Cai, e em 1953 mudou-se para a aldeia Ninh Dân na província de Phù Tho, onde pintou imagens das lutas dos camponeses contra os proprietários de terras (bem como pinturas de um sereno Ho Chi Minh). Em abril de 1954, Vân foi desenhar a batalha em Điện Biên Phủ e foi morto em combate a caminho do campo de batalha.

res, camponeses e soldados. Para cumprir suas tarefas, vocês devem ter uma posição de classe firme e uma ideologia sólida; em resumo, devem colocar os interesses da resistência, do país e do povo acima de tudo.

Em relação ao trabalho criativo, é necessário que compreendam, se conectem e se aprofundem na vida das pessoas. Somente assim vocês serão capazes de transmitir o heroísmo e a determinação de nossos soldados e do povo como um todo e contribuir para o desenvolvimento e a melhoria dessas qualidades. Nossa resistência progrediu de maneira significativa; nossos soldados e povo deram grandes passos à frente, e assim também farão vocês, no campo artístico, por meio da crítica e autocrítica.

Alguns de vocês podem pensar que o presidente Ho tenta transformar as belas artes em um assunto político. Nada é mais verdadeiro. Como todas as outras atividades, a literatura e as artes não podem ser separadas dos campos econômico e político, mas devem ser incluídas neles. O futuro do nosso povo é o mais glorioso, e o futuro das nossas belas artes é muito brilhante. Desejo-lhes boa saúde, progresso e sucesso em seu trabalho.

Saudações de amizade e determinação para vencer.

25. SOBRE ECONOMIZAR E COMBATER A CORRUPÇÃO, O DESPERDÍCIO E A BUROCRACIA

1952

Caros camaradas,

O programa de trabalho do nosso governo e partido para este ano ainda é caracterizado por estas palavras: "Guerra de Resistência prolongada e autossuficiência". Para realizar corretamente este programa, o governo e o partido apontaram os seguintes pontos principais:

Emular o patriotismo ao matar o inimigo, aumentar a produção, economizar e:

- combater a corrupção;
- combater o desperdício;
- combater a burocracia.

Sobre o movimento de *emular o patriotismo ao matar o inimigo* e obter vitórias militares, o Quartel-General Geral tem um plano abrangente que será repassado para os setores do partido e os lutadores da defesa nacional, guardas locais, milicianos e guerrilheiros, para que o estudem, o compreendam e o implementem.

O governo tem um plano geral abrangente para promover o aumento da produção. Diferentes setores, localidades e famílias devem se basear nele para traçar planos práticos específicos, que devem estar alinhados entre si para que sejam cumpridos a qualquer custo.

Os quadros responsáveis darão uma explicação clara sobre esses dois assuntos. Aqui, falo apenas sobre a *emulação da economia e a oposição à corrupção, ao desperdício e à burocracia.*

I. Economizar

Antes de mais nada, façamos algumas perguntas:

- O que é economizar?
- Por que devemos economizar?
- Que tipo de economia deve ser feita?
- Quem deve economizar?

1) Economizar não significa ser avarento, "considerar uma moeda tão valiosa quanto um tambor", não realizar o trabalho que merece ser feito, não gastar dinheiro quando vale a pena gastar; economizar não significa obrigar soldados, quadros e pessoas a absterem-se de comer e vestir. Ao contrário, economizar, essencialmente, ajuda a aumentar a produção, e aumentar a produção é elevar os padrões de vida. Falando cientificamente, economizar é um ato ativo e não passivo;
2) nosso país foi saqueado pelos franceses durante 80 anos e depois pelos imperialistas japoneses; é por isso que nossa economia era pobre e atrasada. Precisamos de uma economia forte para travar a Guerra de Resistência e reconstruir o país. Para construir a economia, precisamos de capital. Para ter capital, os países capitalistas usam três meios: levantar empréstimos no exterior, saquear as colônias e explorar os camponeses e trabalhadores. Não podemos fazer isso. Somente aumentando a produção e economizando podemos

garantir capital para nossa construção econômica e desenvolvimento;

3) devemos *economizar tempo*. Por exemplo, ao melhorar a produção, a organização e aumentar a eficiência do trabalho, um trabalho que levaria dois dias pode ser concluído em um. Devemos *reduzir os gastos da força de trabalho*. Por exemplo, com uma organização melhor e maior eficiência do trabalho, tarefas que exigiriam dez pessoas podem ser realizadas com cinco. Devemos *economizar dinheiro*. Por exemplo, ao economizar mão de obra, tempo e matérias-primas, precisamos gastar apenas 10 mil dongs em vez de 20 mil, como antes. Resumindo, devemos encontrar maneiras e meios para uma organização racional, de modo que uma pessoa possa fazer o trabalho de duas, o trabalho que levaria dois dias possa ser feito em um dia e 1 dong possa ser usado como 2 dongs;
4) *todos devem economizar*. Primeiramente, isso deve ser feito nos serviços públicos, no exército e nas empresas. Alguns perguntam como o exército pode economizar – uma vez que está apenas preocupado em promover o patriotismo ao matar o inimigo e obter vitórias militares, e não é um serviço de produção. Serviços como o comissariado, o departamento de munições, o corpo de serviço etc., devem praticar a economia no exército. Antigamente, por exemplo, um soldado usava em média 60 balas para matar um inimigo; agora, ele usa apenas dez, porque atira com mais precisão. Assim, ele economiza 80% das balas; com isso, o exército pode economizar matérias-primas e mão de obra na produção de ou-

tras armas. Antes, o corpo de serviço precisava de 100 caminhões para transportar cartuchos, e agora só precisa de 20, economizando assim veículos e combustível; se houver menos veículos em serviço, as estradas sofrerão menos danos, economizando mão de obra voluntária para consertá-las etc. Nas várias campanhas militares, conquistamos muitos despojos (munições, comida, armas). Os soldados cuidam deles e os usam para matar o inimigo; assim, *também aumentam a produção.* Alguém pode dizer que além do aumento da produção para autoaquisição, o que resta para os serviços públicos (por exemplo, o serviço judiciário) economizarem? Qualquer serviço público pode e deve economizar. Todos os serviços públicos usam envelopes; se usarem um envelope duas ou três vezes por ano, o governo pode economizar dezenas de toneladas de papel. Se os quadros aumentarem sua eficiência, ajudarão os compatriotas que lidam com o serviço judiciário a economizar tempo e aumentar a produção;

5) *podemos obter resultados importantes com a economia.* Os exemplos mencionados mostram que, se conseguirmos economizar mão de obra, riqueza e tempo, nossa produção e nossa força em todos os campos podem aumentar significativamente. Na União Soviética, devido à economia, o fundo investido no Plano Quinquenal (1946-1950) aumentou em 26 bilhões de rublos, o que representa um terço do capital investido. Por exemplo, em 1948, uma loja de roupas pré-fabricadas em Moscou economizou mais de 34 mil metros de tecido suficiente para fazer 30

mil conjuntos de roupas íntimas. O tempo pode ser economizado devido ao aumento da produtividade. Antes, eram necessárias 20 mil horas para fabricar um avião grande, e agora são necessárias apenas 12.700; antes, eram necessárias 8 mil horas para fabricar um tanque grande, e agora apenas 3.700. Na China, em 1951, devido ao aumento da produção e à economia, os habitantes do Nordeste economizaram 14 milhões de toneladas de alimentos. Este ano, os trabalhadores e a população desta zona prometeram ao presidente Mao Zedong que economizarão 22 milhões de toneladas. Graças à economia, o Noroeste teve aumentos de 1 milhão de toneladas de alimentos, 60 mil toneladas de algodão, 350 mil cabeças de búfalos e bois etc., e o mesmo acontece nas outras zonas. Economia de tempo e maior produtividade andam juntas. Antes, um tecelão precisava executar mais de 5.200 tarefas em duas horas. Após a popularização do método "Xich Kien Tu", apenas 2.300 tarefas são necessárias. Portanto, o trabalho do tecelão é reduzido enquanto sua produção aumenta. Xich Kien Tu é uma tecelã de 17 anos que descobriu esse método de racionalização. Enquanto emula o patriotismo para aumentar a produção, o povo soviético também *emula o patriotismo ao economizar*. Graças a essa prática, cinco anos após a Segunda Guerra Mundial, a economia da União Soviética deu saltos absurdos. Enquanto isso, nos países capitalistas, o custo de vida sobe diariamente e as pessoas ficam mais desamparadas. Na União Soviética, os preços foram reduzidos quatro vezes, e as pessoas estão cada vez mais felizes. A Revolução Chinesa teve sucesso há apenas alguns anos, mas, graças ao aumento da produção e à economia, sua economia se desenvolveu, suas finanças foram unificadas, os preços foram estabilizados e o padrão de vida do povo melhorou rapidamente.

Estamos travando uma Guerra de Resistência; nossas condições são mais difíceis. Mas se estivermos determinados a aumentar a produção e praticar a economia, certamente teremos sucesso.

II. Acabar com a corrupção, o desperdício e a burocracia

Para obter uma boa colheita, precisamos capinar o campo. Caso contrário, o arrozal fica terrível, apesar do arado cuidadoso e da adubação abundante. Para sermos bem-sucedidos em aumentar a produção e economizar, também precisamos capinar o campo, ou seja, acabar com a corrupção, o desperdício e a burocracia. Caso contrário, eles prejudicarão nosso trabalho.

O que é corrupção?

- Do ponto de vista dos quadros, corrupção significa roubar propriedade pública, extorquir o povo, racionar os soldados e fazer pouco e relatar muito. Utilizar propriedade comum ou propriedade governamental como um fundo privado para a localidade ou unidade também é corrupção.
- Para o povo, corrupção significa roubar o povo e fazer relatórios coletivos fraudulentos.

O que é o desperdício?

O desperdício tem muitas formas:

- *desperdício de força de trabalho.* Devido à falta de senso de responsabilidade ou má organização, um trabalho que pode ser feito por poucas pessoas é feito por muitas. Essa deficiência existe no exército, nos serviços públicos e nas empresas. Por exemplo, devido à má organização, há muito desperdício na utilização de mão de obra civil na reparação de estradas e pontes e no apoio às campanhas militares;
- *desperdício de tempo.* Vários dias são necessários para um trabalho que pode ser feito em um dia ou meio-dia. Por exemplo, reuniões são prolongadas por três, quatro ou cinco dias em vez de um só, porque o quadro responsável não preparou o programa cuidadosamente, e aqueles que participam da reunião não refletem sobre o assunto antecipadamente para discutir e resolver o problema;
- *desperdício de propriedade pública.* O desperdício não significa apropriação indevida do que pertence ao coletivo, mas suas consequências são muito prejudiciais para o povo e o governo – às vezes mais do que a corrupção. Existem muitas formas; aqui estão alguns exemplos:
  - desperdício no uso de materiais por órgãos públicos;
  - uso inadequado de máquinas e matérias-primas nas empresas;
  - falta de cuidado dos veículos e economia de combustível por parte do corpo de serviço;
  - falta de cuidado na construção dos celeiros por parte do Departamento de Armazenamento; o arroz está úmido e danificado porque o responsável não tem senso de responsabilidade;

- falta de habilidade do Departamento de Comércio Estatal em seus cálculos, causando assim danos e perdas;
- falta de cuidado dos soldados com armas, equipamentos e despojos;
- má utilização do dinheiro pelo banco, o que não ajuda a aumentar a produção;
- inviabilidade dos planos elaborados pelos órgãos econômicos, causando um déficit no orçamento do governo;
- terras em pousio, queima de papéis votivos,[1] penhora de búfalos, venda de campos em ocasiões de casamentos e funerais etc.

• *corrupção é roubo e saque*. A corrupção e o desperdício derivam da burocracia. Isso ocorre, porque os quadros e os órgãos dirigentes, da esfera mais alta até a mais baixa, não se envolvem com o trabalho prático, não acompanham nem educam os quadros, não se imergem nas massas, negligenciam seu trabalho e não estudam as coisas de forma profunda e abrangente. Eles apenas conduzem reuniões, escrevem instruções e leem relatórios, mas *não controlam efetivamente o processo*. Resumindo, os quadros e os órgãos dirigentes *cheios de burocracia* têm olhos, mas não veem claramente; têm ouvidos, mas não ouvem; não obedecem às regulamentações existentes e não mantêm uma

[1] Com base na crença popular de que os mortos precisam de ouro, prata e outras necessidades da vida, muitos rituais incluem objetos feitos de papel e que representam presentes enviados para suprir essas necessidades. No aniversário da morte de um membro da família, pequenas barras ou notas representando ouro, prata e dinheiro são colocadas no altar ancestral juntamente com outros "objetos do cotidiano", chamados de papéis votivos. (N. E.)

disciplina rigorosa; como resultado, as pessoas e os quadros são deixados à vontade para se envolverem em corrupção e desperdício.

Assim, a burocracia tem gerado, tolerado e protegido a corrupção e o desperdício. Portanto, para eliminar a corrupção e o desperdício, em primeiro lugar, a burocracia deve ser eliminada.

III. A corrupção e o desperdício são inimigos do povo

1) A corrupção, o desperdício e a burocracia são inimigos do povo, do exército e do governo

Eles são inimigos bastante perigosos, pois não possuem espadas e armas, mas se infiltram em nossas organizações para estragar nosso trabalho. Deliberadamente ou não, a corrupção, o desperdício e a burocracia estão aliados ao colonialismo e ao feudalismo, pois atrasam nossa Guerra de Resistência e a reconstrução nacional. Eles corrompem a honestidade e a determinação de nossos quadros para superar as dificuldades. Destroem nossas virtudes revolucionárias: laboriosidade, economia, integridade e retidão. Para contribuir para o sucesso da Guerra de Resistência e a reconstrução nacional, nossos combatentes se sacrificam e nossos compatriotas dão o seu sangue. Mas aqueles que praticam corrupção, desperdício e burocracia destroem nosso espírito, desperdiçam nossa força e dissipam a riqueza do governo e do povo; essa conduta é tão grave quanto a cometida por traidores e espiões vietnamitas. Por essas razões, a luta contra a corrupção, o desperdício e a burocracia é tão importante e urgente quanto a luta no *front*! Este é o *front* ideológico e político. Assim como em outros *fronts*, precisamos elaborar planos e uma organização para ter sucesso nesse *front*, e são necessários dirigentes e militantes.

2) A oposição à corrupção, ao desperdício e à burocracia é um ato revolucionário

Fazer uma revolução é aniquilar o que é ruim e construir o que é bom. Fazemos nossa revolução para aniquilar o regime colonial e feudal e construir uma nova democracia. Embora os colonialistas e feudais sejam aniquilados, os males deixados por eles ainda existem; nosso trabalho revolucionário, portanto, ainda não está concluído, pois esses males ainda minam e sabotam o trabalho construtivo da revolução. Existem pessoas entusiasmadas e fiéis na luta; elas não recuam diante dos perigos, das dificuldades, nem temem o inimigo. Assim, elas *prestam serviços à revolução*. No entanto, quando lhes é dado algum poder, inconscientemente, tornam-se orgulhosas, arrogantes, entregam-se à corrupção, ao desperdício e à burocracia, *prejudicando assim a revolução*. Devemos salvá-las e ajudá-las a restaurar suas virtudes revolucionárias. Algumas pessoas dizem que servem ao país e ao povo, mas, do ponto de vista material, caem facilmente na corrupção e no desperdício, prejudicando o país e o povo. Devemos educá-las e guiá-las pelo caminho revolucionário.

A corrupção, o desperdício e a burocracia são os males deixados pela antiga sociedade. Eles surgem do interesse próprio, do egoísmo e do regime de "exploração do homem pelo homem".

Queremos construir uma *nova sociedade*, uma sociedade livre onde todos os seres humanos são iguais, uma sociedade onde a laboriosidade, a economia, a integridade e a retidão prevaleçam; portanto, devemos acabar com todos os maus hábitos da antiga sociedade.

3) A oposição à corrupção e ao desperdício é democracia

Os soldados não hesitam em sacrificar suas vidas e nossos compatriotas não economizam seu suor para salvar o país. Os combatentes dedicam suas vidas, nossos compatriotas dedicam seu trabalho e riqueza ao governo e ao partido para travar a Guerra de Resistência e reconstruir o país. Isso também é uma forma de *centralismo democrático*. O governo e o partido confiam aos oficiais o direito de comandar os soldados e usar dinheiro na Guerra de Resistência e na reconstrução nacional. O dever dos quadros é cuidar e amar cada combatente, valorizar e economizar cada centavo, cada tigela de arroz e cada hora de trabalho de seus compatriotas. Ao mesmo tempo, os combatentes e os compatriotas têm o direito de obrigar os quadros a cumprir essa tarefa e o direito de criticar aqueles que não a cumprem. A democracia deve depender da força das massas para seguir corretamente a linha das massas. Portanto, para ter sucesso, o movimento contra a corrupção, o desperdício e a burocracia deve depender da força das massas.

Por "massas", entendemos todos os soldados, trabalhadores nas fábricas, funcionários públicos nos serviços públicos etc., e todo o povo. Como em qualquer outro trabalho, *somente mobilizando as massas*, *implementando a democracia*, fazendo-as entenderem e participarem desse movimento com entusiasmo, teremos certeza do sucesso – quanto maior a participação das massas, mais completas e rápidas serão as conquistas.

A tarefa das massas é participar, com vigor, do movimento contra a corrupção, o desperdício e a burocracia. Os combatentes contribuem com seu trabalho e as pessoas com sua riqueza para lutar contra o inimigo e salvar o país. A corrupção, o desperdício e a burocracia são uma espécie de "inimigo interno". Se os combatentes e o povo se esforçarem para combater o inimigo de fora e esquecerem de lutar contra o inimigo de dentro, eles não cumprirão sua tarefa. Portanto, eles devem participar desse movimento com muito vigor.

Da esfera mais alta até a mais baixa, devemos unir nossas forças para ter sucesso nesse movimento como um todo. Esse sucesso nos ajudará a fortalecer nossa solidariedade e a aumentar ainda mais a produtividade. Isso ajuda nossos quadros a transformar sua ideologia, a elevar sua consciência, a se impregnar de virtudes revolucionárias e a servir os soldados e o povo de coração. Isso ajuda a purificar nosso poder e torná-lo digno da confiança e do sacrifício dos combatentes e compatriotas. Isso nos ajudará a cumprir o plano do governo e do partido de aumentar a produção e economizar e nos preparar totalmente para a mudança para a contraofensiva geral.

26. OITO PONTOS DE ORDEM EMITIDOS PELO GOVERNO DA REPÚBLICA DEMOCRÁTICA DO VIETNÃ[1]

1 DE OUTUBRO DE 1952

Por muito tempo, os colonialistas franceses e os reis vietnamitas e suas cortes oprimiram e exploraram abertamente nossos compatriotas nas terras altas. Hoje, o governo envia suas tropas para aniquilar os invasores franceses, as tropas fantoches e os traidores do país, para libertar nossos compatriotas do jugo do inimigo e ajudá-los a construir uma vida livre e feliz.

Segue uma ordem de oito pontos emitida pelo governo para funcionários públicos, soldados e a população em geral.

1) *Proteção da vida e propriedade do povo.* Toda a população, independentemente de classes sociais, crenças e ocupações, deve manter a ordem, apoiar de todo coração o poder do povo e obedecer à lei do governo e às ordens militares. A

[1] Em outubro de 1952, as forças do Việt Minh entraram no noroeste do país, perto da fronteira chinesa, que foi palco de algumas das principais derrotas francesas em Cao Bằng (1947-1949), e ao longo da Rota Colonial 4 (1950), especialmente a captura da fortaleza francesa em Đông Khê. A derrota francesa em Nghĩa Lộ mostrou a grande vulnerabilidade dos franceses, que começaram a depender mais dos Estados Unidos. Uma consequência dessas vitórias foi que em abril de 1953 o general Võ Nguyên Giáp pôde liderar 40 mil tropas do Việt Minh junto com 2 mil de Pathet Lao (sob o comando do Príncipe Vermelho Souphanouvong) para tomar a Planície dos Jarros e preparar o terreno para a vitória do Việt Minh sobre os franceses na Batalha de Điện Biên Phủ em 1954.

administração do povo e o exército têm o dever de se unir à população e proteger suas vidas e propriedades. Os traidores do país, espiões, piratas, agitadores ou sabotadores serão severamente punidos.

2) *Proteção das ocupações e profissões do povo.* A administração e o exército garantirão segurança e ordem para o povo. Pessoas honestas envolvidas na agricultura, artesanato, comércio etc. podem continuar com seus negócios. As pessoas que se refugiaram em outro local porque o inimigo cercou suas aldeias ou que foram evacuadas para as zonas de resistência são instadas a retornar às suas aldeias nativas e retomar seus negócios anteriores.

3) *Confisco da propriedade dos invasores franceses e traidores do país.* Toda a propriedade pertencente aos invasores franceses e traidores será confiscada e tratada pela administração do povo. Suas terras serão distribuídas aos camponeses pobres ou sem-terra. Os funcionários públicos que servem no serviço de Correios e Telecomunicações, tesouraria, fábricas e oficinas, plantações, armazéns etc., deixados pelos franceses e pela administração fantoche, devem cuidar das máquinas, ferramentas, materiais e livros de contabilidade para entregá-los ao poder do povo. De acordo com sua capacidade, quem desejar retomar seu trabalho será empregado pelo governo.

4) *Proteção de templos, pagodes,*[2] *igrejas, escolas, hospitais e outras instituições sociais e culturais.* Aqueles que trabalharam nessas instituições continuarão com seu trabalho como de costume. A administração e o exército do povo as protegerão. A administração, o exército e as organizações populares respeitarão as crenças religiosas, costumes e hábitos da população.

2 Trata-se de templos asiáticos compostos por vários telhados em cada andar. (N. T.)

5) *Recompensa às pessoas meritórias e punição de pessoas culpadas*. Traidores do país e grandes déspotas serão punidos. O governo será indulgente com aqueles que anteriormente foram coagidos pelo inimigo a se unirem a suas fileiras, mas que agora não se opõem ao poder e ao exército do povo. Aqueles que ajudam o poder do povo e o exército a aniquilar o inimigo e suprimir os traidores serão recompensados. Aqueles que se envolvem em sabotagem e furto, somem com propriedade e dinheiro públicos ou documentos oficiais e se recusam a entregá-los de volta ao poder do povo e ao exército serão punidos.

6) *Manutenção da ordem e da segurança*. Remanescentes das tropas francesas e piratas são obrigados a se render à administração ou ao exército do povo. O governo será indulgente com aqueles que se renderem por vontade própria com todas as suas armas. Aqueles que se recusam a se render ou escondem armas serão punidos. Aqueles que abrigam os colonialistas e seus fantoches ou dão carta branca ou assistência aos piratas serão processados. Aqueles que se destacam em ajudar o poder do povo e o exército a capturar os remanescentes das tropas coloniais e os piratas, ou que os convocam para se renderem, serão recompensados.

7) *Auto-organização do povo e, especialmente, dos camponeses*. O povo deve se organizar para se ajudar mutuamente na produção, melhorar sua subsistência e ajudar o poder do povo e o exército a realizar, de forma gradual, trabalhos lucrativos para a população local.

8) *Proteção das vidas e propriedades dos residentes estrangeiros*. Os residentes estrangeiros viverão e trabalharão em paz e manterão a ordem. Eles devem respeitar as leis e a ordem do Exército do Povo do Vietnã. Agentes de segurança e espiões

dos colonialistas ou aqueles que agem contra a resistência no Vietnã, ajudam ou abrigam os colonialistas e os traidores, serão punidos de acordo com as leis emitidas pelo governo vietnamita.

A disciplina do exército do povo é rigorosa; os soldados compram e vendem a preços justos e não pegam nem mesmo uma agulha ou linha da população. Compatriotas! Mantenham a calma e continuem com seu trabalho, mantenham a ordem e a disciplina, deem assistência aos soldados, apoiem o poder do povo, guardem segredos para o exército, os quadros e os escritórios governamentais, e não deem ouvidos à propaganda do inimigo ou à administração fantoche.

27. RELATÓRIO À ASSEMBLEIA NACIONAL DA REPÚBLICA DEMOCRÁTICA DO VIETNÃ

Terceira Sessão da Assembleia Nacional da República Democrática do Vietnã, 1 a 4 de dezembro de 1953[1]

Deputados,

Em nome do governo, dou alegremente as boas-vindas a todos vocês, que vieram participar desta sessão extraordinária da Assembleia Nacional. Envio minhas saudações afetuosas aos deputados que não puderam comparecer devido ao trabalho de resistência. Em nome do governo, presto minha homenagem aos deputados que heroicamente sacrificaram suas vidas pela resistência e pelo país. Em nome do governo, também dou as boas-vindas aos delegados da Frente Única Nacional que vieram saudar a Assembleia Nacional.

Deputados.

Nos últimos oito anos, todo o nosso povo vem realizando a maior tarefa, que é conduzir a Guerra de Resistência. A partir de agora, temos outra tarefa central: a reforma agrária.

---

1 Nesta Terceira Sessão, a Assembleia Nacional aprovou uma monumental Lei de Reforma Agrária com base nos relatórios apresentados pelo primeiro-ministro do Vietnã do Norte, Ho Chi Minh, e pelo vice-primeiro-ministro Phạm Văn Đồng. A lei confiscou terras daqueles que eram inimigos do governo, requisitou terras de senhores de terras que não eram inimigos, comprou terras por pagamento com títulos e reduziu o aluguel em certas áreas. Os combatentes do Việt Minh receberam terra como prioridade. As reformas foram implementadas em cinco ondas de 1953 a 1956, resultando na distribuição de terra para 4 milhões de pessoas sem-terra e na redução do aluguel para 8 milhões de camponeses (a população do Vietnã do Norte era de 15 milhões em 1955). Para mais informações, ver Nguyen (1987).

Devemos nos esforçar para acelerar a Guerra de Resistência para garantir o sucesso da reforma agrária. Devemos empregar todos os nossos esforços para implementar a reforma agrária a fim de assegurar o triunfo da Guerra de Resistência. Nesta sessão extraordinária, a Assembleia Nacional ouvirá o relatório sobre o trabalho realizado durante esses últimos anos na Guerra de Resistência e discutirá as políticas de reforma agrária, bem como aprovará as leis relacionadas à reforma agrária.

Nosso país é parte do mundo. Sua situação influencia o mundo e a situação mundial também diz respeito ao nosso país. Por essa razão, antes de relatar sobre o trabalho de resistência e as políticas de reforma agrária, irei fazer um breve relato sobre a situação no mundo e em nosso país.

Situação mundial

Podemos afirmar claramente que nosso campo está se tornando cada vez mais forte a cada dia que passa, enquanto o campo inimigo está se tornando cada vez mais fraco. A União Soviética, um baluarte da paz mundial e da democracia, está avançando vigorosamente do socialismo para o comunismo. Por tantos séculos, o sonho de felicidade acalentado pela humanidade está sendo realizado pouco a pouco em um sexto do mundo. Para salvaguardar a paz mundial, a União Soviética também possui bombas atômicas e bombas de hidrogênio, mas tem proposto sua proibição repetidamente. Com a assistência integral da União Soviética, as democracias dos países do Leste Europeu estão fazendo o máximo para construir o socialismo.

A China conquistou uma grande vitória ao lutar contra os Estados Unidos e auxiliar a Coreia, e obteve sucessos consecutivos em muitas realizações na área de construção no primeiro ano do Plano Quinquenal.

Os grandes sucessos alcançados pelo Partido Comunista Italiano e pelo Partido Comunista Francês em várias eleições, as gigantescas greves (em agosto e setembro de 1953) nesses dois países, a luta travada pela classe trabalhadora em diversos países e o movimento de libertação nacional na Malásia, Filipinas, Norte da África, África Central, Guiana, entre outros, provaram que a luta empreendida pelo povo em todo o mundo está se desenvolvendo.

A Conferência de Paz da Ásia e do Pacífico (realizada em outubro de 1952) e a Conferência Mundial do Povo para a Salvaguarda da Paz (em novembro de 1952) sustentaram a tremenda força do campo mundial da paz e da democracia.

Durante o período recente, o maior sucesso alcançado pelo campo mundial da paz e da democracia foi o cessar das hostilidades na Coreia. Por meio da luta mais heroica, o Exército e o povo coreanos, de mãos dadas com os voluntários chineses, aniquilaram mais de 1 milhão de soldados dos Estados Unidos e seus aliados. Agindo com garra, as forças da democracia e da paz mundial os forçaram a chegar a um armistício na Coreia.

No último mês de outubro, o Terceiro Congresso Mundial dos Sindicatos, representando mais de 88 milhões de trabalhadores em 79 países, decidiu que o dia 19 de dezembro de 1953 seria o "Dia de solidariedade com o heroico povo vietnamita e da luta pelo fim da guerra agressiva no Vietnã". Isso é um caloroso internacionalismo e um sentimento de classe positivo; isso dá ao nosso povo mais entusiasmo para conduzir a Guerra de Resistência e confiança no triunfo.

Isso resume a situação em nosso campo.

E quanto ao campo imperialista liderado pelos Estados Unidos? Os Estados Unidos e 16 países de seu campo (incluindo Grã-Bretanha e França) sofreram uma derrota humilhante na Coreia. Desde o final do século XIX até hoje, muitas vezes, os Estados Unidos usaram guerras para enriquecer a si próprios e ocupar uma posição de liderança. Esta é a primeira (mas não a última) vez que eles sofreram um grande fracasso, perdendo não apenas homens (mais de 390.500 soldados estadunidenses mortos e feridos) e riquezas (mais de 20 bilhões de dólares), mas também perdendo prestígio diante de outros países. A posição dos Estados Unidos nas Nações Unidas está enfraquecendo, seu campo está se tornando cada vez mais dividido e sua economia está enfrentando uma crise cada vez mais aguda.

Os países capitalistas dependentes dos Estados Unidos, como a Grã-Bretanha e a França, estão enfrentando dificuldades econômicas e políticas cada vez maiores devido à sua política de corrida armamentista, ao movimento popular em seus países e ao movimento de libertação nacional em suas colônias. O esquema atual dos EUA é reacender a guerra para dominar o mundo inteiro. Na Ásia, eles sabotam a realização da conferência política para reacender a guerra na Coreia. Rearma o Japão. Impedem a China de ingressar nas Nações Unidas. Interferem de forma mais ativa na guerra no Vietnã, Camboja e Laos. Na Europa, frustram a unificação da Alemanha e rearmam a Alemanha Ocidental para usá-la como principal sustentáculo para o "Exército Europeu".

Nosso campo está se tornando cada vez mais forte, mais unido e obstinado dentro da frente pela democracia e paz liderada pela União Soviética. Nosso principal objetivo atual é aliviar a tensão internacional e resolver todas as disputas no mundo por meio de negociações. A tarefa atual dos povos do mundo é consolidar as conquistas que alcançaram, manter-se vigilante contra o esquema dos EUA e impulsionar fortemente o movimento mundial pela paz. A situação mundial é favorável para nós. Apoiamos o movimento mundial pela paz. Mas não devemos ter ilusões de que a paz pode ser alcançada facilmente. Ela só pode ser conquistada por meio de uma luta árdua. Enquanto os colonialistas franceses e os intervencionistas dos EUA prosseguem com sua guerra agressiva em nosso país, devemos superar todas as dificuldades, ser autossuficientes e impulsionar fortemente a Guerra de Resistência até triunfarmos.

Situação em nosso país

1. Do lado inimigo

No campo militar. O inimigo sofreu grandes perdas (cerca de 320 mil homens até outubro de 1953). Os exércitos europeus e africanos estão perdendo soldados a cada dia que passa. Nos principais campos de batalha, o inimigo está perdendo a iniciativa. Recentemente, ele tentou se infiltrar na área livre na Terceira Interzona e em algumas outras localidades costeiras na Quarta Interzona, mas basicamente está na defensiva. No entanto, no momento, o inimigo ainda é forte. Não devemos subestimá-lo.

Situação política. As contradições estão se tornando mais agudas entre os EUA e os franceses, entre os franceses e os marionetes, e entre os marionetes pró-franceses e os marionetes pró-EUA. Nas áreas temporariamente ocupadas pelo inimigo, sua política de dolo e exploração está sendo energeticamente combatida pelo nosso povo. Na França, o movimento antiguerra está ganhando terreno.

3. *Economia e finanças.* A guerra tem custado cada vez mais ao inimigo (desde 1946 até agora, ele gastou mais de 3 milhões de francos). Mas ele ainda pode explorar borracha e carvão, exportar arroz, cobrar impostos e saquear a propriedade do povo nas áreas ocupadas pelo inimigo. Além disso, ele recebe "assistência" dos EUA. Por outro lado, está fazendo o máximo para destruir nossa produção e meios de transporte nas áreas livres, nas bases de guerrilha e nas zonas de guerrilha.

4. *Cultura e bem-estar social.* Nas áreas temporariamente ocupadas, o inimigo faz intensa propaganda com sua cultura depravada e *hooliganismo* para envenenar nosso povo, especialmente nossa juventude. Ele usa religiões para dividir nosso povo. Seu esquema principal é "usar vietnamitas para lutar contra vietnamitas, alimentar a guerra com guerra".

O que o inimigo está fazendo e o que ele pretende fazer? Interferindo mais profundamente na guerra no Vietnã, Camboja e Laos, os EUA dão mais dinheiro e armas aos franceses e marionetes. Eles estão ganhando as marionetes vietnamitas, cambojanos e laocianos e acelerando a organização de um exército de marionetes. Eles forçam os franceses a fazer concessões às marionetes, ou seja, a eles. Planejam substituir os franceses pouco a pouco, mas continuam usando estes últimos como marionetes na implementação de sua política de guerra.

Além da exploração econômica e saques, os imperialistas franceses e norte-americanos usam uma política de dolo no campo político, como:

- criar declarações falsas de "independência" e "democracia" por meio da realização de eleições fraudulentas;
- fingir realizar reforma agrária para enganar os camponeses nas áreas temporariamente ocupadas;

- criar sindicatos "amarelos" para enganar os trabalhadores;
- espalhar uma fábula de paz para cegar o povo francês, os povos em todo o mundo e para enganar nosso povo.

Enquanto isso, o general Navarre reunia freneticamente suas forças móveis para nos atacar, semear problemas em nossa retaguarda, desenvolver atividades de comando e acelerar a guerra de inteligência. Resumindo, os franceses e os Estados Unidos estão fazendo esforços para implementar seu plano, que é estender a guerra por meio de "usar vietnamitas para lutar contra vietnamitas, alimentando a guerra com a guerra".

Não devemos ser subjetivos e subestimar o inimigo. Devemos estar sempre vigilantes e prontos para frustrar seus planos. Mas podemos dizer que suas atividades não provam que ele é forte, e sim fraco. Ele tem medo de nossa política de resistência de longo prazo. Ele teme o movimento mundial pela paz.

Para frustrar os planos do inimigo, devemos nos esforçar para acelerar nossa Guerra de Resistência. Para fazer isso, devemos realizar a reforma agrária.

Do nosso lado

No campo militar. Desde o outono-inverno de 1950 até agora, saímos vitoriosos em sete campanhas militares e tomamos a iniciativa nos principais *fronts*. Libertamos a maior parte da grande região Noroeste. O movimento guerrilheiro se desenvolveu com força em todos os lugares. As campanhas de reformulação política e técnica trouxeram bons resultados. Nosso exército cresceu rapidamente em quantidade e qualidade. Muitas unidades regulares, locais e guerrilheiras alcançaram feitos militares heroicos e gloriosos.

Situação política. Os cursos ideológicos para os quadros, dentro e fora do partido, têm alcançado resultados satisfatórios (quase 15.800 quadros, do nível central até a vila, participaram desses cursos). A Frente Única Nacional foi consolidada e ampliada. A aliança entre Vietnã, Camboja e Laos se tornou mais estreita. As atividades diplomáticas de nosso governo e povo foram ampliadas e ganharam a simpatia e o apoio do povo do mundo, especialmente das pessoas dos países amigos e da França.

Economia e finanças. Nosso povo superou muitas dificuldades, fez esforços para emular o patriotismo na produção e contribuiu significativamente com a força de trabalho e a riqueza para a Guerra de Resistência. Nossas finanças foram gradualmente estabilizadas. Estabelecemos relações comerciais com a China, o que é vantajoso para nosso povo.

Cultura e bem-estar social. Um número cada vez maior de pessoas trabalhadoras tem participado dos estudos. O número de escolas de educação geral e o número de alunos aumentou. A capacitação de especialistas foi gradualmente reorganizada e ampliada.

Uma comparação em todos os aspectos mostra que a posição do inimigo está enfraquecendo a cada dia que passa, e nossa posição está ficando mais forte. Isso resume as conquistas notáveis de nosso povo, governo e partido, mas ainda temos uma falha essencial. Em relação à política rural, no passado, tínhamos preconceito contra a unidade com os proprietários de terras para a Guerra de Resistência e não atribuímos a devida importância às questões camponesas e agrárias.

Recentemente, nosso governo e partido corrigiram essa falha, e houve muito progresso. Mas em algumas localidades, a política das autoridades centrais não foi implementada corretamente. Alguns quadros pensam e agem de forma contrária à política do governo e do partido; eles carecem de conceitos organizacionais e não mantêm disciplina. Outros quadros dão importância apenas à luta contra o feudalismo e menosprezam a luta contra o imperialismo.

Devemos corrigir essas falhas e prevenir desvios "esquerdistas" ou "direitistas".

Reforma agrária

Sobre este problema, resumirei os seguintes pontos.

O significado da reforma agrária

Nossa revolução é uma revolução nacional democrática do povo contra o imperialismo agressivo e sua principal base, o feudalismo.

Durante a Guerra de Resistência, nossa palavra de ordem é "Tudo pelo *front*, tudo pela vitória!". Quanto mais a Guerra de Resistência se desenvolve, mais mão de obra e riqueza ela exige, e nossos camponeses contribuíram com a parte mais significativa da mão de obra e riqueza para a resistência. Devemos libertá-los do jugo feudal e cultivá-los para mobilizar plenamente essa grande força, para que a resistência alcance a vitória.

A chave para a vitória da resistência reside em consolidar e ampliar a Frente Única Nacional, consolidar a aliança operário-camponesa e o poder popular, fortalecer e desenvolver o Exército, consolidar o partido e fortalecer sua liderança em todos os aspectos. Somente mobilizando as massas para realizar a reforma agrária podemos realizar esses feitos de maneira satisfatória.

O inimigo utiliza ativamente vietnamitas para lutar contra vietnamitas e alimenta a guerra com mais guerra. Ele está fazendo o máximo para enganar, dividir e explorar nosso povo. A reforma agrária terá influência e incentivará nossos compatriotas camponeses na retaguarda do inimigo a lutar com mais entusiasmo contra ele para se libertarem e apoiar com mais entusiasmo o governo democrático de resistência; ao mesmo tempo, exerce influência e desintegra o exército fantoche, pois a absoluta maioria dos soldados fantoches são camponeses em áreas ocupadas pelo inimigo.

A absoluta maioria do nosso povo é composta por camponeses. Graças às suas forças ao longo desses anos, a Guerra de Resistência foi bem-sucedida. No futuro, também será graças às forças camponesas que conseguiremos obter uma vitória completa e construir com sucesso nosso país.

Nossos camponeses representam quase 90% da população, mas possuem apenas 30% das terras aráveis e têm que trabalhar duro o ano inteiro e sofrer com a pobreza durante toda a vida. A classe dos senhores feudais e proprietários de terras representa menos de 5% da população, mas eles e os colonialistas ocupam cerca de 70% das terras aráveis; eles vivem em abundância e não fazem nada. Essa situação é extremamente injusta. Nosso país foi invadido e nosso povo é atrasado e pobre. Durante os anos de resistência, o governo implementou políticas de redução de aluguel de terras, reembolso de aluguel de terras, distribuição temporária de terras (pertencentes aos franceses e traidores vietnamitas) e terras comunitárias para os camponeses em áreas livres; o problema central, que ainda não foi resolvido, é que as massas camponesas não possuem terras ou têm pouca terra. Isso exerce influência sobre as forças camponesas na Guerra de Resistência e na produção. Somente implementando a reforma agrária, dando terras aos lavradores e libertando as forças produtivas no campo do jugo feudal, poderemos eliminar a pobreza e o atraso e mobilizar fortemente as enormes forças dos camponeses para desenvolver a produção e acelerar a Guerra de Resistência rumo à vitória.

O objetivo estabelecido para a reforma agrária é erradicar o sistema feudal de apropriação de terras, distribuir terras aos lavradores, liberar as forças produtivas no campo, desenvolver a produção e acelerar a Guerra de Resistência.

A linha geral e a política dependem efetivamente dos camponeses sem-terra e dos camponeses com pouca terra, unindo-se aos camponeses médios e aos camponeses ricos para erradicar passo a passo a exploração feudal. E com a diferenciação do campesinato, aliada à erradicação da exploração feudal, devemos desenvolver a produção para acelerar a Guerra de Resistência.

Para se conformar com as características da Guerra de Resistência e da Frente Única Nacional, que devem atender às necessidades dos camponeses por terras, devemos consolidar e desenvolver a Frente Única Nacional de maneira favorável à Guerra de Resistência e ao aumento da produção, ao mesmo tempo que implementamos a reforma agrária; devemos aplicar diferentes tipos de tratamento aos senhores feudais de acordo com a atitude política de cada um deles. Isso significa que devemos aplicar uma política de diferenciação, que consiste em confisco e requisição com ou sem compensação. Não aplicaremos uma política de confisco geral ou requisição geral sem compensação.

O princípio orientador para a reforma agrária é mobilizar ousadamente os camponeses, confiar nas massas, seguir corretamente a linha de massas, organizar, educar e liderar os camponeses a lutar de maneira planejada, passo a passo, de acordo com a ordem adequada e sob direção consistente.

A dispersão de terras pelos senhores feudais após a promulgação do decreto de redução do aluguel de terras (14 de julho de 1949) é ilegal (exceto para casos específicos tratados na Circular emitida pelo gabinete do primeiro-ministro em 1º de junho de 1953). As terras confiscadas ou requisitadas com ou sem compensação são distribuídas aos camponeses que não possuem terras ou têm terras insuficientes. Os camponeses têm o direito de propriedade sobre as terras assim distribuídas.

O princípio orientador para a distribuição de terras é tomar as aldeias como unidades, alocar terras àqueles que anteriormente as cultivavam, levar em consideração a quantidade, qualidade e situação das terras, dar uma parcela maior de terras àqueles que não têm o suficiente, dar terras férteis àqueles que têm terras pobres, dar terras próximas à aldeia àqueles que têm terras distantes de suas casas e dar prioridade aos camponeses que anteriormente cultivavam as terras a serem distribuídas.

Os elementos obstinados em sabotar a reforma agrária, bem como os traidores, reacionários e déspotas condenados a cinco anos de prisão ou mais, não receberão terras.

As mobilizações em massa lançadas neste ano têm finalidades experimentais e visam à preparação para a reforma agrária do próximo ano. Essas iniciativas experimentais nos proporcionaram diversas experiências. Em geral, nas localidades onde as políticas do partido e do governo foram firmemente compreendidas e a linha de massas seguida corretamente (exceto em algumas localidades onde alguns quadros cometeram erros e desvios), resultados satisfatórios foram alcançados. A mobilização em massa falhou em localidades onde foi lançada de forma apressada por quadros locais impacientes, sem decisão das autoridades centrais.

A reforma agrária é uma política aplicada em todo o país, mas deve ser implementada passo a passo, primeiro em localidades onde as condições adequadas foram obtidas e depois em outras regiões.

Após a aprovação da lei de reforma agrária pela Assembleia Nacional, o governo fixará, no próximo ano, a data e as localidades na zona livre em que a reforma agrária será implementada.

O governo lidará com as regiões habitadas pelas minorias étnicas; a Quinta Zona, o sul do Vietnã e as bases de guerrilha serão tratados posteriormente. A reforma agrária será realizada após a sua libertação nas áreas de guerrilha e nas regiões ocupadas pelo inimigo.

Nas localidades onde a mobilização em massa ainda não foi iniciada para uma redução radical do aluguel de terras, devemos aguardar até que ela seja concluída antes de realizar a reforma agrária. Devemos fazer isso para organizar os camponeses, elevar sua consciência política, construir sua supremacia política nas aldeias e, ao mesmo tempo, treinar quadros, ajustar a organização e preparar condições políticas para a reforma agrária.

Nenhuma localidade tem permissão para iniciar a mobilização em massa para a reforma agrária sem a decisão do governo. A reforma agrária é uma revolução camponesa, uma luta de classes no campo; é uma luta de grande escala, difícil e complicada; é por isso que as preparações devem ser feitas cuidadosamente, os planos claramente delineados, a direção muito envolvida, as localidades escolhidas com discernimento, o tempo rigorosamente seguido e a implementação correta. Essas são as condições que levam ao sucesso. As experiências de outros países nos ensinaram que uma reforma agrária bem-sucedida nos ajudará a superar muitas dificuldades e resolver muitos problemas.

No campo militar, nossos compatriotas camponeses participarão com mais empenho da Guerra de Resistência, contribuindo assim para o desenvolvimento do Exército e a mobilização e persuasão das pessoas para oferecerem mais trabalho voluntário em prol da resistência. Nossos soldados se preocuparão menos com suas famílias e lutarão com mais ferocidade.

No campo político, o poder político e econômico no campo estará nas mãos dos camponeses; a ditadura democrática do povo será genuinamente implementada; a aliança operário-camponesa será mais firme, e a Frente Única Nacional incluirá mais de 90% das pessoas no campo, tornando-se extraordinariamente grande e forte.

No campo econômico, libertos do feudalismo e do senhorio, os camponeses realizarão a produção com alegria e economizarão; o consumo aumentará; a indústria e o comércio se desenvolverão e a economia nacional se expandirá.

Graças ao desenvolvimento da produção, o sustento dos camponeses, trabalhadores, soldados e quadros será melhorado de forma mais rápida.

Na cultura e assistência social, a maioria do povo terá comida e roupas suficientes e, como diz o ditado "é preciso comer para poder cumprir o dever", estudarão com mais entusiasmo e, assim, bons costumes se desenvolverão. As experiências retiradas das localidades onde a mobilização em massa foi lançada mostram que nossos compatriotas gostam muito de estudar. Isso é uma boa oportunidade para os intelectuais servirem ao povo.

Como foi mencionado, a reforma agrária é uma luta de classe ampla, complicada e difícil. É ainda mais complexa e desafiadora, porque estamos conduzindo a Guerra de Resistência. Mas é precisamente porque queremos acelerar a vitória na Guerra de Resistência que devemos estar determinados a tornar a reforma agrária um sucesso. É uma luta complicada e difícil; é por isso que vários quadros (membros do partido ou não) podem cometer erros e desvios de pensamento, em suas ações e na implementação das políticas de reforma agrária. Para prevenir e corrigir essas deficiências e erros, devemos firmemente compreender as políticas do partido e do governo, confiar completamente das massas e seguir corretamente a linha de massas.

O governo e o partido convocaram todos seus quadros e membros a obedecer corretamente às suas políticas, manter a disciplina, apoiar inteiramente os camponeses, liderá-los em sua luta, a sacrificar seus interesses privados em prol dos interesses da Guerra de Resistência e das massas. Quando houver contradições entre seus interesses privados e os interesses da Guerra de Resistência e das massas camponesas, os interesses do povo e da Guerra de Resistência devem prevalecer.

Devemos mobilizar todo o partido, todo o exército e todo o povo para garantir a implementação da reforma agrária a fim de cumprir essa grande tarefa.

Quanto aos membros e quadros de vários partidos democráticos e personalidades patrióticas, este é um processo enorme. Todos nós devemos vencer essa batalha, assim como estamos vencendo a batalha no imenso processo, a Guerra de Resistência contra o imperialismo agressivo.

É por isso que as nossas duas tarefas centrais nos anos seguintes são fazer o nosso máximo para lutar contra o inimigo e realizar a reforma agrária. Devemos nos esforçar para combater o inimigo em várias frentes, aniquilar as forças inimigas tanto quanto possível e destruir seus novos esquemas militares. Devemos mobilizar as massas para realizar a reforma agrária nas localidades determinadas pelo governo.

- Realizar a reforma agrária é garantir a vitória na Guerra de Resistência.
- Lutar contra o inimigo, aniquilar as forças inimigas, é garantir o sucesso da reforma agrária.

Todos os outros objetivos devem ser subordinados a essas duas tarefas centrais e servir a elas. Em 1954, devemos dar especial importância a três grandes tarefas:

- combinar a reforma agrária com o fortalecimento das forças armadas (exército regular, exército local, milícias e unidades guerrilheiras) em todos os aspectos: organização, capacitação, elevação do nível político e técnico, e aumento da combatividade;
- combinar a reforma agrária com o treinamento de quadros e o aumento do nível ideológico, promovendo e ajustando os quadros para reajustar as bases do partido no campo;
- combinar a reforma agrária com o desenvolvimento da produção agrícola e garantir as necessidades da Guerra de Resistência e alimentos para o povo, impulsionando as atividades da economia nacional.

Para implementar essas duas tarefas centrais e três grandes objetivos de forma plena, é necessário criar condições mais favoráveis para a realização de outras tarefas, como manter e desenvolver firmemente a luta no território inimigo, consolidar o poder democrático do povo nas aldeias, reorganizar o serviço de segurança, desenvolver e consolidar a Frente Única Nacional, recolher impostos agrícolas, desenvolver a economia e as finanças, intensificar a propaganda e desenvolver a educação, a cultura e o bem-estar social.

As nossas forças estão nos milhões de camponeses que estão prontos para esperar que o governo e o partido os organizem e os liderem, a fim de se levantarem e acabarem, com convicção, o jugo feudal e colonial. Com organização e liderança habilidosas, essas forças abalarão o céu e a terra, e todos os colonialistas e feudais serão varridos. Podemos concluir que, sob a liderança correta do governo e do partido, com a assistência honesta da Assembleia Nacional e da Frente, a conclusão bem-sucedida da reforma agrária nos ajudará a dar um grande passo e a levar a Guerra de Resistência e a construção nacional à vitória.

28. APELO FEITO APÓS A CONCLUSÃO BEM-SUCEDIDA DOS ACORDOS DE GENEBRA

22 DE JULHO DE 1954

Compatriotas em todo o país,

Soldados e quadros,

A Conferência de Genebra chegou ao fim. É uma grande vitória para a nossa diplomacia. Em nome do governo, faço cordialmente o seguinte apelo:

1) Pelo bem da paz, unidade, independência e democracia no país, o nosso povo, soldados, quadros e governo, ao longo destes oito anos ou mais, uniram-se num bloco monolítico, suportaram dificuldades e superaram todos os obstáculos para organizar a resistência de forma decidida e tiveram muitas vitórias brilhantes. Nesta ocasião, em nome do governo, felicito calorosamente todos vocês, do Norte ao Sul. Reverencio a memória dos soldados e do povo que sacrificaram as suas vidas pelo país e envio a minha homenagem de conforto aos soldados feridos e doentes. Esta grande vitória também se deve ao apoio que nos foi dado na nossa justa luta pelos povos dos nossos países irmãos, pelo povo francês e pelos entusiastas da paz de todo o mundo. Graças a essas vitórias e aos esforços realizados pela delegação da União Soviética na Conferência de Berlim, foram iniciadas negociações entre o nosso país e a França na Conferência de Genebra. Nela, a luta da nossa delegação e a assistência prestada pelas delegações da União

Soviética e da China resultaram numa grande vitória para nós: o governo francês reconheceu a independência, soberania, unidade e integridade territorial do nosso país; concordou em retirar as tropas francesas do nosso país etc. A partir de agora, devemos fazer todos os esforços para consolidar a paz e alcançar a reunificação, independência e democracia em todo o nosso país.

2) Para restabelecer a paz, o primeiro passo é que as forças armadas de ambas as partes devem alcançar um cessar-fogo. Reagrupar as duas regiões é uma medida temporária; é um passo de transição para a implementação do armistício e da restauração da paz e abre o caminho para a reunificação nacional por meio de eleições gerais. A reagrupação em regiões não é de forma alguma uma divisão do nosso país; também não é uma divisão administrativa. Durante o armistício, o nosso exército reagrupou-se no Norte; as tropas francesas reagruparam-se no Sul, ou seja, houve uma mudança de regiões. Um número de regiões, que anteriormente estavam ocupadas pelos franceses, agora tornou-se nossas zonas livres. E vice-versa: um número de regiões anteriormente libertadas por nós agora será temporariamente ocupado pelas tropas francesas antes de partirem para a França. Isso é uma necessidade; o Norte, o Centro e o Sul do Vietnã são os nossos territórios. O nosso país certamente será unificado, e todo o nosso povo será indubitavelmente libertado. Os nossos compatriotas no Sul foram os primeiros a travar a guerra de Resistência. Eles têm uma consciência política elevada. Estou confiante de que eles colocarão os interesses nacionais acima dos interesses locais, os interesses permanentes acima dos interesses temporários, e unirão os seus esforços com todo o povo no fortalecimento da paz e na consecução da unidade, independência e democracia

em todo o país. O partido, o governo e eu seguimos sempre os esforços do nosso povo, e estamos seguros de que os nossos compatriotas serão vitoriosos.

3) A luta para consolidar a paz e alcançar a reunificação, independência e democracia também é uma luta longa e árdua. Para alcançar o sucesso, nosso povo, soldados e quadros, do Norte ao Sul, devem se unir de forma estreita. Eles devem estar unidos em pensamento e ação. Estamos determinados a cumprir os acordos firmados com o governo francês. Ao mesmo tempo, exigimos que o governo francês implemente corretamente os acordos que assinaram conosco. Devemos fazer o nosso melhor para fortalecer a paz e estar vigilantes para conter as manobras dos sabotadores da paz. Devemos nos esforçar para lutar pela realização de eleições gerais livres em todo o país para reunificar nosso território. Devemos empregar todos os nossos esforços para restaurar, construir, fortalecer e desenvolver nossas forças em todos os campos para conquistar a independência completa. Devemos fazer o nosso melhor para realizar reformas sociais a fim de melhorar o sustento do nosso povo e alcançar uma democracia genuína. Devemos também fortalecer nossas relações fraternas com o Camboja e o Laos. Devemos fortalecer nossa grande amizade com a União Soviética, China e outros países irmãos. Para manter a paz, devemos ter ainda mais solidariedade com o povo francês, o povo asiático e povos de todo o mundo.

4) Faço um apelo a todos os nossos compatriotas, soldados e quadros, para que sigam estritamente as linhas e políticas estabelecidas pelo partido e governo para lutar pela consolidação da paz e pela conquista da reunificação nacional, independência e democracia em todo o país. Peço sinceramente a todos os patriotas genuínos, independentemente de sua

classe social, crença, posição política e afiliação anterior, que cooperem conosco e lutem pelo bem do nosso país e do nosso povo, a fim de alcançar a paz, a reunificação, a independência e a democracia para o nosso amado Vietnã.

Se o nosso povo estiver unido, se milhares de homens forem como um só, a vitória certamente será nossa. Vida longa a um Vietnã pacífico, unificado, independente e democrático.

29. SOBRE A CONFERÊNCIA DE REVISÃO DA PRIMEIRA INICIATIVA DE REFORMA AGRÁRIA EM THÁI NGUYÊN[1]

12 DE SETEMBRO DE 1954

Nos programas de redução de arrendamento da terra e reforma agrária, diversos quadros se destacaram na implementação das políticas; porém outros cometeram erros ao seguir caminhos tortuosos, causando assim uma grande perda de tempo, enquanto os resultados obtidos não corresponderam às expectativas. No que diz respeito à redução de arrrendamento da terra e à reforma agrária, devemos compreender plenamente as políticas e a linha política, saber onde estão nossas forças principais, basear-nos nos camponeses pobres e sem-terra e nos unir com os camponeses médios. É por isso que o partido e o governo sempre destacaram a necessidade da união dos camponeses trabalhadores. Se isso for feito, todo o trabalho será realizado com sucesso; caso contrário, nosso trabalho não avançará, haverá um atraso e os resultados serão ruins.

Devemos saber como discriminar os senhores de terra. Eles são inimigos dos camponeses, mas não estão unidos. Se for possível diferenciá-los, nosso trabalho será mais fácil. Quando essa questão foi estudada, muitos quadros achavam

1 Em maio, o Việt Minh havia derrotado os franceses em Điện Biên Phủ, 500 quilômetros a oeste de Thái Nguyên. Após a vitória militar, o general Giap afirmou que a reforma agrária foi um fator decisivo, pois inspirou o exército camponês a derrotar os franceses. Giap (1964, p. 149-150).

que tinham entendido; porém, na prática, seu trabalho estava equivocado. Alguns deles pensaram que era melhor desviar para a "esquerda" do que para a "direita". Isso não é verdade, pois, à esquerda ou à direita, ambos os lados estão distantes da realidade. Devemos compreender as políticas, contar com as massas e diferenciar os senhores de terra.

Em suas tarefas, todos vocês obtiveram um número de realizações apesar das deficiências. Seu sucesso nessa empreitada se deve ao fato de vocês terem sido capazes de lidar melhor com as dificuldades ao aplicar os *três "com"* (com os camponeses, com suas dificuldades, com suas preocupações). Na quarta campanha de redução de arrendamento, muitos quadros aplicaram apenas o princípio de *um "com"* ou *dois "com"* ou *dois "com" e meio*, mas não os *três "com"* completos. É necessário entender que somente ao realizar os *três "com"* é possível se familiarizar com os camponeses, entender seus sentimentos, mobilizá-los para derrubar o sistema senhorial e realizar com sucesso a redução de arrendamento da terra e a reforma agrária. Sem esse princípio, cria-se uma distância das massas e não é possível trabalhar com eficiência. Portanto, na próxima campanha, vocês devem aplicar os *três "com"* sem reservas. Geração após geração, nossos camponeses estão condenados a viver na pobreza. Considerando a situação deles, alguns meses usando os três "com" é um período insignificante. Mas o que mais pode ser feito?

No que diz respeito à unidade interna, os quadros mais antigos devem ajudar os novos quadros. Vocês fizeram isso de maneira razoavelmente boa. Porém, isso não quer dizer que não houve falhas. Vários quadros mais antigos estavam muito orgulhosos de si mesmos por terem participado de muitas ações. Eles não se deram ao trabalho de estudar as instruções dos níveis superiores e estavam relutantes em ajudar os novos quadros. Tenham em mente que, à medida que a situação muda constantemente, a falta de estudo significa regressão, e regressão significa fracasso.

Um erro bastante comum é o *desejo de descansar*. Depois de participar de algumas ações, alguns quadros agora desejam se estabelecer nas cidades. Eles estão errados. Aqui está um exemplo: "Quem lutou por mais tempo, vocês ou eu?". Todos responderam: "Você". Minha luta foi mais longa, e eu nunca descansei; por que vocês, depois de algumas ações, querem descansar?

Vocês querem descansar e se estabelecer na cidade, porque ainda não perceberam a importância da reforma agrária. Sem dúvida, vocês leram a resolução do partido: "A reforma agrária é uma das três tarefas fundamentais estabelecidas pelo partido e pelo governo". O desejo de se estabelecer na cidade e não participar da reforma agrária é *fugir de sua responsabilidade*.

Onde quer que o partido e o governo os enviem, vocês devem, a todo custo, cumprir a tarefa confiada a vocês por eles, e não seguir seus próprios desejos.

O que vocês querem? Participar da Revolução! Bem, a reforma agrária é uma tarefa revolucionária. "Não acreditem que os picos das montanhas ao redor são mais altos do que aquele sobre os quais vocês pisam".[2]

Vocês devem entender que a reforma agrária é uma das três tarefas principais estabelecidas para o partido, o governo e o povo. É uma tarefa gloriosa e pesada. O lutador não é apenas aquele que mata o inimigo na linha de frente. Vocês

2 Este provérbio vietnamita significa: "Não seja muito ambicioso ou faça uma escolha muito árdua."

também são lutadores, lutadores no *front* antifeudal. Como lutadores, vocês não podem dizer que querem ir para esse *front* e não para aquele; vocês devem cumprir seu dever como lutadores. Quando a reforma agrária for concluída, vocês poderão descansar. Enquanto isso não acontecer, vocês não podem descansar.

Vocês precisam compreender de maneira clara as políticas do partido e do governo, superar dificuldades e trabalhar com dificuldade para cumprir sua responsabilidade.

Durante a Guerra de Resistência, nosso exército conquistou vitória após vitória. Como lutadores no *front* antifeudal, vocês devem estar determinados a vencer.

Os heróis não se encontram apenas entre os soldados na linha de frente da batalha. Eles também podem ser encontrados entre vocês, lutando no *front* antifeudal junto com os camponeses. Nesta conferência, há pessoas que, durante as últimas campanhas de redução de arrendamento da terra e reforma agrária, fizeram um bom trabalho ao conectar suas principais tarefas com a mobilização dos camponeses para aumentar a produção, combater a seca e as enchentes, e se envolver em trabalho voluntário ou se juntar ao exército. Junto com o comitê responsável, vocês selecionarão os melhores homens e mulheres entre vocês; o partido, o governo e eu os recompensaremos.

Nas próximas campanhas de mobilização em massa para a redução de aluguel da terra e a reforma agrária, aqueles entre vocês que realizarem feitos destacados receberão medalhas, assim como os soldados que lutam contra o inimigo. A decisão sobre essa recompensa cabe a vocês. Aqueles que desejam receber medalhas devem dar o seu melhor.

30. DISCURSO NA ABERTURA DA UNIVERSIDADE DO POVO[1]

19 DE JANEIRO DE 1955

Em nome do governo, desejo a vocês boa saúde e alegria. Também espero que vocês se desafiem no estudo e no trabalho, com muito entusiasmo, para progredir.

Aqui estão algumas sugestões que gostaria de fazer para ajudar vocês e seus professores a estudar a questão da educação da juventude.

Primeiramente, devemos compreender claramente o método de estudo, o assunto de estudo e o objeto de estudo.

Durante muitas décadas de dominação, os imperialistas e feudais incutiram em nossa juventude uma educação escravista. Agora que nosso país está livre, é necessário que vocês, jovens, mudem a direção de sua aprendizagem de forma corajosa. Vou resumir apenas os principais pontos.

O que vocês devem fazer: estabelecer uma linha clara entre o certo e o errado. Isso significa diferenciar amigo e inimigo. Aqueles que fazem o bem para o povo e o país são seus amigos. Aqueles que lhes causam mal são seus inimigos. No que diz respeito a vocês, quaisquer pensamentos ou ações que possam

---

1 Três meses após os Acordos de Genebra, o governo inaugurou a Universidade Popular do Vietnã (Trường đại học Nhân dân Việt Nam). O ministro da Cultura Hoàng Minh Giám era o reitor. A escola ensinava aos seus alunos marxismo e os elementos da libertação nacional.

beneficiar o povo e o país devem ser considerados seus amigos, e quaisquer pensamentos ou ações prejudiciais a eles são seus inimigos. Portanto, amigos e inimigos existem não apenas no mundo exterior, mas também dentro de vocês. Por isso, vocês devem se esforçar ao máximo para aumentar o número de amigos dentro e fora do país e lutar resolutamente contra o inimigo dentro de vocês. Façam o melhor que podem para fazer o que é certo, mesmo que seja algo pequeno, e evitem o que é errado, mesmo que seja algo pequeno.

Em primeiro lugar, amem o seu país, amem os seus compatriotas. Tenham uma compreensão sólida do nacionalismo e internacionalismo. Amem e respeitem o trabalho. Respeitem a disciplina. Protejam a propriedade pública. Preocupem-se com o sustento do povo. Prestem atenção aos acontecimentos mundiais, porque nosso país faz parte do mundo. Todos os fatos mundiais influenciam nosso país, e os assuntos internos de nosso país afetam o mundo. Por exemplo, os imperialistas dos Estados Unidos estão coagindo o Parlamento Francês a sancionar o pacto para a remilitarização da Alemanha Ocidental. Isso significa que uma nova guerra pode eclodir, e tal eventualidade teria repercussões em nosso país. Ao fazer o melhor para defender a paz, restaurar a economia e lutar contra o imperialismo dos Estados Unidos, nosso povo está contribuindo de forma eficaz para a defesa da paz mundial.

Prestem atenção na reabilitação e construção de nosso país. A tarefa dos jovens não é questionar o que o país fez por eles, mas sim se perguntar o que eles fizeram pelo país. O que eles devem fazer para beneficiar o país ao máximo? Até que ponto eles lutaram e fizeram sacrifícios pelo país?

Os jovens devem ser engajados e mostrar iniciativa de forma criativa e ousada. Eles devem ser entusiastas e estar ansiosos para progredir ainda mais e superar todas as dificuldades e adversidades. Devem ser leais, honestos e justos.

O que vocês devem combater: vocês devem combater a tendência de cuidar apenas de interesses egoístas, buscar prazer e evitar dificuldades, desprezar o trabalho – especialmente o trabalho manual. Vocês devem combater a preguiça, os gastos excessivos, a extrema passividade, a arrogância, a hipocrisia e a autocomplacência.

Os jovens e a sociedade: a educação dos jovens não pode ser considerada à parte das lutas travadas na sociedade – mas deve estar intimamente ligada a elas. A antiga sociedade estava cheia de veneno que contaminava os jovens, especialmente aquele trazido pela cultura prejudicial dos Estados Unidos. Os imperialistas dos Estados Unidos recorrem a todos os meios, incluindo literatura e filmes, para estragar e corromper os jovens, a ponto de muitos deles se tornarem arruaceiros, ladrões, jogadores etc. Portanto, a educação dos jovens deve se basear na opinião pública e no poder do governo para evitar o que pode exercer uma influência nociva sobre eles, a fim de aumentar sua vigilância.

A *democracia* deve prevalecer em toda a escola. Em todas as discussões, professores e alunos devem expressar suas opiniões francamente. Eles devem fazer perguntas e discutir assuntos até compreenderem. No entanto, democracia não significa que professores e alunos sejam tratados igualmente. Os alunos devem respeitar seus professores e os professores devem amar seus alunos. Juntos, devem ajudar o pessoal da escola a cumprir suas tarefas. O pessoal da escola deve se desafiar para servir boa comida aos alunos, a fim de permitir que eles se dediquem aos estudos. A universidade, as famílias dos alunos e as organizações de jovens devem coordenar de perto seus esforços para educar os jovens.

Estudar e trabalhar são as principais ocupações dos jovens, mas o entretenimento também é necessário para eles. O lazer saudável faz parte das atividades dos jovens. Nesta escola onde vocês vivem e trabalham coletivamente, há estudantes de ambos os sexos. Vocês devem se amar e ajudar uns aos outros como irmãos e irmãs da mesma família. Ao mesmo tempo, devem respeitar e tratar uns aos outros como colegas de escola e camaradas. Não se comportem de maneira dissoluta. Tentem fazer tudo o que puderem para que os pais das estudantes se sintam seguros e confiantes em relação a vocês. Preservem a reputação da escola e a dignidade de todos os estudantes. A educação também pode estar no entretenimento. Vocês devem organizar atividades culturais e promover a cultura das práticas físicas de caráter coletivo e massivo.

A escola, as famílias dos estudantes e as organizações de jovens devem prestar atenção à educação ideológica dos jovens, à sua postura, atividades e rotina diária, a fim de incentivá-los e corrigi-los a tempo.

Esta é a universidade do povo. Vocês aprendem com seus professores; ao mesmo tempo, também devem aprender com o povo. No exército, entre os trabalhadores voluntários e em todos os outros ramos de atividades, há muitos jovens excepcionais. Isso demonstra que, em geral, nossos jovens são muito entusiasmados e as pessoas são muito dignas. Vamos citar alguns exemplos: no exército, há muitos heróis entre os jovens, como La Văn Cầu, Giáp Văn Cương, Nguyễn Thị Chiên. Nos canteiros de construção de ferrovias, há muitos trabalhadores de destaque, como La Văn Quy, Nguyễn Thị Mùi, Nguyễn Trọng Tuy, Lê Huy Phát etc. Durante a Guerra de Resistência, eles foram bravos combatentes guerrilheiros. Hoje, no trabalho de reabilitação econômica, eles se tornaram valorosos trabalhadores. Isso se aplica também aos jovens em outros canteiros de construção e fábricas. Outro exemplo: a tropa de choque da juventude está sempre na vanguarda, realizando qualquer trabalho difícil ou urgente. Espero que vocês sigam os exemplos desses jovens excepcionais: concluam seus estudos, façam progressos e se voluntariem para atividades sociais, para contribuir na luta comum travada pela causa da paz, da reunificação nacional, da independência e da democracia em todo o país. Vocês então merecerão ser chamados de classe de vanguarda da Universidade do Povo e se prepararão para se tornarem futuros mestres do nosso país.

31. CARTA À CONFERÊNCIA DOS QUADROS DA ÁREA DA SAÚDE[1]

27 DE FEVEREIRO DE 1955

Desejo cordialmente a todos vocês alegria e boa saúde para trocarem suas experiências com entusiasmo, elaborarem planos com precisão e progredirem. (Há entre vocês uma médica do Sul?).

Eis algumas opiniões que gostaria de apresentar para ajudá-los em suas discussões.

Primeiramente, unam-se uns aos outros com sinceridade. A solidariedade é a nossa força. Ela nos permite superar todos os obstáculos e obter conquistas notáveis. A solidariedade é importante entre os quadros antigos e novos, entre o pessoal de saúde pública, desde o ministro, vice-ministros, médicos e farmacêuticos, até os trabalhadores manuais. Embora as tarefas e posições sejam diferentes, todos vocês são requisitados, em suas respectivas áreas, a servir o povo.

Amem os pacientes. O destino deles está em suas mãos. O governo lhes confia a tarefa de curar e preservar a saúde dos nossos compatriotas. Esta é uma tarefa muito gloriosa. Portanto, vocês devem amar e cuidar dos doentes como se fossem seus próprios irmãos e irmãs, e considerar os sofrimentos

[1] O Vietnã celebra o dia em que esta carta foi escrita como o Dia dos Médicos Vietnamitas.

deles como se fossem seus. Um médico deve ser como uma mãe cuidando de uma criança. Isso é fato.

Construam a nossa própria medicina. Durante o período da escravidão, nossa medicina foi prejudicada – assim como todas as outras áreas de atividades. Agora que somos independentes e livres, vocês devem ajudar o povo e o governo a construir um serviço de saúde adequado às necessidades do nosso povo. A medicina também deve ser baseada nos princípios científico, nacional e popular. Antigamente, nossos antepassados tinham experiências valiosas relacionadas à cura por processos médicos locais e pela medicina chinesa. Para ampliar o campo médico, vocês devem prestar atenção ao estudar e coordenar a medicina "Oriental" com a "Ocidental".

Façam o melhor possível para cumprir a sua tarefa. Saudações de afeto e determinação para vencer.

32. TRECHO DE UM DISCURSO PROFERIDO NO CONGRESSO NACIONAL DE EQUIPES DE AJUDA MÚTUA[1]

6 DE MAIO DE 1955

Os camponeses almejam ter terra quando não a possuem. Quando já a possuem, almejam produzir mais para melhorar suas vidas.

Para aumentar significativamente a produção, temos que trabalhar coletivamente. No entanto, nossos camponeses estão acostumados com o trabalho individual, e cada família trabalha separadamente. Eles não têm o hábito de trabalhar de maneira coletiva e organizada. Para garantir progresso contínuo, o caminho dos camponeses deve consistir em diferentes estágios, curtos ou longos, de acordo com as condições concretas de cada país. Na União Soviética, por exemplo, os camponeses se organizam em fazendas coletivas, unindo suas terras e trabalhando coletivamente. O plantio, aração e colheita são todos mecanizados. As fazendas coletivas contam com

---

1 Como parte da reforma agrária no Vietnã do Norte, o governo e o partido incentivaram os quadros da reforma agrária a estabelecerem equipes de ajuda mútua sazonais e permanentes (tổ đội công), que foram conduzidas de 1955 a 1957. Esta foi a primeira das três fases da coletivização, que incluiu a criação de cooperativas (hợp tác xã bậc thấp) de 1958 a 1960 e o desenvolvimento da coletivização (hợp tác xã bậc cao) de 1961 até o final dos anos 1970. Nas equipes de ajuda mútua, os camponeses cooperavam entre si em uma variedade de atividades agrícolas; eles compartilhavam seu conhecimento e equipamento. Até meados de 1956, os quadros estabeleceram 190 mil equipes de ajuda mútua, que incluíam 60% dos camponeses do Norte.

escolas de oito ou dez anos, bibliotecas, hospitais, jardins de infância, estádios, cinemas... Enfim, não são nada diferentes das cidades. Sem dúvida, vocês ficariam contentes em saber que os camponeses soviéticos são tão avançados e felizes, não é mesmo? No entanto, não podemos fazer o mesmo agora. A União Soviética realizou a reforma agrária há 30 anos. Em nosso país, a reforma agrária ainda não foi concluída. Mas se persistirmos em nossa luta, teremos no futuro o que a União Soviética tem agora. Quando os trabalhadores e camponeses soviéticos realizaram a revolução, eles não receberam ajuda direta. Atualmente, temos a assistência da União Soviética, China e outros países fraternos, além da liderança de nosso partido e governo. Se vocês se esforçarem, certamente farão um rápido progresso.

Na China, a revolução teve sucesso apenas cinco anos atrás; a reforma agrária foi concluída há três anos. No início, o país também organizou equipes de ajuda mútua e gradualmente avançou para cooperativas. Por enquanto, no interior do nosso país, devemos popularizar e ampliar as equipes de ajuda mútua, a forma mais básica e simples de organização. Assim, a organização dos camponeses chineses (cooperativas) é mais avançada do que a dos nossos camponeses (equipes de ajuda mútua); a organização dos camponeses soviéticos (fazendas coletivas) é mais avançada do que a dos chineses.

No entanto, os camponeses soviéticos avançarão ainda mais.

A maioria de vocês veio de comunas onde a reforma agrária foi realizada. Vocês perceberam que a redução de arrendamento e a reforma agrária no início não foram fáceis. Agora, a organização das equipes de ajuda mútua também não é fácil. Aqueles que acham que é fácil cairão no subjetivismo e terão de enfrentar o fracasso. A organização das equipes de ajuda mútua deve ser realizada de acordo com princípios e métodos corretos.

A política atual trata de desenvolver um número significativo de equipes de mutirão, por estação ou por trabalho específico, de modo que tais equipes possam ser encontradas em todos os lugares onde a redução de arrendamento e a reforma agrária foram realizadas. Onde quer que os padrões políticos do povo e dos quadros sejam elevados, organizaremos mutirões – seja de forma permanente ou de uma estação de cultivo para outra. Onde quer que exista tal troca de trabalho, precisamos consolidá-la e melhorá-la.

Princípios para mutirões

Em primeiro lugar, não se deve obrigar ninguém. Por meio da propaganda, devemos explicar aos camponeses as vantagens das equipes de ajuda mútua; devemos dar-lhes total liberdade para decidir se querem ou não participar das equipes de ajuda mútua e nos abster rigorosamente de qualquer compulsão.

Em segundo lugar, as famílias devem encontrar interesses comuns após ingressar nas equipes de ajuda mútua. Os camponeses se unirão às equipes, e confiarão nelas, somente quando perceberem que é do seu interesse. Convencer as pessoas a se unir a essas equipes não é uma tarefa fácil. Mas mesmo quando isso acontecer, ainda não obteremos sucesso, porque o campesinato está repleto de muitas questões complicadas. Por exemplo, há famílias grandes e pequenas em cada equipe, pessoas que podem trabalhar duro e outras que não podem, famílias que têm búfalos e outras que não têm. Mesmo entre os animais de tração, alguns são fortes e outros são fracos. Algumas terras estão próximas; outras estão distantes. Quando a colheita amadurece simultaneamente em muitos campos, todos querem ser os primeiros a colher. Se essas questões não forem resolvidas de acordo com o interesse de todos, elas gerarão insatisfação e ciúmes entre as pessoas. Fracassaremos.

Em terceiro lugar, uma equipe de ajuda mútua deve ser liderada por um líder de equipe ou um comitê de gestão. A administração deve ser democrática. Cada tarefa deve ser discutida entre os membros da equipe. Quando eles entenderem a utilidade da tarefa, estarão dispostos a realizá-la. Se obrigarmos as pessoas a fazer um trabalho sobre o qual elas não entendem a utilidade, o trabalho fracassará.

Método de organização

Em primeiro lugar, *devemos conter a vontade de avançar rápida e violentamente*. É melhor fazer um pouco, mas fazer corretamente, do que fazer muito, mas não fazer direito. Devemos dar passos firmes e estáveis e avançar gradualmente.

Em segundo lugar, *devemos ser realistas*. A organização se destina a um trabalho prático. Seu objetivo não é ter um nome sem conteúdo prático.

Em terceiro lugar, devemos organizar equipes de ajuda mútua, começando por equipes pequenas, de 5-7 famílias a 9-10 famílias, até equipes maiores. As equipes não devem ser muito grandes; caso contrário, sua administração será difícil, a organização se desintegrará e as pessoas estarão facilmente sujeitas ao fracasso.

Alguns outros pontos merecem nossa atenção. Experiências devem ser aproveitadas para desenvolver sucessos e evitar falhas. Os métodos de agricultura devem ser aprimorados.

O movimento de emulação deve ser organizado. Seja em tarefas grandes ou pequenas, todos farão esforços apenas ao se emularem uns aos outros. Todos devem entender que a emulação beneficia tanto o país quanto a família.

Benefícios para a família

Antes de aderir à equipe de ajuda mútua, quando não há emulação, cada mẫu[2] produz 30 cestos de arroz; após aderir à equipe, após a emulação, a produção de cada mẫu aumenta para 32 a 35 cestos, ou mais.

Benefícios para o país

Além da quantidade de arroz usada para pagar impostos ao governo e para consumo, o arroz excedente será vendido ao governo. Este compra esse arroz para alimentar os quadros, o exército e distribuir aos necessitados. O aumento da produção aumentará a quantidade extra de arroz, que também será vendida ao governo em quantidades maiores. Além disso, o melhor produtor em uma localidade é recompensado pelo governo. Assim, esse produtor ganha tanto em termos de interesse quanto de popularidade.

Uma equipe de ajuda mútua deve estar fortemente unida, não apenas entre seus membros. Ela deve ajudar as famílias dos mártires da guerra ou dos soldados, se houver alguma na aldeia. Os mártires da guerra se sacrificaram pelo povo; os soldados lutaram contra o inimigo para proteger o país e defender o povo. Eles prestaram um grande serviço ao povo; portanto, devem fazer o máximo para ajudar suas famílias. As pessoas doentes e incapacitadas nas aldeias também devem ser ajudadas. Isso é uma propaganda perfeita para convencê-los a ingressar nas equipes de ajuda mútua.

---

2 Um mẫu: 3.600 metros quadrados.

Direção

Para ter sucesso, toda tarefa precisa de direção. Quem lidera a equipe de ajuda mútua? É o dirigente da equipe que a gerencia diretamente. Se o dirigente da equipe for imparcial e isento, se ele organizar e liderar bem, se ele desfrutar da confiança e do afeto dos membros, então a equipe será bem-sucedida em seu trabalho. Um exemplo: todos os membros da equipe são iguais na distribuição dos produtos, mas quando a colheita amadurece, a produção de outras pessoas é colhida primeiro, antes da produção do dirigente da equipe. Ele será o primeiro a trabalhar, mas o último a desfrutar das vantagens. Com um dirigente de equipe assim, a organização sem dúvida terá sucesso.

Os membros do partido devem dar o exemplo no trabalho da equipe de ajuda mútua. O setor do partido na comuna deve ajudar de maneira prática e dirigir a equipe. É responsável pela parte mais significativa do bom ou mau estado da equipe. Antes da reforma agrária, os senhores feudais e déspotas locais se infiltravam e lucravam com muitas células do partido nas comunas; eles as transformavam em células de mandarins, recusando-se a fazer trabalho patriótico e pagar impostos agrícolas. Eles desprezavam o povo. Muitas células do partido foram reorganizadas com a reforma agrária, mas elas não são perfeitas. Se baixarmos a guarda, esses elementos procurarão formas e meios de sabotar o trabalho. A partir de agora, nas comunas reformadas onde as equipes de ajuda mútua ainda estão em falta, as células do partido são responsáveis por construir tais equipes. Se as equipes foram organizadas, mas não são fortes, as células do partido devem consolidá-las.

A organização camponesa deve educar, incentivar e ajudar os camponeses ao liderá-los nas equipes de ajuda mútua. Portanto, as equipes de ajuda mútua são diretamente comandadas por dirigentes de equipe, células do partido e organizações camponesas. A juventude deve formar o núcleo das equipes. A Juventude do Trabalho, onde quer que exista, deve impulsionar o trabalho das equipes de ajuda mútua. O partido, nos níveis de distrito, província e zona, deve controlar, estimular e ajudar as equipes de ajuda mútua na prática.

O partido e o governo continuarão dando assistência adicional comprando os produtos florestais e agrícolas dos camponeses, enviando quadros para trabalhar no campo e emprestando capital aos camponeses. No entanto, vocês não devem depender apenas dessa assistência, mas se esforçar para depender principalmente de seus próprios esforços; a ajuda externa é apenas secundária.

Em resumo, apontei as dificuldades das equipes de ajuda mútua para que vocês as reconheçam e superem; mas certamente não para desanimá-los. Com o espírito de emulação que os inspira, vocês estão unidos e trabalharão com ardor; inevitavelmente superarão essas dificuldades, e o movimento das equipes de ajuda mútua certamente se desenvolverá e será bem-sucedido.

33. DÉCIMO ANIVERSÁRIO DO DIA NACIONAL DA REPÚBLICA DEMOCRÁTICA DO VIETNÃ

SETEMBRO DE 1955

Em 2 de setembro deste ano a República Democrática do Vietnã completa dez anos, e o povo vietnamita, que ocupa a maior parte de seu território, está comemorando este glorioso Dia Nacional com um entusiasmo e alegria indescritíveis. Desde os primeiros dias da violência colonial e durante quase um século, o povo vietnamita lutou incansavelmente contra os invasores, demonstrando uma extraordinária valentia e heroísmo. As atividades de guerrilha de Trương Công Định e Trương Quyền em Nam Bo (1867), os movimentos de Resistência em 1874 e especialmente em 1884, a luta de 12 anos sob a direção de Phan Đình Phùng (1884-1896) e, após isso, as batalhas lideradas por Hoàng Hoa Thám até a véspera da Primeira Guerra Mundial, o movimento de luta em Trung Bộ (1907), o levante de Biên Hòa (1914-1915), a insurreição em Huế (1916), o levante de Thái Nguyên (1917) e outros, são evidências da luta feroz travada pelo povo vietnamita pela liberdade e independência nacional. Mas, naquela época, a Corte e os feudalistas, que ainda eram responsáveis pelos interesses nacionais, puseram em prática a política criminosa de constante traição das aspirações do povo, que consequentemente não puderam ser realizadas.

A grande Revolução de Outubro deu um novo impulso à luta dos povos oprimidos. A rápida resolução pela jovem potência soviética da questão das antigas colônias tsaristas e a devolução da liberdade aos povos lá tiveram repercussões substanciais em todas as colônias e semicolônias da Ásia. O marxismo-leninismo, vitorioso, apontou para todas as nações o caminho para a autolibertação. Um partido marxista-leninista nasceu no Vietnã em fevereiro de 1930. Enquanto no levante de Yên Bái (fevereiro de 1930) a burguesia perdeu toda sua influência sobre o movimento de libertação nacional, a classe trabalhadora e as massas camponesas trabalhadoras reorganizaram seu partido político, que se tornou o único dirigente da revolução anti-imperialista. Em setembro de 1930, o primeiro poder popular foi estabelecido em três distritos de Bắc Trung Bộ. Esse movimento foi reprimido pelo imperialismo com uma barbárie sem precedentes.

No entanto, já em 1940, muitos levantes armados foram organizados no Norte, Centro e Sul do Vietnã contra os colonialistas franceses e imperialistas japoneses. Embora reprimidos, esses movimentos insurrecionais foram faíscas que, cinco anos depois, iriam eclodir em uma revolução que acabou com o domínio estrangeiro no Vietnã.

Em maio de 1941, foi fundada a Frente Única Nacional Việt Minh, sendo esta a aliança unida mais ampla já vista no movimento de libertação nacional de nosso país. A Frente Nacional, tendo o partido como sua força principal, mobilizou e organizou grupos guerrilheiros que lutaram durante toda a Segunda Guerra Mundial ao lado dos Aliados contra os agressores fascistas. As vitórias do valente exército soviético sobre a Alemanha de Hitler, e mais tarde sobre o imperialismo japonês, contribuíram significativamente para o sucesso da insurreição geral em 19 de agosto de 1945. E em 2 de setembro a República Democrática do Vietnã foi fundada.

Assim, devido à derrota do fascismo, a situação mundial se tornou favorável e a Revolução de Agosto teve êxito, porque possuía as três condições que não podem faltar em qualquer revolução anti-imperialista em um país colonial. São elas: a liderança da classe trabalhadora, a formação de uma ampla frente nacional anti-imperialista e a insurreição armada.

A partir de então, a história de nosso país escreveu uma página gloriosa. O povo vietnamita foi libertado. A Revolução de Agosto os libertou do jugo dos colonialistas, de qualquer outra escravidão dos imperialistas e do mandarinato.

Pela primeira vez, o povo trabalhador se tornou seu próprio mestre e líder do destino de seu país. Eles começaram a trabalhar para combater o espectro terrível da fome, que havia matado 2 milhões de pessoas nos últimos meses do domínio imperialista (do final de 1944 a 1945). Se esforçaram para curar as feridas devastadoras deixadas pelo sujo sistema opressor, cuja prática continuou até meados deste século de revoluções bem-sucedidas. O povo trabalhador elegeu a Assembleia Nacional, começou a construir o poder popular e rapidamente pôs em prática várias medidas para erradicar o analfabetismo e a ignorância deixados pelo domínio colonialista.

No entanto, os colonialistas franceses ainda sonhavam com a possibilidade de restabelecer seu regime opressivo em nosso país. Eles viam nossa atitude pacífica como uma fraqueza. Encorajados pelas forças reacionárias britânicas e norte-americanas e em conluio com o grupo de Jiang Jieshi (Chiang Kai-shek), em 23 de setembro de 1945, eles atacaram o povo vietnamita em Saigon e depois tentaram penetrar no Norte. Depois, passando por cima do que haviam prometido no Acordo Preliminar de 6 de março de 1946 e no *modus vivendi* de 14 de setembro de 1946, os colonialistas perpetraram um massacre em Hai Phong, ocuparam Lạng Sơn e seguiram atacando até 19 de dezembro, quando a Guerra de Resistência de todo o nosso povo começou contra os invasores. Em resposta ao apelo do partido e do governo democrático, todo o nosso povo se levantou para defender o país e as conquistas da Revolução de Agosto.

A Guerra de Salvação Nacional começou com condições materiais desfavoráveis para o povo vietnamita: a fome era generalizada; os lacaios do colonialismo francês e do imperialismo japonês ainda eram muitos, enquanto o Exército Popular só pôde ser organizado mais tarde no curso da luta. Portanto, na situação vigente, o Corpo Expedicionário Francês parecia deter a supremacia militar. O inimigo se aproveitou de todas as nossas dificuldades, acreditando que elas os ajudariam a triunfar rapidamente sobre nosso jovem exército e a aniquilar nosso Governo Democrático. No entanto, a situação se desenvolveu completamente contrária às suas expectativas e provou que eles estavam completamente enganados.

Apoiado pelos círculos reacionários dos Estados Unidos, o inimigo iniciou uma guerra total contra o povo vietnamita. Mas, sob a liderança do partido e do governo, o povo vietnamita uniu seus esforços e lutou incansavelmente contra o inimigo. Eles intensificaram e espalharam a guerra de guerrilha em áreas ocupadas pelo inimigo. Conseguiram consolidar sua retaguarda e construíram seu próprio exército popular com muito entusiasmo. Em coordenação com os guerrilheiros, o exército popular lutou corajosamente e aniquilou as tropas inimigas em muitas campanhas: em Việt Bắc no outono-inverno de 1947, na fronteira Vietnã-China nos últimos meses de 1950, no Planalto Central e no delta do rio Vermelho, em Hòa Bình, Ba Vi, e no rio Da em 1951, no Vietnã do Sul em

1952, em Lai Châu em 1953 e, finalmente, em 7 de maio de 1954, obteve a vitória decisiva em Điện Biên Phủ. A vitória de Điện Biên Phủ, conquistada mesmo às vésperas da abertura da Conferência de Genebra, exerceu uma influência significativa no desenrolar da Conferência e contribuiu para a assinatura dos Acordos de Genebra, garantindo a restauração da paz na Indochina e baseados no reconhecimento dos direitos nacionais dos povos do Vietnã, Camboja e Laos.

Ao mesmo tempo, todos os planos políticos dos colonialistas e imperialistas, isto é, "alimentar a guerra com a guerra", "usar vietnamitas para lutar contra vietnamitas", as farsas de "independência" e "democracia", para enganar o nosso povo, e a falência do padrão imperialista de "reforma agrária" revelaram-se infrutíferos.

Durante todo esse período, o partido e o governo também dedicaram atenção à construção e desenvolvimento da economia, finanças e cultura da República Democrática. Primeiro, e acima de tudo, a reforma agrária com base no princípio de "terra para o lavrador" começou a ser implementada. Como resultado dos esforços para manter e expandir os ramos indispensáveis das pequenas indústrias e do artesanato, nosso povo e exército foram supridos com mais bens de consumo. O cultivo de arroz e culturas subsidiárias e o trabalho para a melhoria da irrigação e combate às enchentes foram incentivados. O transporte e as comunicações foram desenvolvidos em um grau adequado. O setor estatal na economia nacional, o sistema bancário e comercial nacional, surgiram e cresceram de forma constante; a educação nacional, a educação dada ao campesinato e ao exército, e a luta contra o analfabetismo obtiveram resultados extraordinários, apesar das condições desafiadoras. Assim, em todas as esferas militares, políticas e econômicas, nossa jovem república democrática enfrentou vitoriosamente os testes e as provações da guerra na qual, segundo Lenin, todas as virtudes de um povo devem ser expressas plenamente.

O patriotismo ardente e a unidade ideológica e política do nosso povo e exército em torno do partido e do governo nos ajudaram a superar provações inimaginavelmente difíceis e criar condições políticas, econômicas e militares para a vitória. Sua confiança inabalável no sucesso de sua causa justa inspirou nosso povo e aumentou sua bravura. As virtudes e a combatividade que nossos soldados, guerrilheiros e quadros conseguiram aprender, particularmente a rica história do movimento de libertação nacional, ajudaram nosso jovem exército a alcançar vitórias militares históricas e a tingir sua bandeira com glória eterna.

O brilhante exemplo do exército e dos povos soviético e chinês inspirou continuamente nosso povo e combatentes e contribuiu para o fortalecimento de nossos heróis. O povo francês e todas as pessoas amantes da paz no mundo nos deram um apoio inestimável. Nos momentos mais críticos da Guerra de Resistência, eles estiveram ao nosso lado e compartilharam alegria conosco quando a paz foi restaurada. A República Democrática conquistou uma vitória gloriosa porque esta é a vitória dos oprimidos sobre os opressores, o triunfo da liberdade sobre a escravidão. Nosso povo escapou da re-escravidão, e as conquistas da Revolução de Agosto – paz, unidade, independência e democracia – estão salvaguardadas e fortalecidas.

A paz foi restaurada na Indochina com base no reconhecimento da independência, soberania, unidade e integridade territorial do Vietnã, Laos e Camboja; a paz nos foi trazida pela Conferência de Genebra de 1954. No entanto, ela não pode ser consolidada enquanto nosso país permanecer dividido pela linha de demarcação provisória no Paralelo 17. Além disso, a atitude das autoridades do Sul e seus apoiadores representa uma séria ameaça à paz, que foi restaurada há apenas dois anos.

De fato, se o primeiro passo, ou seja, a etapa militar estipulada no Acordo de Genebra, em geral, terminou de forma satisfatória, já que todo o território do Norte do Vietnã foi libertado, por outro, o segundo passo, ou seja, a etapa que levaria à reunificação do Vietnã por meio de eleições gerais a serem realizadas em 1956, ainda não pode ser iniciado devido à obstrução deliberada de Ngô Đình Diệm.

As autoridades do Sul massacram de forma selvagem nossos compatriotas e todas as forças patrióticas e pacifistas no Sul. Em apenas um ano, eles cometeram mais de 3 mil crimes e violações do Acordo de Genebra. Pelo menos 4 mil patriotas foram mortos ou feridos, e mais de 19 mil foram presos. Além desses atos de terrorismo, a administração de Diệm também implementou freneticamente a linha política dos EUA com a intenção de transformar o Vietnã do Sul em uma colônia e base militar dos EUA, que seria permanentemente incorporada à esfera de atividade da Organização do Tratado do Sudeste Asiático (Seato). Apesar de suas ações, Ngô Đình Diệm se gabava vergonhosamente de ser um "lutador" pela paz, democracia e independência do Vietnã.

Essa situação determinou as tarefas do governo da República Democrática do Vietnã, que estabeleceu como objetivo principal a implementação rigorosa e correta do Acordo de Genebra; ou seja, realizar imediatamente a conferência consultiva entre o Norte e o Sul, o primeiro passo em direção à realização de eleições gerais livres para reunificar o país. Assim, a paz e a reunificação nacional são nossas principais demandas no momento.

Além disso, temos que curar as feridas da guerra, elevar pouco a pouco o padrão de vida do povo e construir uma nova vida genuinamente livre e democrática em nosso país. Para isso, temos, por um lado, que reabilitar nossa economia nacional, agricultura, artesanato, transporte e indústria. Agora que podem desfrutar da paz, nosso povo tem se dedicado a esse caminho com muito entusiasmo. Mas esforços mais significativos ainda devem ser feitos para cultivar as terras em pousio, reparar diques para prevenir enchentes e construir uma rede de irrigação para combater a seca e a fome, já que essas duas calamidades são inseparáveis. Por outro lado, o bem-estar do povo vietnamita trabalhador deve ser gradualmente elevado com base no aumento da produtividade do trabalho.

As tarefas mencionadas são complexas e complicadas devido à guerra, ao colonialismo e ao sistema feudal. No entanto, graças à assistência de países fraternos, temos cada vez mais possibilidades e podemos confiar em um futuro bem-sucedido. De fato, após as conversações em julho entre a delegação do governo vietnamita e os líderes da União Soviética e da República Popular da China, esses dois países decidiram nos conceder uma ajuda total de 1,530 bilhão de dongs[1] nos próximos anos. Outras democracias também nos oferecem uma assistência inestimável em nosso trabalho de reabilitação. Essa ajuda é fornecida em equipamentos, suprimentos, máquinas e técnicos. Muitos setores econômicos e culturais do Vietnã se beneficiam dessa assistência. Essa ajuda

[1] Moeda antiga (atualmente seriam 1.530.000 de dongs).

altruísta e incondicional, benéfica para o povo, é completamente diferente da "ajuda" concebida pelos imperialistas. Por meio de sua "ajuda", os imperialistas sempre visam explorar e escravizar os povos. O Plano Marshall, que gradualmente interferiu na soberania dos países receptores, é uma prova evidente disso.

Em suas relações com outros países, a política da República Democrática do Vietnã é clara e transparente; é uma política de paz e boas relações, baseada nos cinco grandes princípios das declarações conjuntas sino-indiana e sino-birmanesa. São eles: o respeito mútuo pela integridade territorial e pela soberania nacional, a não agressão, a não interferência nos assuntos internos, a igualdade de benefícios mútuos e a convivência pacífica. A Conferência de Bandung, em particular, mostrou que esses princípios são apoiados por amplos círculos de opinião pública na Ásia e na África.[2]

Em particular, desejamos manter relações pacíficas com nossos vizinhos, ou seja, Camboja e Laos. No que diz respeito à França, continuamos a defender o estabelecimento de relações econômicas e culturais preferenciais, desde que essas relações se baseiem na igualdade e benefício mútuo, em primeiro lugar, e na confiança mútua e cooperação honesta.

Neste décimo aniversário do Dia Nacional, temos o direito de nos orgulhar do caminho percorrido ao olhar para o passado. Mas também, e principalmente, voltamos nosso olhar

[2] Entre 18 e 24 de abril de 1955, os líderes de 29 países da África e Ásia se reuniram em Bandung (Indonésia) para condenar o colonialismo e traçar um caminho para seu desenvolvimento futuro, incluindo suas relações mútuas. Essas relações foram baseadas no Panchsheel (cinco virtudes) ou nos cinco princípios de coexistência pacífica acordados entre China e Índia em 1954: 1. respeito mútuo pela integridade territorial e soberania um do outro; 2. não agressão mútua; 3. não interferência mútua nos assuntos internos um do outro; 4. igualdade e benefício mútuo; 5. coexistência pacífica.

para o futuro e temos consciência do que ainda precisa ser feito. Ainda temos que realizar uma luta política difícil, longa e intricada. No entanto, se formos perseverantes, resolutos e vigilantes, se nosso partido e a Frente Nacional continuarem aplicando os princípios testados de crítica e autocrítica, e temos todas as razões para acreditar que nosso partido e a Frente Nacional continuarão a aplicá-los, certamente teremos sucesso.

O campo da paz e da democracia fez grandes avanços nos últimos dez anos. A União Soviética triunfou sobre os invasores fascistas e desde então alcançou muitas conquistas importantes na construção do comunismo e em sua política de luta pela paz e alívio da tensão internacional. As democracias populares também foram fortalecidas nos âmbitos político e econômico. A revolução bem-sucedida na China libertou 600 milhões de pessoas que estão avançando rumo à felicidade. Com o apoio fraternal dos voluntários chineses, o povo coreano repeliu o grupo de Syngman Rhee e as tropas sob a bandeira da ONU. O povo vietnamita conquistou a vitória na guerra iniciada pelos colonialistas franceses e retomou a paz na Conferência de Genebra. As forças da paz estão se fortalecendo e conseguiram consolidar sua posição. Todas essas conquistas notáveis deram ao nosso povo uma confiança ilimitada no futuro glorioso de nosso país e na vitória inevitável de nossa causa.

Embora ainda enfrentemos dificuldades e obstáculos, estamos avançando com a confiança e o entusiasmo dos vitoriosos!

34. CARTA AO POVO VIETNAMITA EM TODO O PAÍS

6 DE JULHO DE 1956

Caros compatriotas.

Por quase um século, nosso povo lutou contra os colonialistas de forma heroica. O resultado foi o triunfo da Revolução de Agosto e a fundação da República Democrática do Vietnã.

No entanto, os colonialistas tramavam planos obscuros e provocaram a guerra na tentativa de reconquistar nosso país. Após quase nove anos da incrivelmente heroica e árdua luta de todo o nosso povo, a Resistência saiu vitoriosa. O Acordo de Genebra restaurou a paz, reconheceu a independência, soberania, unidade e integridade territorial do Vietnã e estipulou que eleições gerais livres seriam realizadas em todo o país em julho de 1956 para reunificar a nação.

Implantando estritamente o Acordo de Genebra, o governo da República Democrática do Vietnã repetidamente propôs às autoridades do Vietnã do Sul a realização de consultas políticas para discutir eleições gerais livres para reunificar o país.

No entanto, os imperialistas dos EUA e as autoridades pró-EUA no Vietnã do Sul estão planejando dividir permanentemente nosso país e impedir a realização de eleições gerais livres no momento estipulado pelo Acordo de Genebra. Eles estão agindo contra os interesses do nosso país e os desejos do nosso povo.

Diante dessa situação, nosso sagrado dever é continuar a lutar com determinação para implementar o Acordo de Genebra e a reunificação do nosso país por meios pacíficos, com base na independência e democracia, e para completar a gloriosa tarefa de libertação nacional.

Nossa atual linha de luta é que todo o povo, do Norte ao Sul, esteja unido de forma estreita e ampla na Frente Nacional do Vietnã, e se esforce para consolidar o Norte e transformá-lo em uma base forte para a luta pela reunificação nacional.

Todos aqueles que são descendentes de Hồng Lạc,[1] que têm consciência, não podem fazer outra coisa senão aprovar e apoiar esse nobre objetivo. É por isso que estamos unindo, de forma ampla, todos os vietnamitas, dentro e fora do país, que amam sua terra natal, a paz e a unidade. Com essa forte união, estamos fazendo esforços contínuos para aproximar o Norte e o Sul; estamos lutando com determinação para consolidar a paz, alcançar a unidade, independência e democracia em todo o país.

Nossa atual luta política é longa, difícil e complexa, mas será indubitavelmente vitoriosa. A vitória é inevitável, porque nossa causa é justa; nosso povo está unido e determinado, e nossos compatriotas do Sul e do Norte estão lutando com heroísmo porque os povos do mundo nos apoiam, o movimento mundial pela paz está se fortalecendo a cada dia, e os planos belicosos dos imperialistas estão fracassando cada vez mais.

Para cumprir com os ardentes desejos de nosso povo, que são consolidar a paz e alcançar a reunificação com base no Acordo de Genebra, o governo da República Democrática do Vietnã tomou as seguintes medidas práticas:

[1] Hồng Lạc são os lendários criadores do povo vietnamita.

1) restaurar relações normais e livre circulação entre as duas zonas e criar as condições necessárias para estabelecer contatos entre as delegações políticas, econômicas, culturais e sociais do Norte e do Sul;
2) iniciar consultas políticas entre representantes das duas zonas para discutir eleições gerais livres visando a reunificação do país, com base no Acordo de Genebra.

Caros compatriotas, tanto no país como no exterior nosso Vietnã deve ser reunificado. Os compatriotas no Sul e no Norte, sem dúvida, se reunirão. Todos os nossos compatriotas devem estar decididos a se unir de perto e com base ampla no Programa da Frente da Pátria do Vietnã,[2] devem participar de coração no movimento patriótico de emulação, esforçar-se para consolidar o Norte e lutar com determinação e perseverança por um Vietnã pacífico, unificado, independente, democrático e próspero.

A reunificação é a linha de vida de nosso povo. A ampla unidade é uma força invencível. Graças à ampla unidade, nossa revolução triunfou, nossa resistência foi vitoriosa. Nossa luta política certamente alcançará a vitória com ampla unidade, e nosso país, sem dúvida, será reunificado.

---

[2] Ho Chi Minh se refere ao Mặt Trận Tổ Quốc Việt Nam, fundado em 1955 para reunir organizações de massa, como a Associação de Coletivos Agrícolas, a Confederação dos Trabalhadores, a União da Juventude Ho Chi Minh e a União das Mulheres. Era uma frente ou liên hiệp do partido. O nome é frequentemente traduzido como Frente Pátria do Vietnã, embora o termo "Tổ Quốc" não tenha toda a conotação de pátria; é mais como país, impregnado de sentimentos patrióticos.

35. INSTRUÇÕES DADAS NA CONFERÊNCIA DE AVALIAÇÃO DA EDUCAÇÃO EM MASSA NA PRIMEIRA METADE DE 1956[1]

16 DE JULHO DE 1956

Em nome do partido e do governo, indago sobre a sua saúde – quadros e combatentes da educação em massa – e parabenizo o serviço de educação em massa pelos seus feitos durante os primeiros seis meses do ano. Nesses últimos seis meses, 2,1 milhões de pessoas frequentaram as aulas. Isso é um feito notável. Antigamente, na época dos imperialistas e feudalistas, mais de 90% da nossa população era analfabeta. Mais tarde, o falecido Sr. Nguyễn Văn Tố e um número de pessoas progressistas trabalharam para popularizar o alfabeto nacional.[2] Eles fizeram grandes esforços, mas apenas 5 mil pessoas por ano frequentavam as aulas. Nos primeiros seis meses deste ano, houve mais de 2 milhões de alunos. Isso é

---

1 Na década de 1940, cerca de 90% da população vietnamita era analfabeta. Em 2009, a taxa de alfabetização era de 93,5%. Em setembro de 1945, um mês após assumir o controle do estado no Norte do Vietnã, os comunistas iniciaram a campanha de Educação em Massa (Bình Dân Học Vụ). Mais de 7,5 milhões de vietnamitas passaram por essas aulas até 1954. Ho Chi Minh se comprometeu a reverter a política de "manter o povo ignorante" (chính sách ngu dân) dos regimes feudais e coloniais. A alfabetização em massa das mulheres e a promoção da ciência foram dois avanços-chave desse programa. *Ngô Văn Cát, Chống Nạn Thất Học*, Hanói: Nhà Xuất Bản Giáo Dục, 1980.

2 Nguyễn Văn Tố (1889-1947) foi o primeiro presidente da Assembleia Nacional do Vietnã, embora não fosse membro do Partido Comunista. Ele era um estudioso literário que promoveu o uso do alfabeto latino, incentivou a alfabetização e a educação, e escreveu muitos livros, incluindo sobre o povo Champa do Vietnã central. Ele foi morto pelos franceses em 7 de outubro de 1947.

um grande feito, mas não devemos considerá-lo como suficiente; devemos fazer mais esforços e evitar a presunção e a complacência.

Após sete dias de discussão e troca de experiências, vocês provavelmente estão mais experientes do que eu. Mas gostaria de contribuir com algumas das minhas próprias experiências.

Para eliminar o analfabetismo entre as grandes massas, cuja esmagadora maioria são camponeses, o movimento educacional deve ser um movimento de massa. Devemos estar próximos das massas, discutir com elas, aplicar formas e métodos adequados à sua vida e confiar nelas para promover o movimento.

Antigamente, eu e um número de outros quadros realizávamos atividades revolucionárias clandestinas em Cao Bằng. A maioria dos nossos compatriotas lá eram Nùng, Hmong e Tày;[3] eles sabiam pouco vietnamita, viviam dispersos nas montanhas, distantes uns dos outros, estavam ocupados com o seu trabalho, e tanto o ensino quanto o estudo tinham que ser feitos na clandestinidade. Fornecemos a educação em massa nessas condições difíceis, mas tivemos sucesso. Os quadros elaboraram um plano em consulta com os nossos compatriotas, e estes lhes disseram o que fazer. Os alfabetizados ensinavam os iletrados; aqueles que sabiam muito ensinavam aqueles que sabiam pouco.

As aulas eram realizadas em cavernas; cada aldeia enviava uma pessoa para estudar por alguns dias e, em seguida, ela voltava e ensinava os seus companheiros da aldeia. Quando o seu conhecimento se esgotava, ela voltava à aula e aprendia um

3 Esses três fazem parte dos mais de 50 grupos étnicos minoritários no Vietnã. Eles compreendem aproximadamente 15% da população.

pouco mais. Enquanto ensinavam aos outros, os professores também aprendiam. Esse foi o método que adotamos para o trabalho de educação em massa e o seu desenvolvimento para se tornar um movimento.

Naquela época, apesar das restrições do inimigo e das perseguições contínuas, os nossos compatriotas eram muito estudiosos – as mulheres e crianças eram mais estudiosas que os homens. Atualmente, quando visito as escolas, também percebo que as mulheres e crianças são mais numerosas que os homens. Muitos homens ainda não frequentaram a escola. Naquela época, não havia aulas ou escolas; as pessoas que iam capinar ou colher vegetais escolhiam um local e iam lá para ensinarem uns aos outros. Os meninos que cuidavam dos búfalos se reuniam em um local específico e aprendiam uns com os outros. Os quadros que iam para os campos de trabalho frequentemente eram parados pelos moradores e estes lhes pediam que ouvissem as lições recitadas; se as lições fossem lidas incorretamente, os quadros as corrigiam; se tivessem sido bem aprendidas, pediam aos quadros que passassem uma nova lição.

Trabalhadores e camponeses têm muito trabalho a fazer. Se o método de ensino não for adequado aos alunos, ao seu trabalho e modo de vida – se esperarmos por salas de aula equipadas com mesas e bancos – não teremos sucesso. A organização do ensino deve estar de acordo com as condições de vida dos alunos; assim, o movimento será duradouro e trará bons resultados. Nossos compatriotas ainda são pobres e não podem comprar papel e canetas; portanto, um pequeno caderno de bolso para exercícios é suficiente para cada pessoa. Os exercícios de leitura e escrita podem ser feitos em qualquer lugar, usando carvão, o chão ou folhas de banana como canetas e papel. Os quadros clandestinos eram designados para ensinar e tornar uma pessoa letrada a cada três meses. Naquela época, não havia assistência do governo, nenhum ministério ou departamento responsável por problemas educacionais; mas em condições tão precárias, o movimento continuou a se desenvolver, se espalhando feito óleo, os alfabetizados ensinando os iletrados.

No estudo, assim como no ensino, a juventude é a força principal do movimento de educação em massa. Em todos os lugares, devemos fazer com que os jovens compreendam essa tarefa. Tanto no ensino quanto no estudo, a juventude deve sempre estar na vanguarda.

O trabalho de educação em massa também é trabalho de ensino, mas não ocorre em escolas ou aulas equipadas com lâmpadas e livros, como nas escolas públicas. É um movimento amplo, complicado e autossuficiente. As escolas públicas são divididas em primeiro, segundo, terceiro e quarto anos, mas na educação em massa há estudantes de todos os tipos, jovens e idosos; alguns sabem muito, outros apenas um pouco, alguns assimilam rapidamente, outros devagar. Portanto, esta é uma tarefa desafiadora que requer muita paciência e esforço. O medo das dificuldades e privações não é admissível na educação em massa. Às vezes, precisamos ir até a casa de uma mãe com muitos filhos para lhe ensinar. Com os idosos que relutam em frequentar as aulas, devemos convencê-los com muita paciência, ou às vezes ir até suas casas para ensiná-los. Para erradicar o analfabetismo, a diligência é indispensável; o burocratismo e a imposição não têm lugar.

O trabalho é inconveniente e desafiador e não traz fama alguma. Na Guerra de Resistência, se conseguirmos matar muitos inimigos, podemos nos tornar lutadores exemplares ou heróis; ao trabalhar em fábricas, se fizermos muitas inovações ou superarmos a meta de produção, nos tornaremos trabalhadores excepcionais ou heróis do trabalho. O trabalho de educação em massa não traz fama, e o título do cargo não soa importante; no entanto, é muito glorioso. Não devemos ficar parados em um lugar desejando estar em outro; não devemos alimentar a intenção errada de abandonar o trabalho de educação em massa e entrar em uma escola técnica ou lecionar em uma escola geral, ou seguir outra profissão.

Na vida social, há muitas profissões; portanto, uma divisão do trabalho é inevitável. Eu faço um trabalho; você assume outro. O trabalho de educação em massa é importante, tem uma influência significativa na nação, na sociedade e na construção de nosso país. Embora não seja uma profissão importante, famosa ou excepcional, que faça de alguém um herói, é uma tarefa que tem muitas consequências. Uma pessoa que atualmente é uma trabalhadora de educação em massa deve evitar a vontade de assumir outra profissão.

O trabalho de educação em massa também é colocado sob direção. Temos o ministério, o departamento, os serviços das zonas e das províncias. Dirigir não é ficar sentado no escritório tomando notas. Durante a resistência, alguns quadros conseguiam elaborar um bom programa para a educação secundária, mas não podiam assumir uma aula de educação em massa, porque estavam sempre no escritório. Os dirigentes devem se unir e auxiliar os quadros a superar as dificuldades; o burocratismo e o autoritarismo devem ser evitados. Em qualquer trabalho, uma conexão estreita com as pessoas é essencial; os serviços de educação em massa em todos os níveis devem corrigir seus próprios erros, se houver, e aprender com a experiência dos outros.

Antigamente, por serem pobres, os trabalhadores e camponeses não podiam enviar seus filhos para a escola; apenas um pequeno número de crianças podia frequentar a escola; a maioria delas era de famílias abastadas que tinham comida suficiente. No campo, somente os filhos de senhores de terras e camponeses ricos podiam ir à escola. Alguns quadros perguntavam se os filhos de senhores de terras e camponeses ricos poderiam ser professores em uma aula de educação em massa. Isso está coloca a questão de forma incorreta. Qualquer jovem, homem ou mulher, assume essa tarefa se for bom. Caso contrário, o trabalho não será confiado a eles. Uma pessoa jovem digna que não discorda da exploração cometida por seus pais e não se alia a eles para agir contra o povo será aceita como professor em uma aula de educação em massa. Se ela cometer faltas graves, o trabalho não lhe será dado, seja no trabalho de educação em massa, seja em qualquer outro trabalho. Se uma pessoa jovem cujos pais são senhores de terras culpados não seguir seus pais, ela não é culpada e pode manter os direitos de cidadania como outros jovens. Isso deve ser bem compreendido e aplicado corretamente por vocês que vivem no campo.

Embora aparentemente não seja heroico, o trabalho de educação em massa pode prestar um grande serviço à nação se conseguir erradicar o analfabetismo em três anos. Nosso país se orgulharia de eliminá-lo rapidamente. Ainda há pessoas analfabetas em países considerados civilizados, como os EUA, Reino Unido e França. Erradicar o analfabetismo em dois ou três anos é uma vitória muito grande. Devemos nos dar conta disso e fazer mais esforço. Ao fazer isso, não será este jovem ou aquela jovem que se tornará um herói; todos os quadros e professores que trabalham na educação em massa serão heróis. E os heróis coletivos são ainda melhores.

Se o analfabetismo for erradicado em três anos, novas tarefas serão definidas para o governo, o Ministério da Educação e o Ministério da Cultura, e vocês também terão que lidar com novas tarefas. Isso não significa que, quando todos souberem ler e escrever, vocês terão cumprido suas tarefas e poderão descansar ou assumir outro trabalho.

As pessoas analfabetas devem ser alfabetizadas. Quando aprenderem a ler, devem continuar avançando em seus estudos. Pessoas alfabetizadas voltarão ao analfabetismo se não tiverem materiais de leitura. Portanto, o governo e o Ministério da Educação têm a tarefa de fornecer livros e jornais adequados aos padrões desses leitores.

Vocês têm a tarefa de ajudar nossos compatriotas analfabetos a se tornarem alfabetizados e, em seguida, avançarem em seus estudos. Portanto, vocês mesmos devem continuar estudando para poder ensinar em um nível mais elevado. Nossa nação está avançando, e os quadros também devem avançar. Eles precisam dirigir o caminho para garantir o progresso contínuo da nação.

36. CONSOLIDAÇÃO E DESENVOLVIMENTO DA UNIDADE IDEOLÓGICA ENTRE OS PARTIDOS MARXISTA-LENINISTAS[1]

Pravda, 3 de agosto de 1956

O 20º Congresso do Partido Comunista da União Soviética foi saudado calorosamente na República Democrática do Vietnã, assim como em todos os outros países, e considerado um evento histórico significativo. As novas medidas adotadas após o Congresso nas políticas domésticas e externas da União Soviética, bem como o desenvolvimento da energia revolucionária das massas apontado pelo evento, demonstram que a importância do Congresso dos construtores do comunismo não pode ser avaliada por completo. Não há dúvida de que o excelente programa traduzido nos objetivos do Sexto Plano

[1] Em 1956, no 20º Congresso do Partido Comunista da União Soviética (PCUS), o primeiro secretário do partido, Nikita Kruschev, leu um relatório sobre violações da lei soviética. "Foi aqui que Stalin mostrou, em uma série de casos, sua intolerância, sua brutalidade e seu abuso de poder. Ele frequentemente escolheu o caminho da repressão e da aniquilação física, não apenas contra inimigos reais, mas também contra indivíduos que não haviam cometido crimes contra o partido ou o governo soviético", disse o relatório de Kruschev. O discurso abalou os partidos comunistas ao redor do mundo. No ano seguinte, para comemorar o 40º aniversário da Revolução de Outubro, o PCUS realizou um Encontro Internacional de Partidos Comunistas e Operários em Moscou. Ho Chi Minh participou do evento juntamente com Lê Duẩn e Phạm Hùng. O encontro adotou a linha de coexistência pacífica, a importância da descolonização e da libertação nacional, além da história e trajetória particulares dos diversos movimentos comunistas no mundo. O artigo de Ho Chi Minh de 1956, publicado no jornal do PCUS, antecipa os temas da declaração final do encontro de 1957.

Quinquenal, a elevação de todas as forças políticas, econômicas e sociais do país conforme exposto no congresso, e a correção do culto à personalidade e suas consequências, são sucessos brilhantes alcançados pela União Soviética, que nos permitem antecipar novas conquistas importantes da União Soviética em um futuro próximo.

Os princípios teóricos importantes estabelecidos pelo 20º Congresso do Partido Comunista da União Soviética sobre a convivência pacífica entre países com diferentes sistemas sociais, sobre a possibilidade de evitar a guerra na fase atual, sobre a natureza multifacetada do período de transição para o socialismo em vários países – todos esses princípios têm contribuído para a consolidação das forças de paz, democracia e socialismo em todo o mundo. O congresso também revelou novas possibilidades e abriu novas perspectivas para o movimento operário em direção ao socialismo e para todos os povos que defendem sua independência nacional. A luta eficaz contra o culto à personalidade, aprovada unanimemente pelo 20º Congresso do Partido Comunista da União Soviética, exerce uma grande influência sobre todo o movimento comunista. A resolução de 30 de junho de 1956 do Comitê Central nos ajuda a compreender mais profundamente a questão do culto à personalidade e a superação de suas consequências.

Ao falar sobre as condições necessárias para a admissão de diferentes partidos na Internacional Comunista, Lenin apontou:

> Neste período de guerra civil aguda, os partidos comunistas só são capazes de cumprir seu dever se forem organizados da maneira mais centralizada, marcados por uma disciplina de ferro beirando a disciplina militar, e possuírem centros

> partidários fortes e com autoridade investidos de amplos poderes, desfrutando da confiança unânime dos membros. (Lenin, 1965, p. 206)

Obviamente, ele queria dizer que o estágio de guerra civil intensa e a restrição da democracia imposta ao povo soviético eram apenas provisórios e deveriam ser abolidos assim que o novo regime fosse consolidado.

No entanto, nossos inimigos esperavam minar o campo socialista por dentro. Eles cometeram um erro significativo ao pensar que suas esperanças poderiam se concretizar, confundindo o desenvolvimento da democracia socialista com o início da desordem e a perda total do espírito de organização e disciplina interna dentro dos partidos marxistas-leninistas.

É evidente que o socialismo jamais pode tolerar o culto à personalidade e suas consequências prejudiciais uma vez que seja bem-sucedido. As medidas enérgicas adotadas pelo Comitê Central do Partido Comunista da União Soviética para eliminar o culto à personalidade e suas consequências estabelecem um brilhante exemplo de ousadia política, sem precedentes na história. A implementação rigorosa dessas medidas enfraquece, mas consolida a solidariedade ideológica entre aqueles que constroem o comunismo, centrados em torno do núcleo dirigente fiel a Lenin. O prestígio absoluto do Partido Comunista da União Soviética é cada vez mais aprimorado e consolidado. Partindo da posição de Lenin em relação à questão da crítica e autocrítica, o Comitê Central do Partido Comunista da União Soviética afirmou claramente que estava mais preocupado com a necessidade de corrigir erros e educar o partido da classe trabalhadora e as massas populares do que com a pergunta sobre "o que diriam os reacionários". Lenin considerava isso como critério de um partido correto e sério, que está claramente ciente de sua responsabilidade e que compreende que os interesses futuros do movimento devem sempre vir antes de tudo.

Essa política certamente aumenta, agora e no futuro, o prestígio do PCUS no campo socialista, bem como entre as massas trabalhadoras dos países capitalistas e dependentes. Uma campanha estrondosa de difamação, iniciada por nossos inimigos contra o Partido Comunista da União Soviética por ter elaborado medidas para liquidar as consequências do culto à personalidade, prova que eles eram cegos politicamente; a história confirmará isso em breve. O PCUS novamente demonstra que o aspecto mais importante da autocrítica é corrigir os erros de forma prática e eficaz. A análise científica das condições que geram erros tem o efeito de prevenir sua recorrência. Todos os partidos fraternos podem tirar valiosas lições dos documentos do 20º Congresso que exemplificam o alto nível de desenvolvimento contínuo do marxismo-leninismo. É indiscutível que as resoluções do 20º Congresso ajudarão os partidos fraternos a corrigir seus erros e melhorar seu trabalho.

Na luta pela construção de um Vietnã pacífico, unificado, independente, democrático, próspero e forte, o Partido dos Trabalhadores do Vietnã sempre compreendeu a identidade entre os interesses da luta pela libertação de todos os povos do jugo imperialista e os da luta pela libertação das massas trabalhadoras da exploração do capitalismo. Portanto, conseguiu estabelecer uma base sólida de amizade entre o povo vietnamita e outros povos, como os povos cambojano, laociano e francês. Em um sentido mais amplo, na luta pela reunificação nacional, o Partido dos Trabalhadores do Vietnã nunca se isolou dos partidos fraternos; em toda a sua prática, provou que o patriotismo genuíno nunca pode ser separado do internacionalismo proletário; e que a aliança fraterna entre todos os lutadores por uma causa comum, a libertação da humanidade, a construção de uma sociedade sem classes, a coexistência pacífica e a paz duradoura, é inabalável.

Enquanto os imperialistas aumentavam sua organização e criavam blocos internacionais agressivos, como o Seato, a Otan e o Pacto de Bagdá, o Partido dos Trabalhadores do Vietnã nunca se afastou de sua política de fortalecimento das relações com os partidos fraternos.

O Partido dos Trabalhadores do Vietnã está ciente de que a reação internacional está tramando grandes planos, especialmente no Vietnã do Sul e em toda a "área do Pacífico" (Taiwan, Coreia do Sul). Também está ciente de que, por meio desses planos, a reação internacional está liderando suas forças no movimento de libertação nacional e na classe trabalhadora e camponesa na Ásia; que, ao executar esses esquemas, o imperialismo está buscando todos os meios para enfraquecer a unidade ideológica e a solidariedade fraterna entre os partidos marxistas-leninistas da classe trabalhadora em vários países.

Na conjuntura internacional atual, as características nacionais e as condições peculiares de cada país se tornam um fator mais importante na elaboração das políticas de cada partido comunista e operário. Ao mesmo tempo, o marxismo-leninismo continua sendo a base inabalável da luta comum de todos os partidos; a troca de experiências sobre essa luta continua sendo significativa, e as questões que surgem para este ou aquele partido não são de forma alguma uma "preocupação própria" desse ou daquele partido, mas têm conexões vitais com o proletariado internacional como um todo.

Por exemplo, nós, o povo vietnamita, não só precisamos definir nossos próprios métodos e medidas na luta contra os esquemas dos imperialistas norte-americanos e da administração do sul do Vietnã para perpetuar a divisão de nosso país e na nossa luta para avançar gradualmente rumo ao socialismo – isso é óbvio; mas nosso partido também compreende claramente que nossas atividades, agora e no período que se aproxima, não podem ser limitadas à mera fronteira nacional; que essas atividades estão conectadas por milhares de laços com a luta geral travada pelo mundo progressista; e que a solidariedade genuína demonstrada pelo campo socialista e pelos povos amantes da paz ao redor do globo é tão necessária para nós quanto era anteriormente durante a Guerra de Resistência do povo vietnamita pela salvação nacional.

A 9ª sessão plenária do Comitê Central do nosso partido, realizada de 19 a 24 de abril de 1956, fez um estudo profundo dos documentos do 20º Congresso do PCUS. Participaram dos trabalhos da sessão os membros do Comitê Central, os secretários dos comitês do partido das zonas, províncias e cidades importantes, e vários quadros responsáveis dos órgãos centrais.

O Partido dos Trabalhadores do Vietnã obteve resultados significativos na aplicação criativa do marxismo-leninismo à realidade vietnamita. Nosso povo conquistou grandes vitórias durante e após a guerra, na consolidação do Norte completamente libertado e nos setores político, econômico e social. Além disso, o partido conseguiu unir, na Frente da Pátria do Vietnã, todos os patriotas que lutam pela independência e reunificação nacional por meios pacíficos.

As resoluções da 9ª sessão plenária do Comitê Central do Partido dos Trabalhadores do Vietnã também enfatizaram a grande importância dos princípios de liderança coletiva na construção e consolidação do partido, cuja importância foi destacada no 20º Congresso do PCUS. Em geral, nosso partido tem seguido o princípio de liderança coletiva. No entanto, um estudo profundo desse princípio destacou muitas deficiências.

Devemos admitir que, em certa medida, o culto à personalidade também existiu no Vietnã, tanto dentro quanto fora do partido. Embora não tenha levado a erros graves ainda, isso limitou a iniciativa e o espírito de luta dos elementos ativos e do povo. Encontramos manifestações do culto à personalidade tanto em órgãos centrais quanto locais de liderança; para superar essas deficiências, decidimos melhorar o trabalho ideológico no partido e entre o povo.

Em uma sessão recente, o Conselho de Ministros destacou as grandes realizações na execução da reforma agrária e da recuperação econômica, na melhoria do padrão de vida do povo e na consolidação política do Estado democrático de nosso povo. O congresso também apontou muitas deficiências e erros na implementação da política de aliança contra a influência feudal no campo, nos métodos de luta contra o inimigo da classe trabalhadora, na implementação da política financeira e no ajuste organizacional.

Na imprensa e nas reuniões do partido, temos constantemente instado todos os membros do partido a fortalecerem seus laços com as massas e a considerar a situação no Sul ao formular e executar as políticas do partido. Nossa luta ainda não terminou. Ainda temos que superar muitas dificuldades, especialmente aquelas decorrentes da divisão de nosso país e da execução equivocada de políticas corretas. Estamos firmemente convencidos de que essas dificuldades podem ser superadas e que seremos vitoriosos porque nosso partido goza da confiança do povo, do apoio dos países socialistas e da simpatia das forças progressistas em todo o mundo.

Ao criticar severamente os erros de Stalin e lançar uma luta resoluta contra o culto à personalidade, o 20º Congresso do PCUS deu um brilhante exemplo de audácia política e profunda confiança no povo. O Partido dos Trabalhadores do Vietnã considera a crítica ao culto à personalidade como uma prova eloquente de força e uma grande vitória do PCUS e do movimento revolucionário mundial.

Nosso inimigo tentou aproveitar a crítica ao culto à personalidade para mitigar a influência das grandes conquistas alcançadas pela União Soviética e manchar o movimento revolucionário, que está conquistando cada vez mais vitórias. Eles tentam semear a confusão entre os partidos comunistas e trabalhadores e dividir as fileiras dos trabalhadores. Mas seus esforços serão em vão. Assim como outros partidos fraternos, o Partido dos Trabalhadores do Vietnã está ciente de que a luta do PCUS e sua ajuda fraternal tiveram grande significado para a libertação de todos os povos. Todas as manobras do inimigo do comunismo para manchar a União Soviética e seu Partido Comunista certamente falharão.

Estamos cientes de que os clamores de nosso inimigo apenas revelam seu medo diante das novas forças e novas vitórias. Diante das tramas cada vez mais pérfidas da influência reacionária imperialista, agora mais do que nunca, devemos fortalecer e desenvolver a unidade ideológica, a solidariedade entre os partidos comunistas e trabalhadores, lutar incansavelmente para defender a pureza do marxismo-leninismo, que é nosso tesouro comum, e estudar e aplicar corretamente os princípios teóricos do marxismo-leninismo às realidades de cada país. Estamos confiantes de que a vitória certamente será nossa sob a bandeira do marxismo-leninismo.

37. CARTA AOS CAMPONESES E QUADROS SOBRE A CONCLUSÃO BEM-SUCEDIDA DA REFORMA AGRÁRIA NO NORTE[1]

18 DE AGOSTO DE 1956

Dois anos se passaram desde o fim vitorioso da resistência. A parte norte do nosso país foi completamente libertada das garras colonialistas; agora, os camponeses no Norte também estão livres do jugo dos senhores feudais.

Quase 10 milhões de camponeses receberam terras; dezenas de milhares de novos quadros foram formados no interior. A organização do partido, a administração e as associações de camponeses nas comunas foram reajustadas.

Esta é uma grande vitória, que abre o caminho para nossos camponeses construírem uma vida tendo comida e roupas o suficiente, e trazem uma valiosa contribuição para a reabilitação e desenvolvimento econômico e para a consolidação

---

1 A reforma agrária no Norte teve um impacto político imediato. A proporção de camponeses pobres no partido aumentou de 37% para 53%, a adesão às organizações camponesas locais dobrou, e os camponeses pobres assumiram o controle da administração. No entanto, o partido teve dificuldades com o impacto econômico das reformas, especialmente com os resultados mistos das cooperativas. Uma avaliação preliminar das cooperativas em outubro de 1957 apontou que metade dos lares nas cooperativas melhor organizadas ganhava mais do que na fase pré-coletivização, mas a maioria das famílias tinha renda menor do que antes. Em uma pesquisa de 26 cooperativas nas províncias de Phú Thọ, Thái Nguyên, Ninh Binh e Thanh Hóa durante o verão de 1957, os dados mostraram que um em cada três lares ganhava menos do que em 1956. O governo continuou a lidar com os resultados mistos até a era da reforma Doi Moi, que teve início em 1986 (Te, 1991).

do Norte como uma base sólida para a luta pela reunificação do nosso país.

Essa vitória foi conquistada graças à política correta do nosso partido e governo, à luta unida dos camponeses trabalhadores, ao apoio ativo do exército e do povo, e aos sacrifícios e esforços dos quadros.

Nesta ocasião, em nome do partido e do governo, eu congratulo, com muito afeto, nossos camponeses por sua vitória, parabenizo os quadros da reforma agrária e os quadros e ativistas das comunas que enfrentaram dificuldades, superaram obstáculos e lutaram com perseverança, e felicito o povo e o exército, que contribuíram ativamente para a vitória em comum.

A reforma agrária é uma luta de classes contra os feudais, uma revolução intensa, árdua e de grande impacto. Além disso, o inimigo cometeu atos de sabotagem de maneira frenética. Alguns de nossos quadros não entenderam completamente a política de reforma agrária ou não seguiram corretamente a linha de massa. A direção do Comitê Central do partido e do governo às vezes carece de concretude, e o controle e incentivo são negligenciados. Tudo isso nos levou a cometer erros e encontrar deficiências na realização da reforma agrária, como na realização da unidade no campo, no combate ao inimigo, no reajuste da organização, na aplicação da política de impostos agrícolas etc.

O Comitê Central do partido e o governo revisaram rigorosamente esses erros e deficiências e elaboraram planos para resolvê-los, unindo os quadros e o povo, estabilizando o campo e promovendo a produção.

Temos que corrigir tais deficiências, como não confiar inteiramente nos camponeses pobres e sem-terra, não nos estarmos bem unidos aos camponeses médios e não estabelecermos uma aliança sincera com os camponeses ricos.

O *status* daqueles que foram classificados erroneamente como senhores feudais ou como camponeses ricos será revisado.

A filiação ao partido, os direitos e a honra devem ser restaurados aos membros do partido, quadros e outros que foram injustamente condenados.

Com relação aos senhores feudais, devemos seguir as regulamentações de oito pontos ao lidar com eles e prestar atenção nos senhores feudais que participaram da resistência e apoiaram a revolução, ou cujos filhos estão matriculados no exército ou trabalhando como quadros.

Onde quer que a terra e a produção tenham sido estimadas incorretamente, é necessário fazer uma readaptação.

A correção dos erros deve ser resoluta e planejada. O que pode ser corrigido imediatamente deve ser tratado sem demora. O que não pode ser corrigido imediatamente deve ser feito no processo de retificação. É necessário avançar nas conquistas que alcançamos e, ao mesmo tempo, corrigir resolutamente os equívocos cometidos.

No momento atual, o povo se tornou senhor do campo; portanto, as pessoas devem estar muito unidas, envolver-se na produção com afinco, desenvolver e consolidar as equipes de ajuda mútua etc., para se tornarem mais ricas a cada dia e contribuírem para o enriquecimento de nosso povo e o fortalecimento de nosso país.

Os quadros devem se esforçar para estudar a cultura geral e a política, dar o exemplo no trabalho e na produção e, de maneira prática, cuidar das condições de vida do povo.

O povo deve fazer críticas com franqueza e ajudar os quadros em seu trabalho. Os quadros em âmbito zonal e provincial devem fornecer assistência prática aos quadros em âmbitos distritais e comunitários para que seu trabalho e produção possam obter bons resultados.

A unidade é a nossa força invencível. Para consolidar o Norte como uma base para a luta de reunificação de nosso país, todo o nosso povo deve estar bastante e amplamente unido com base na aliança operário-camponesa na Frente da Pátria do Vietnã. É necessário que os quadros veteranos e novos do partido e do governo adotem uma identidade de ideias, estejam unidos e focados em um objetivo comum e emulem para servir ao povo.

Todos os quadros e o povo devem se unir firmemente em torno do partido e do governo e se esforçar para emular na construção de um campo democrático mais feliz e próspero.

38. DISCURSO DE ABERTURA DO PRIMEIRO CURSO TEÓRICO DA ESCOLA NGUYỄN ÁI QUỐC[1]

7 DE SETEMBRO DE 1957

Caros camaradas.

Hoje, a escola teórica do partido está sendo inaugurada. Em nome do Comitê Central do partido, espero que estudem com empenho e desejo sucesso à escola.

Aqui apresento a minha visão sobre o estudo teórico. Por que precisamos estudar teoria? Nosso partido estabeleceu a escola teórica para os quadros elevarem o nível de sua compreensão a fim de atender aos requisitos de suas tarefas revolucionárias e à situação prática, de modo que possam realizar melhor seu trabalho e cumprir suas grandes tarefas revolucionárias.

Nosso partido é um partido marxista-leninista que teve de testar seus limites em lutas árduas por muito tempo. É por isso que possui muitos pontos fortes. Por exemplo, nosso partido é leal ao marxismo-leninismo e ao internacionalismo proletário, tem grande determinação em sua capacidade de luta e possui grande ardor revolucionário e solidariedade e unidade tradicionais. No entanto, nosso partido também

[1] O Comitê Central do Partido dos Trabalhadores do Vietnã estabeleceu a Escola Nguyễn Ái Quốc, Filial 1, em Hanói, para formar os militantes avançados do partido. Os cursos, que abrangiam desde o marxismo até a história do partido, passando pela sociologia e pelo direito, tinham duração de um a dois anos.

possui muitos pontos fracos, e um importante é o baixo nível de compreensão ideológica.

Devido a seus muitos pontos fortes, nosso partido liderou a revolução em grandes e fundamentais sucessos. Mas, por outro lado, devido ao baixo nível da compreensão ideológica do partido, ao enfrentar novas e mais complicadas tarefas revolucionárias, são inevitáveis a perplexidade e os erros da nossa direção do partido. Por exemplo, cometemos erros ao realizar a reforma agrária, reajuste organizacional e gestão econômica.

No momento, quais são as tarefas revolucionárias do nosso partido? Em âmbito nacional, ainda não completamos a tarefa da revolução democrática popular nacional. No que diz respeito somente ao Norte, desde a restauração da paz, ele foi completamente libertado e entrou no período de transição para o socialismo. No Sul, estamos prosseguindo com a tarefa da revolução democrática popular nacional e lutando pela unidade nacional. O socialismo se tornou um sistema mundial poderoso; o movimento pela paz, democracia e libertação nacional está em ascensão. O Norte, livre, está sendo construído e consolidado. Nossa população no Sul foi forjada na Guerra de Resistência e nestes três anos de luta por meios pacíficos.

No entanto, essas tarefas também possuem muitos aspectos complexos e complicados. Por exemplo, as mudanças na situação internacional e doméstica exigem de nós a linha adequada, princípio e método de ação; nosso inimigo é muito ardiloso; nossos quadros e nosso povo ainda não compreenderam completamente que a luta pela reunificação nacional por meios pacíficos é uma luta longa e árdua. Isso exige que nosso partido eleve sua compreensão ideológica. Para fazê-lo, os estudos marxista-leninistas devem ser conduzidos em todo o partido, em primeiro lugar entre os quadros de alto escalão.

O Norte está na fase de transição para o socialismo. A revolução socialista é a mudança mais abrangente e desafiadora. Temos que construir uma sociedade completamente nova, desconhecida em nossa história. Temos que modificar profundamente os costumes e hábitos milenares, formas de pensar e preconceitos. Devemos mudar antigas relações de produção, abolir as classes exploradoras e estabelecer novas relações de produção sem exploração e opressão. Portanto, devemos transformar gradualmente nosso país – de um país agrícola atrasado em um país industrial. A coletivização da agricultura deve ser implementada passo a passo. A indústria privada, o comércio e o artesanato devem passar por uma transformação socialista. Nosso país, que é ignorante e pobre, deve se tornar um país com uma cultura avançada e uma vida feliz e alegre.

Essas tarefas devem ser realizadas sob as condições específicas de nosso país, ou seja, com base em um país muito atrasado, recém-libertado do domínio colonialista e feudal e dividido em duas zonas.

Em tais condições, qual deve ser nosso método, forma e velocidade para avançar gradualmente para o socialismo? Esses são problemas que nosso partido enfrenta no momento. Para resolvê-los com menos hesitações e erros, devemos aprender com as experiências dos países fraternos e aplicá-las de forma criativa. Devemos intensificar nossa formação marxista-leninista para aplicar a postura, o ponto de vista e o método marxista-leninista ao analisar a experiência de nosso partido e analisar corretamente as peculiaridades de nosso país. Dessa forma, conseguiremos compreender gradativamente as leis que regem o desenvolvimento da revolução vietnamita e elaborar a linha, o princípio orientador e as etapas concretas da revolução socialista adequados à situação de nosso país. Assim, o nível geral de compreensão marxista-leninista do partido deve ser elevado, e os estudos marxista-leninistas devem ser realizados pelo partido, principalmente pelos quadros de alto escalão.

Por outro lado, no período da revolução socialista, o partido deve ser mais forte do que nunca. A sociedade não pode ser transformada a menos que os membros do partido se transformem e se elevem. A revolução socialista exige dos membros do partido e dos quadros uma postura proletária firme e uma alta consciência socialista. Exige que eles eliminem a influência da ideologia da classe exploradora, o individualismo, e forjem o coletivismo. Exige que eles superem a burocracia e a mente fechada para manter um contato próximo com as massas, desenvolvendo assim a criatividade das pessoas para a construção do socialismo; porque o socialismo só pode ser construído pelo trabalho criativo de milhões de pessoas plenamente conscientes. Consequentemente, o nível geral de compreensão ideológica do partido deve ser elevado, e o marxismo-leninismo deve ser estudado no partido, antes de tudo entre os quadros de alto escalão. Assim, vemos que os estudos marxistas-leninistas são uma necessidade urgente para nosso partido.

Qual é a importância da teoria para nosso partido? Lenin, nosso grande mestre, resumiu a importância da teoria em poucas palavras: "Sem teoria revolucionária, não há movimento revolucionário. [...] só um partido orientado por uma teoria de vanguarda pode desempenhar o papel de combatente de vanguarda." (Lenin, 2015, p.71-72). O Partido Comunista da União Soviética, o primeiro partido a abrir o caminho da libertação para a humanidade, sempre deu atenção à teoria; porque percebeu que a teoria lhe mostra o caminho correto para o comunismo.

O Partido Comunista da China, que é um modelo de um partido comunista em um país semicolonial e semifeudal, sempre cuidou muito da teoria ao longo do tempo. Mao Zedong disse que se 100 ou 200 dos principais quadros do partido conseguissem fazer um estudo sistemático e prático do marxismo-leninismo, então existiria a possibilidade de derrotar os imperialistas japoneses (Tse-tung, 1965, p. 291). Ao resumir as experiências, o Oitavo Congresso do partido concluiu que a direção do partido, boa ou má, dependia, antes de tudo, se a formação em marxismo-leninismo dos quadros de alto escalão fosse boa, e que a continuação dos estudos marxista-leninistas para os quadros e membros do partido era a chave para um trabalho melhor dali em diante.

Por meio da experiência dos países fraternos, vemos ainda mais a necessidade premente e a importância do estudo teórico para o partido, começando primeiro com os quadros de alto escalão.

Qual é a atitude de nossos quadros em relação ao estudo teórico?

Pode-se dizer que o nosso partido nunca enfrentou tantos problemas complexos, grandes e difíceis como no presente momento. Nessa situação, nossos quadros, em geral, sentem que a sua fraqueza reside na falta de teoria e, consequentemente, compreenderam a necessidade do estudo teórico e pediram ao partido para organizar o estudo teórico para eles. Isso é um sinal muito positivo. Devemos incentivar esse anseio pelo estudo e pelo progresso para intensificar o movimento de estudo teórico em nosso partido. No entanto, isso não significa que todos os nossos quadros tenham tido essa compreensão. Por exemplo, no momento atual, existem muitos quadros que se afundam o dia todo em trabalho rotineiro sem compreenderem a importância da teoria; daí surgem sinais de menosprezo pelo estudo ou falta de determinação para encontrar formas de combinar trabalho com estudo. Ou, após um período de estudo no trabalho, existem – principalmente aqueles com pouca formação que não estão acostumados com a leitura e a reflexão – aqueles que reclamam ao encontrar dificuldades inerentes à leitura de documentos e ao aprofundamento e reflexão sobre eles. Ou, tendo aplicado, sem sucesso, várias experiências sem criatividade, falta-nos convicção na necessidade de estudar teoria e aprender com as experiências dos países fraternos etc. Estas são manifestações de empirismo e devem ser superadas. São também expressões de um caráter revisionista a ser observado para intensificar o atual movimento de estudo teórico.

Já tratei da importância do estudo teórico; agora vou falar da integração da teoria com a prática. A teoria é muito necessária, mas um estudo desorganizado não produz resultado. Portanto, ao estudar a teoria, temos que enfatizar que *ela deve estar integrada à prática.*

A união da teoria com a prática é um princípio fundamental do marxismo-leninismo. A prática sem a orientação da teoria é uma prática cega. A teoria sem integração com a prática é mera teoria. Por essa razão, enquanto enfatizava a importância da teoria, Lenin repetiu várias vezes que a teoria revolucionária não é um dogma, mas um guia para a ação revolucionária; que ela não é algo rígido, mas tem uma natureza criativa e rica; que a teoria precisa ser constantemente aprimorada por novas conclusões tiradas da prática viva. Os comunistas de vários países devem concretizar o marxismo-leninismo às circunstâncias do tempo e do lugar específicos.

A escola do partido é a escola para formar lutadores destacados e dedicados à causa proletária. Vocês são todos quadros de alto escalão do partido. Seu estudo teórico não tem como objetivo transformá-los em meros teóricos, mas permitir que vocês trabalhem bem. Isso significa que vocês devem estudar o espírito do marxismo-leninismo, sua postura, perspectiva e método, para colocá-lo em prática a fim de resolver os problemas práticos em nosso trabalho revolucionário de maneira satisfatória. Como a teoria é integrada à prática?

- Estudamos a teoria para aplicá-la, não por si só, e não para guardar como capital para nós mesmos, para usá-la como moeda de troca com o partido mais tarde. Todos os maus motivos devem ser extirpados.
- Não estudamos para decorar cada frase e palavra e aplicar mecanicamente a experiência dos países fraternos. Devemos aprender o marxismo-leninismo para analisar e resolver as questões reais da revolução em nosso país de acordo com suas condições específicas.

Enquanto aplicamos a teoria, devemos melhorá-la e enriquecê-la com novas conclusões tiradas de nossa prática revolucionária ao aplicar a teoria.

A *teoria* é o somatório das experiências da humanidade, a síntese do conhecimento da natureza e da sociedade ao longo da história. A teoria marxista-leninista é o resultado das experiências dos movimentos operários de todos os países até o presente momento. Stalin disse que a teoria é a ciência das leis que regem o desenvolvimento da natureza e da sociedade, a ciência da revolução das massas oprimidas e exploradas, a ciência do sucesso do socialismo em todos os países e a ciência da construção comunista (Stalin, 1924).

A realidade consiste em problemas a serem resolvidos e contradições que existem nas coisas. Somos quadros revolucionários; nossa realidade é resolver os problemas que enfrentamos por meio da revolução. A vida real é imensa. Ela abrange a experiência proveniente do trabalho e do pensamento de um indivíduo, as políticas e a linha do partido, suas experiências históricas e questões locais e mundiais. No curso de nosso estudo, essas são as realidades com as quais devemos manter contato. No entanto, nesta escola, devemos, principalmente, comparar a teoria com nosso pensamento e trabalho, ou seja, usar a teoria que adquirimos para fazer uma análise do sucesso e do fracasso em nosso trabalho e descobrir a origem de nossa posição, perspectiva e método corretos ou incorretos. Fazemos essa análise para aprimorar nossa abordagem a essas questões e obter resultados melhores. Realizamos a revolução com o objetivo de transformar o mundo e a sociedade. Para transformar o mundo e a sociedade, devemos, antes de tudo, transformar a nós mesmos. Portanto, em primeiro lugar, devemos integrar a teoria com nosso trabalho e pensamento reais para nos transformarmos e aprimorarmos nossa postura, perspectiva e método marxista-leninista.

Em nosso estudo, também devemos nos concentrar nas questões reais do país e do mundo e nos problemas e tarefas revolucionárias que nosso partido enfrenta. Usando essa compreensão adquirida, podemos encontrar a linha correta e o método para resolver essas questões, analisando as experiências advindas do trabalho realizado pelo partido e descobrindo as causas de seus sucessos e fracassos. Isso nos ajudará a consolidar nossa postura e aprimorar nossa perspectiva e método.

Entretanto, é necessário evitar exigir uma resolução para todas as questões reais no decorrer do estudo. A prática da revolução é abrangente, e a resolução de todas as questões levantadas por essa prática é um trabalho de longo prazo para todo o partido. Na escola, podemos apenas estabelecer a base para integrar a teoria com a prática. A experiência dos partidos fraternos e a nossa têm fornecido muitas lições sobre os danos causados pelo *dogmatismo* desvinculado da vida real. Ao criticar o culto à personalidade, o 20º Congresso do Partido Comunista da União Soviética apontou o dano causado no trabalho ideológico. Como resultado, conseguiu corrigir seus erros e obteve muitos sucessos. Desde o congresso, os partidos fraternos têm superado ativamente as más consequências do dogmatismo, que se manifestaram no fato de que, em muitos lugares, as experiências dos países fraternos foram aplicadas mecanicamente, ignorando as peculiaridades de seu próprio país.

Muitas vezes, o Partido Comunista da China também cometeu erros em sua linha e sofreu perdas devido ao dogmatismo. Na luta contra ele, o partido, sob a liderança de Mao Zedong, conseguiu combinar a verdade universal do marxismo-leninismo com a prática revolucionária da China, adotando assim as medidas adequadas em relação à sociedade chinesa e fazendo uma grande contribuição para o tesouro da ideologia e experiência marxista-leninista.

Graças à capacidade de combinar o marxismo-leninismo com a situação real de nosso país, nosso partido obteve muitos sucessos em suas tarefas. No entanto, a combinação da verdade marxista-leninista com a prática da revolução vietnamita não foi completa e resultou em muitos erros, ou seja, aqueles cometidos na reforma agrária, no reajuste organizacional e na construção econômica. No momento, na construção do socialismo, embora tenhamos as ricas experiências dos países fraternos, não podemos aplicá-las mecanicamente, pois nosso país tem suas próprias peculiaridades. Ignorar as peculiaridades de uma nação enquanto se aprende com as experiências dos países irmãos é um erro grave, é dogmatismo. No entanto, enfatizar o papel das peculiaridades nacionais de maneira indevida e negar o valor universal das grandes e básicas experiências dos países irmãos levará a graves erros revisionistas. Por esse motivo, enquanto enfatizamos a importância do estudo teórico, o foco deve sempre ser colocado no princípio de integrar teoria com prática. Devemos superar o dogmatismo e estar vigilantes contra o *revisionismo*. Resumindo, devemos reconhecer a importância da teoria e estudar com entusiasmo. Conforme estudam, vocês podem alcançar bons resultados apenas usando aquilo que aprendem, para analisar e resolver as questões práticas em seu trabalho ideológico e no partido.

Para colocar em prática o princípio de integração da teoria com a prática e alcançar o objetivo de seu estudo, que é o realçamento da teoria, a transformação ideológica e o fortalecimento do espírito do partido, é necessário ter uma atitude correta em relação ao estudo:

- sejam modestos e francos. O nível de compreensão ideológica de nosso partido é relativamente baixo; ninguém pode se gabar de ser bom nisso. Portanto, deve-se dar ênfase à *modéstia e à franqueza*. Devemos mergulhar profundamente e refletir sobre as obras marxistas-leninistas e as palestras dos professores de países amigos, aprendendo humildemente com eles e reconhecendo o que se sabe e o que não se sabe.

Presunção, vaidade e autocomplacência são os maiores inimigos do estudo;

- de maneira voluntária e consciente, tenham o estudo como uma tarefa a ser concluída a todo custo por um quadro revolucionário, cumprindo o plano de estudo ativamente e por iniciativa própria, destacando a dedicação e o esforço inabalável ao enfrentar dificuldades enquanto estudam;
- deem destaque ao pensamento independente e livre. Mergulhem profundamente e compreendam muito bem o que leem sem depositar fé cega em cada palavra e frase ali escritas. Discutam, de maneira ousada, as questões que ainda não foram totalmente compreendidas até que vocês as dominem completamente. Perguntem "por quê?" quando confrontados com qualquer pergunta e avaliem cuidadosamente se ela está em conformidade com a vida real e com a razão, abstendo-se completamente de obedecer aos livros de olhos vendados. É necessário ter um pensamento maduro;
- defendam a verdade e mantenham-se firme nos princípios; dizer "sim" e concordar indiscriminadamente não é permitido;
- ajudem uns aos outros no estudo, conduzam críticas audaciosas e autocríticas sinceras a partir de um desejo de solidariedade para construir uma nova solidariedade em uma nova base.

Vocês devem construir essa atitude em relação ao estudo de maneira gradual e transformá-la em um hábito ao longo do percurso de estudo. Somente dessa maneira vocês podem operar o princípio de integração da teoria com a prática, permitindo que seus estudos alcancem seu objetivo – ou seja, formar quadros capazes de aplicar a postura, o ponto de vista e o método marxista-leninista na resolução de questões revolucionárias concretas.

Essas são as minhas opiniões para vocês refletirem. Mais uma vez, desejo sucesso à escola.

39. DISCURSO EM UM COMÍCIO EM NOVA DELHI[1]

6 DE FEVEREIRO DE 1958

Prezado senhor presidente do Conselho Municipal de Nova Deli,

Caros anciões, irmãos e irmãs, jovens e crianças,

O povo vietnamita teve o prazer de receber o primeiro-ministro Nehru e o vice-presidente Radhakrishnan. Desta vez, estamos muito felizes em fazer uma visita à grande Índia, a terra natal de Buda e Mahatma Gandhi. Fomos recebidos de maneira calorosa, com muita amizade e solenidade pelo

[1] Em outubro de 1954, o primeiro-ministro da Índia, Jawaharlal Nehru, visitou Hanói e se encontrou com Ho Chi Minh. Quando questionado sobre o encontro, Nehru disse à imprensa: "O doutor Ho Chi Minh me impressionou não apenas como um homem de paz, mas como uma pessoa extraordinariamente simpática e amigável". Em setembro de 1957, o vice-presidente da Índia, S. Radhakrishnan, visitou Saigon, seguido por uma visita de Ngô Đình Diệm à Índia em novembro, e novamente seguido por uma visita do presidente da Índia, Rajendra Prasad, a Saigon em março de 1959. Entre essas viagens, Ho Chi Minh visitou a Índia entre 5 e 13 de fevereiro de 1958. A declaração conjunta divulgada por Nehru e Ho Chi Minh é a seguinte: "A convite do governo da Índia, Sua Excelência, doutor Ho Chi Minh, presidente da República Democrática do Vietnã, visitou a Índia de 5 a 13 de fevereiro de 1958. Durante sua estadia, o presidente visitou lugares de interesse histórico e cultural, projetos hidrelétricos, centros industriais e projetos de desenvolvimento comunitário. O presidente da República Democrática do Vietnã se encontrou com o presidente da Índia, o primeiro-ministro da Índia e outros membros do governo da Índia e aproveitou a oportunidade de sua visita para ter uma troca amigável e informal de opiniões com o primeiro-ministro sobre a situação internacional e assuntos de interesse mútuo entre seus dois países. O presidente expressou sua profunda apreciação

governo e povo indianos. Hoje, novamente nos encontramos aqui. Em nome do governo e do povo vietnamita, agradeço-lhes e transmito nossas mais calorosas saudações de amizade aos cidadãos da Índia e à capital Nova Deli.

Os povos de nossos dois países têm mantido relações fraternas de longa data. A cultura indiana e o budismo se espalharam para o Vietnã desde tempos antigos. Sob o domínio colonial, as relações entre nossos dois países foram interrompidas por um período. No entanto, nossas nações sempre estiveram ligadas por uma antiga amizade.

Atualmente, a Índia é um país poderoso e desempenha um papel importante no mundo. Sob a liderança perspicaz de seu ilustre líder, o primeiro-ministro Nehru, vocês conquistaram muitos grandes feitos na construção nacional, no desenvolvimento de sua fina cultura tradicional e na construção de uma economia autônoma. Temos conhecimento dos grandes esforços do governo e do povo indiano na construção nacional,

---

pela calorosa recepção dada a ele e pela amizade do povo indiano pelo povo do Vietnã. Ele ficou feliz por ter a oportunidade de ver o amor do povo indiano pela paz e as conquistas de seu governo na construção de um país moderno, ao mesmo tempo que mantém e desenvolve sua cultura antiga e tradicional. O presidente e o primeiro-ministro reafirmaram sua fé no Tratado de Panchsheel, os cinco princípios de convivência pacífica. Eles afirmaram sua crença de que a aplicação desses princípios nas relações internacionais ajudará a aliviar as tensões internacionais e fornecerá uma base para a paz e compreensão entre as nações. O presidente e o primeiro-ministro concordaram que, com o desenvolvimento nos campos de viagens espaciais e guerra atômica e termonuclear, a manutenção da paz se tornou mais imperativa do que nunca. Eles concordaram que uma reunião de alto nível para a consideração de formas e meios de acabar com os testes nucleares e termonucleares e para alcançar o desarmamento progressivo e a redução das tensões mundiais é eminente e expressaram a esperança de que ela ocorra em breve. O presidente e o primeiro-ministro afirmaram que os blocos militares só resultam no aumento das tensões internacionais e expressaram sua determinação de continuar e intensificar, em suas respectivas esferas, seus esforços para a manutenção da paz. Mesmo enfrentando repreensões internacionais, a Índia permaneceu próxima de sua crença em apoiar o Vietnã em seus momentos difíceis durante os anos 1960 e 1970, o que foi muito apreciado pelo Vietnã".

bem como das realizações de cientistas indianos, que tiveram uma importante contribuição para o desenvolvimento do país. Esses fatos demonstram que, uma vez que uma nação é independente, ela é plenamente capaz de construir uma vida em constante melhoria. Parabenizamos vocês pelos muitos êxitos alcançados no primeiro plano quinquenal e desejamos maiores sucessos na execução do segundo.

Juntamente com o grande povo indiano, muitos países afro-asiáticos se libertaram do domínio colonial e se tornaram independentes. O povo chinês está construindo o socialismo com vigor. Os povos do Sudeste Asiático, do Oriente Médio e do Oriente Próximo se levantaram, determinados a recuperar e defender sua liberdade e independência. Os povos africanos estão lutando de forma heroica contra o jugo colonial. O colonialismo está irremediavelmente se desintegrando. O tempo em que os colonialistas dominavam chegou ao fim. Chegou o momento no qual os povos do mundo são senhores de seu próprio destino.

No entanto, ainda há vários países afro-asiáticos que estão sofrendo sob o tacão de ferro do colonialismo. Os colonialistas estabeleceram alianças militares agressivas (Seato e o Pacto de Bagdá) e bases militares no território de outros países, interferindo nos assuntos internos dessas nações. Eles não pouparam esforços na tentativa de recuperar sua antiga posição dominante. Mas fracassaram. Os povos afro-asiáticos estão cada vez mais unidos e se apoiam mutuamente em sua luta contra o colonialismo.

A Índia trouxe uma grande contribuição para o movimento anticolonialista.

O Vietnã também teve uma pequena participação nisso. Nosso povo lutou por mais de 80 anos contra o colonialismo francês e travou a Guerra de Resistência de nove anos nas circunstâncias mais difíceis. No final, triunfaram sobre os colonialistas. Isso mostra que, se uma nação estiver unida e determinada a lutar e a contar com o apoio dos povos do mundo, certamente conquistará a liberdade e a independência no final. A Conferência de Genebra pôs fim à guerra agressiva no Vietnã e reconheceu a soberania, independência, unidade e integridade territorial do Vietnã. Agradecemos sinceramente ao governo e ao povo da Índia por sua valiosa contribuição para o sucesso da Conferência de Genebra e por seus grandes esforços em desempenhar seu papel como presidente da Comissão Internacional de Controle e Supervisão da implementação do Acordo de Genebra no Vietnã.

Atualmente, a verdadeira aspiração do povo vietnamita é a reunificação nacional por meio de eleições gerais livres, conforme estabelecido pelo Acordo de Genebra. No entanto, devido ao plano subversivo dos imperialistas e seus cúmplices, o Vietnã ainda não está unificado. O Vietnã é um só, e possui de norte a sul uma língua comum, história, cultura e economia. O povo vietnamita, que derramou muito sangue pela liberdade e independência, está determinado a não permitir que forças impeçam a reunificação de seu país. Acreditamos firmemente que nossa ação pela reunificação nacional será coroada com sucesso porque estamos trabalhando por uma causa justa, e porque nosso povo está unido e conta com sua simpatia e a de pessoas amantes da paz em todo o mundo.

Estamos lutando pela paz, porque só podemos construir nosso país em paz. Valorizamos muito o amor do povo indiano pela paz. Aprovamos de coração os cinco princípios de convivência pacífica, dos quais o primeiro-ministro Nehru é um dos promotores, e que são apoiados e postos em prática por um número cada vez maior de países. Precisamos de paz para construir uma vida feliz para nosso povo e nossos filhos. Porque desejamos a paz, odiamos a guerra e estamos decididos a nos opor a ela.

A situação mundial está se desenvolvendo a favor do movimento pela paz. As fileiras das forças da paz incluem 1,2 bilhão de pessoas afro-asiáticas que se libertaram, a União Soviética, a China e outros países socialistas, além de centenas de milhões de pessoas nos países imperialistas. Nossos países afro-asiáticos estão desempenhando um papel cada vez maior na defesa da paz. A Conferência de Solidariedade do Povo Asiático convocada pela Índia, seguida pela Conferência de Bandung, promoveu a solidariedade afro-asiática contra o colonialismo e a favor da defesa da paz. A recente Conferência do Cairo fortaleceu poderosamente o espírito e as forças da Conferência de Bandung. O movimento pela paz está se espalhando por todo o mundo. Pessoas de todos os países estão exigindo o fim da corrida armamentista, o desarmamento, a proibição da produção, testes e uso de armas nucleares, a abolição de pactos militares agressivos e o desmantelamento de bases militares em países estrangeiros. Elas exigem a convocação de chefes de governo para resolver questões internacionais por meio de negociações pacíficas, a fim de reduzir a tensão internacional. A aspiração das pessoas de todo o mundo pela paz certamente triunfará sobre todos os planos de guerra.

Caros amigos.

Estamos muito felizes em ver que nossos dois povos estão lado a lado e buscam um objetivo comum na luta conjunta pela paz mundial e pela independência nacional. Acreditamos que o povo indiano deseje que o Vietnã seja reunificado em breve, assim como o povo vietnamita deseja que Goa retorne em breve à grande comunidade indiana.

Desde que a paz foi restaurada em nossa terra, foram estabelecidas relações próximas entre nossos dois países. Estabelecemos boas relações econômicas e culturais. Delegações de amizade foram trocadas. Damos as boas-vindas a todas as oportunidades para fortalecer as relações entre nossos dois países e com outros países afro-asiáticos. Acreditamos firmemente que nossa visita atual fortalecerá ainda mais a amizade entre nossos dois povos e contribuirá para a solidariedade entre os países afro-asiáticos, consolidando a paz na Ásia e no mundo.

Mais uma vez, envio saudações cordiais dos cidadãos da capital Hanói aos cidadãos de Nova Deli.

Viva a amizade entre Vietnã e Índia! Viva a paz na Ásia e no mundo! Vietnã-Índia, *bhai*![2]

---

[2] "Irmão", em hindi. [N. T.]

40. DISCURSO NO CONGRESSO DOS TRABALHADORES DA CULTURA[1]

30 DE OUTUBRO DE 1958

Hoje vocês se reúnem após terem participado de uma grande iniciativa. Em nome do partido e do governo, dou as boas-vindas a vocês.

Agora, tenho algumas observações a fazer. No trabalho cultural, os quadros têm feito esforços e, de um modo geral, os setores culturais têm realizado muitas ações; isso é louvável, mas ainda há muitas deficiências. Por exemplo, recuperar o folclore é restaurar o que há de bom e descartar gradualmente o que é ruim. Nesse sentido, fizemos um trabalho bastante satisfatório este ano. No entanto, no ano passado, ao recuperar o folclore, foram restaurados rituais e práticas supersticiosas; como resultado, em muitas áreas rurais, as pessoas negligenciaram a produção e apenas entoaram ritos, tocar chocalhos e tambores. Certas aldeias juntaram 1 milhão de dongs para

---

1 No Congresso da Cultura de 1948, Ho Chi Minh afirmou que o movimento contra o colonialismo era de "construção de resistência da nação". Não era suficiente conquistar a liberdade política, mas um povo precisava criar seu próprio senso de pertencimento cultural e transformação cultural. Ho Chi Minh refletiu sobre as "Teses sobre a Cultura" (1943), elaboradas por Trường Chinh (Chefe do Departamento de Propaganda e Formação do partido). Chinh delineou três eixos para a transformação cultural: construir uma cultura nacional (dân tộc hóa), construir uma cultura popular (đại chung hóa) e desenvolver um temperamento científico (khoa học hóa). Para mais informações, ver Chinh (1977) e Ninh (2002).

comprar trajes rituais, vestidos, capacetes e botas. É o caminho correto para recuperar o folclore? Devemos restaurar e desenvolver o que é bom e eliminar o que é ruim.

A seguir, dou algumas opiniões para ajudá-los em suas discussões. Qual é a tarefa atual de todo o nosso partido e povo? É organizar gradualmente o Norte em direção ao socialismo e servir como uma base sólida para a luta pela reunificação nacional. Para levar adiante a luta pela reunificação nacional, devemos organizar o Norte rumo ao socialismo.

Agora, os trabalhadores da cultura começaram a participar do trabalho manual e a servir à produção, o que é algo positivo. É uma mudança boa, mas apenas um passo inicial. Vocês merecem elogios por esse feito, especialmente aqueles que foram para áreas montanhosas. De um modo geral, devemos reconhecer que nossas atividades culturais estão limitadas às cidades, onde são fáceis de desenvolver, mas ainda não alcançaram nossos compatriotas das nacionalidades Mèo e Mảng. Nas terras altas, para ir de uma casa ou aldeia para outra, normalmente é necessário percorrer mais de 5 quilômetros morro acima e abaixo, cruzar vales e riachos, e atravessar muitos córregos. Aqueles que tinha de fazer tais jornadas precisam ser pacientes.

De um ponto de vista geral, este primeiro passo é bom. Mas vocês devem ter paciência e se empenhar ainda mais.

O segundo ponto que gostaria de abordar é que, assim como todos os outros trabalhadores, os trabalhadores da cultura devem se formar em termos de ideologia e ampliar seu conhecimento político, combatividade e senso de responsabilidade. Por exemplo, aqueles que vão para as zonas minoritárias devem ter, em primeiro lugar, uma vontade e uma posição política. Além disso, vocês devem prestar devida atenção aos estudos artísticos, profissionais, culturais e técnicos. Devemos também perceber que, em comparação com os países fraternos, como a Coreia, ainda temos um baixo nível cultural e técnico. Nossos padrões ainda são baixos nos campos político e ideológico, ou nas esferas profissionais, artísticas, técnicas e culturais. Portanto, todos devem fazer mais esforços para estudar. Devemos ser "primeiro comunistas e depois especialistas"; ambas as tarefas devem ser realizadas de maneira completa, para usar palavras chinesas.[2]

Outra questão que deve ser colocada de forma clara é: a quem serve a cultura? Devemos dizer, é claro, que ela serve aos trabalhadores, aos camponeses e aos soldados, que são a maioria do nosso povo. Há alguns anos, essa questão não foi resolvida de forma definitiva, não é verdade? Os trabalhadores da cultura não podem dizer que a arte é pela arte, mas devem afirmar que a cultura está a serviço dos trabalhadores, dos camponeses e dos soldados.

---

2 Ho Chi Minh faz referência ao debate na China sobre priorizar a política (vermelha) em relação à expertise (especialista). Durante o Grande Salto Adiante na China, a tendência foi favorecer o vermelho em vez do especialista. Em um discurso em Pequim em 6 de novembro de 1957, o vice-presidente do Partido Comunista da China, Liu Shaoqi, pediu a criação de "especialistas vermelhos". "O lema de primeiro especialista, depois vermelho é um apelo ao afastamento da política, projetado para induzir os intelectuais a recusarem-se a se remodelarem e a rejeitarem a postura da classe trabalhadora", disse Liu. "Isso é na realidade um lema que leva as pessoas de volta à maneira antiga dos intelectuais burgueses. Nossos intelectuais devem entender que é impossível ficar longe da política. O afastamento da política revolucionária pode levar à política reacionária. A falta de uma posição política correta pode levar a uma posição reacionária. Tais pessoas nunca podem trabalhar sinceramente e de forma confiável para a nossa causa socialista, nem servir aos trabalhadores e camponeses de todo o coração, mesmo que tenham sucesso em adquirir algum conhecimento e técnica". Ho Chi Minh sugere que o caminho a seguir é construir "especialistas vermelhos", não favorecer apenas o vermelho ou o especialista isoladamente. Para saber mais: Shao-chi'lo partido (1958a; 1958b).

Existe outra questão relacionada às massas e à criação literária. As massas podem criar obras literárias? Eles estão qualificados para isso? Essa questão também deve ser esclarecida. As massas são criadoras; os trabalhadores e camponeses são criadores. Não apenas criam riqueza material para a sociedade, mas também criam obras literárias. Todos vocês sabem quem são os autores de nossos provérbios. São as massas. Nossos belos provérbios, canções populares e poemas são obra das massas. São belos, curtos – não são prolixos nem intrincados. Os trabalhadores da cultura devem ajudar e fomentar as criações das massas, essas pérolas preciosas. Para alcançar esse objetivo, é claro que devemos dominar a política e a técnica para transformar essas pedras preciosas em belas obras de arte.

Outra questão gira em torno da popularização e da elevação. O que é elevação? Significa elevar os padrões culturais. Mas para elevar os padrões, precisamos partir de uma base; se elevarmos a partir do "vazio", não haverá um nível alto ou baixo. Isso significa que devemos popularizar primeiro, ou seja, devemos ter uma base, e a partir dessa popularização elevaremos os padrões. Vamos tomar um exemplo da situação atual: a educação em massa se desenvolveu bastante em muitos lugares; muitas aldeias, distritos e cidades erradicaram o analfabetismo. A popularização já está feita. Mas agora, devemos alcançar um nível mais elevado. Depois de eliminar o analfabetismo, algo mais deve ser feito; não podemos parar por aí. Isso também se aplica ao trabalho cultural e artístico. Em resumo, devemos ter uma base e, a partir daí, definir o grau e os objetos da elevação. Trata-se de popularização e elevação.

Os diversos departamentos do Ministério da Cultura, as várias áreas e os serviços culturais em âmbito provincial devem ir para o campo, as fábricas e o exército; eles devem trabalhar, comer e viver com o povo. Se formos para o campo, mas apenas trabalharmos ocasionalmente, comermos e vivermos separados dos camponeses, como poderemos nos solidarizar com eles? Será que podemos fazer amizade com trabalhadores, camponeses e soldados? Para de fato nos aproximarmos das massas, devemos comer, viver e trabalhar com elas; somente assim poderemos nos familiarizar com suas condições de vida e compreender suas dificuldades, sua vontade, seu espírito valente e suas aspirações.

Espero que este Congresso aprove resoluções práticas. Desejo a todos vocês muito sucesso.

41. A NOVA SITUAÇÃO E AS TAREFAS IMEDIATAS DO EXÉRCITO

Março de 1958

Em três anos de construção pacífica, nosso exército obteve resultados bastante positivos e conseguiu estabelecer bases para avanços futuros. Especialmente após a 12ª Seção do Comitê Central do partido e graças à boa remodelagem ideológica pela qual passou, o exército, que como um todo está em sintonia com as resoluções do Comitê Central e as conclusões do Comitê Geral do partido, elevou ainda mais seu senso de organização e disciplina. Como resultado, o exército está unido e com alto espírito. Devido a esse progresso, os congressos do partido nos escalões de regimento e batalhão estão obtendo resultados bastante positivos; o treinamento militar obteve bons resultados; o trabalho de desmobilização e o experimento de serviço militar obrigatório foram realizados de maneira satisfatória, e a construção de quartéis foi iniciada. Em nome do Comitê Central do partido e do governo, elogio todo o nosso exército, todos os membros do partido e a União da Juventude no exército.

Qual é a nova situação e as tarefas imediatas de nosso exército? No âmbito global, as forças de paz e socialistas estão se fortalecendo e podem evitar a guerra. Em geral, a situação está menos tensa do que antes. No entanto, os imperialistas estão intensificando os preparativos para a guerra, e é por isso que devemos estar sempre vigilantes.

Em nosso país, enquanto continuamos a luta pela reunificação nacional, o Norte, em sua maioria, completou a reforma agrária e a reabilitação econômica. Neste ano, começamos a desenvolver a economia com um plano de longo prazo de três anos. Isso é um sucesso e um novo passo na fase de transição para o socialismo.

Nessa situação, quais são as tarefas diante de nosso exército?

- Em primeiro lugar, devemos *construir um exército poderoso que esteja pronto para lutar* pela manutenção da paz, da defesa nacional, salvaguarda da construção socialista no Norte e para servir como um esteio na luta pela reunificação nacional. Essa tarefa envolve a construção de um exército permanente e uma reserva.
- Em segundo lugar, *devemos participar ativamente na produção* para contribuir para a construção econômica e para a construção e consolidação de nossas forças de retaguarda. Essas tarefas são igualmente importantes, complementam-se e estão intimamente interligadas, uma vez que ambas têm como objetivo fortalecer nosso exército e tornar o Norte mais estável a cada dia que passa. O partido e o governo atribuem ao exército essas duas tarefas, e ele deve se esforçar para completá-las com sucesso.

O que deve ser feito para cumprir essas tarefas?

- O fortalecimento da liderança do partido no exército é fundamental.
- A educação política deve ser intensificada para elevar a consciência socialista de todo o exército.
- O treinamento militar e técnico deve ser acelerado.
- Regulamentos e disciplina devem ser rigorosamente observados.

- Os planos de produção devem ser cumpridos.

Para possibilitar que nosso exército cumpra essas tarefas, os oficiais devem aumentar sua determinação e, ao mesmo tempo, devem ser cautelosos. A determinação deve caminhar junto com a cautela e não significa imprudência. A determinação do partido e do governo deve ser transformada na determinação de todo o nosso exército.

Como essa determinação é implementada na prática?

O exército permanente deve:

1. estudar ativamente;
2. obedecer estritamente aos regulamentos e disciplina;
3. estar pronto para ação.

As unidades envolvidas na produção devem trabalhar para cumprir o plano de produção. Os oficiais devem ter um senso de responsabilidade, cumprir corretamente as ordens e instruções, superar dificuldades, manter um contato próximo com a realidade, realizar verificações e supervisões constantes e opor-se à burocracia e à indiferença. É assim que a determinação deve ser manifestada.

Outro ponto é que devemos *compreender a situação e as tarefas de maneira completa e prática*, sem desvios, subjetividade e parcialidade. Por exemplo, ver apenas a produção (porque esta é uma nova tarefa) sem notar a tarefa de fortalecer o exército; ou, inversamente, ver apenas as vantagens e não as dificuldades e tornar-se subjetivo, ou ver apenas as dificuldades e não as vantagens e tornar-se pessimista, não é abordar as questões de maneira abrangente. Estar ciente apenas das dificuldades de uma unidade e não das dos escalões superiores e inferiores, ou apenas as do exército sem perceber as do partido, do governo e do povo, são outros exemplos de uma abordagem unilateral das tarefas. Devemos *estar plenamente conscientes de nossa responsabilidade em superar as dificuldades e cumprir nossas tarefas.*

Outro ponto é que nossos soldados devem *se emular no estudo e na produção*. Eles devem ser modestos, simples, praticar a economia e combater o desperdício e a corrupção. Os oficiais devem dar o exemplo em tudo, especialmente os de alta patente; os membros do partido e da União da Juventude devem liderar com conduta exemplar, ajudando no progresso de todos.

Além disso, é importante fortalecer a unidade. Não é preciso dizer que unidade é força, e ela trouxe sucesso para nossa revolução e vitória para nossa Guerra de Resistência.

Hoje em dia, na construção do exército e na busca pelo desenvolvimento econômico, também devemos fortalecer a unidade: entre os oficiais, entre os oficiais e os soldados, entre os nortistas e sulistas, e entre as unidades de combate e as envolvidas na produção. A *unidade entre o exército e o povo* deve ser posta em prática, e o exército deve ajudar o povo. Especialmente as unidades envolvidas na produção devem se esforçar para ajudar o povo, implementando a política de nacionalidades do partido e do governo. Deve haver *unidade entre o exército, a administração e o partido*. O exército deve valorizar a liderança do partido e do governo e deve ajudar os comitês e administrações locais do partido. Ele deve se abster do orgulho e da vaidade que facilmente surgem do sucesso, e que significam retrocesso ideológico.

Por essa razão, ao alcançar o sucesso, nosso exército deve ser ainda mais modesto e não deve ser arrogante.

Em resumo, o exército inteiro deve estar unido na luta e determinado a transformar nosso exército em *um exército poderoso e pronto para lutar; ele deve ser bom no estudo, bom no trabalho e bom na produção.*

42. TRECHO DE UMA DISCUSSÃO DURANTE UMA REUNIÃO DE QUADROS PARA DEBATER O PROJETO DE LEI SOBRE CASAMENTO E FAMÍLIA[1]

Outubro de 1959

Há pessoas que pensam que eu possa não ter um conhecimento perfeito sobre essa questão por ser solteiro. Embora eu não tenha uma família própria, tenho uma família muito grande – a classe trabalhadora em todo o mundo e o povo vietnamita. A partir dessa ampla família, posso julgar e imaginar uma família pequena.

Atualmente, todo o nosso povo deseja a construção socialista. O que deve ser feito para construir o socialismo?

A produção certamente deve ser aumentada o máximo possível. Para elevar a produção, deve haver muita força de trabalho, que só pode ser obtida de maneira satisfatória por meio da emancipação da força de trabalho das mulheres.

As mulheres compõem metade da sociedade. Se elas não forem libertadas, metade da sociedade não será livre.

---

1 Em 18 de dezembro de 1959, a Assembleia Nacional da República Democrática do Vietnã adotou uma nova Constituição. Como parte desse processo, uma série de leis teve que ser reestruturada, incluindo – em 28 de dezembro – a lei sobre casamento e família. A lei trouxe quatro avanços importantes:

1. Abolição da prática de casamentos arranjados.

2. Abolição da poligamia.

3. Reconhecimento da igualdade entre homens e mulheres na sociedade e no lar.

4. Reconhecimento dos direitos das mulheres e das crianças.

Se as mulheres não forem emancipadas, apenas metade do socialismo será construído.

É correto se interessar profundamente pela família; muitas famílias constituem a sociedade. Uma boa sociedade forma uma boa família e vice-versa. O núcleo da sociedade é a família. É precisamente para construir o socialismo que se deve dar a devida atenção a esse núcleo.

Como diz o provérbio: "Quando vivem em harmonia, marido e mulher podem esvaziar o Mar do Leste". Para desfrutar de harmonia na vida conjugal, o casamento deve ser baseado em um amor genuíno. *A lei sobre o casamento que será apresentada à Assembleia Nacional é uma revolução*, parte integrante da revolução socialista. Portanto, devemos adotar uma postura proletária para entendê-la. Não está correto se nosso entendimento se baseia em pontos de vista feudais, burgueses ou pequeno-burgueses. A lei sobre o casamento tem como objetivo emancipar as mulheres, ou seja, libertar metade da sociedade. A emancipação das mulheres deve ser realizada simultaneamente com a erradicação do pensamento feudal e burguês nos homens. Quanto às próprias mulheres, elas não devem esperar até que as diretrizes do governo e do partido as libertem, mas devem confiar em si mesmas e lutar.

Uma vez que faz parte de nossa revolução, o partido exerce liderança sobre essa lei, desde a sua preparação até a sua execução. Liderança do partido significa que todos os seus quadros e membros devem aplicar esta lei rigorosamente e liderar todas as organizações de Juventude e Mulheres de maneira resoluta e correta para implementá-la.

A execução desta lei:

- por um lado, é satisfatória, porque nosso povo recebeu a educação do partido e fez muito progresso;

- e, por outro lado, tem muitas dificuldades devido aos hábitos e tradições antigas e profundamente enraizadas entre o povo. É por isso que tudo não acaba com a promulgação desta lei, mas a *propaganda e a educação de longo prazo precisam ser realizadas para ter bons resultados.*

Espero que todos vocês deem o melhor de si, tenham paciência, tenham um conhecimento completo desta lei e a executem de forma satisfatória. Em particular, vocês devem ser muito cuidadosos, porque esta lei exerce grande influência no futuro da família, da sociedade e da nação.

43. TRECHO DE UM DISCURSO PROFERIDO NA REUNIÃO DE REVISÃO DO TRABALHO GERENCIAL DAS COOPERATIVAS DE PRODUTORES AGRÍCOLAS[1]

NOVEMBRO DE 1959

Primeiramente, devemos compreender de forma clara qual é o objetivo da organização das cooperativas. É melhorar os padrões de vida dos camponeses para permitir que eles tenham comida suficiente, roupas, boa saúde e educação, além de enriquecer o povo e fortalecer o país. O país só é forte quando seu povo é próspero. Esse é o objetivo específico e comum da construção das cooperativas.

Se quisermos colher frutos, precisamos cultivar plantas. Para ter comida, roupas e uma vida melhor, é necessário aumentar a produção e economizar. Para fazer isso, a organização e gestão das cooperativas devem ser bem feitas.

Com confiança e obediência ao partido e ao governo, nossos camponeses organizaram as cooperativas e confiaram suas terras, búfalos, bois e implementos agrícolas aos comitês

1 Na Oitava Sessão da Assembleia Nacional em 1955, o governo apresentou políticas para desenvolver as cooperativas, emitindo uma Resolução sobre Cooperativas Agrícolas. O governo estabeleceu o Comitê de Gerenciamento para o Suprimento e Marketing de Cooperativas (1955) e, em seguida, a União de Cooperativas de Pequenas Indústrias Artesanais (1961). Em 1956, os camponeses criaram 190 mil grupos de ajuda mútua, que envolveram cerca de metade dos domicílios camponeses. O número de cooperativas agrícolas saltou de 4.723, em 1958, para 40.422, em 1960, momento em que 2,4 milhões de domicílios camponeses (86% do total) participavam desse sistema. O discurso de Ho Chi Minh aconteceu durante essa expansão. Para mais informações sobre as cooperativas, ver Trần (1998).

de gestão. Quem é responsável pela magreza dos búfalos e bois e pela diminuição da produção das cooperativas? Uma vez que ingressaram nas cooperativas, nossos camponeses desejam ver sua produção e renda aumentarem mais do que antes. Assim, a tarefa do comitê de gestão é fazer o que for possível para desenvolver a produção cooperativa.

Devemos produzir muito e prestar atenção a uma distribuição equitativa da produção. Isso requer dos quadros um espírito de coletividade, e isso às vezes pode significar que eles precisam sacrificar uma parte de seu próprio interesse pelos interesses comuns. Não devemos guardar as coisas boas para nós mesmos e dar as ruins aos outros. Para gerir adequadamente as cooperativas, os quadros de gestão devem trabalhar democraticamente, evitar burocracia e "mandonismo" e discutir cuidadosamente todas as questões com os membros da cooperativa. "Mandonismo", burocracia e falta de democracia certamente levarão ao fracasso. Em resumo, os quadros de gestão devem encontrar todos os meios para impulsionar a produção de suas cooperativas, aumentar a renda das cooperativas e de seus membros, ajudando-os a trabalhar *com entusiasmo e alegria*, tornando assim mais unida a vida interna da cooperativa.

A cooperativa deve ter seus regulamentos elaborados pelos próprios membros após discussões livres e implementados por eles de maneira voluntária. Pontos práticos devem ser delineados, como a salvaguarda da propriedade pública, a limpeza dos implementos agrícolas após o trabalho e a não exaustão dos búfalos e bois pelo excesso de trabalho, o que os faz emagrecer. Os regulamentos devem ser curtos, claros e, como tal, podem ser implementados por qualquer pessoa, sendo assim úteis para as cooperativas. As localidades devem prestar atenção em organizar ocupações secundárias nas cooperativas, como criação de peixes, tecelagem, fabricação de tijolos, corte de madeira e coleta de lenha para aumentar a renda dos membros da cooperativa e não devem ser descontinuadas como é feito em alguns lugares. Mas, por outro lado, o trabalho agrícola não deve ser negligenciado por causa da renda relativamente alta proporcionada pelas ocupações secundárias, não se precipitar para as ocupações secundárias, em vez de irrigar e fertilizar quando necessário. Deve-se dar atenção tanto à agricultura quanto às ocupações secundárias, mas a agricultura é sempre a ocupação principal. A distribuição de renda proveniente da agricultura e das ocupações secundárias deve ser racional para não prejudicar os trabalhadores agrícolas e fornecer bônus adequados para incentivar aqueles que têm ocupações secundárias.

Atualmente, as províncias estão expandindo o movimento das cooperativas. Deve-se prestar atenção à qualidade das cooperativas quando são estabelecidas. Uma cooperativa recém-criada deve ser boa desde o início. Se todas as comunas e distritos conseguirem construir uma ou algumas cooperativas boas com aumento da produção e da renda, solidariedade e alegria na vida interna da cooperativa, e superarem os objetivos das equipes de ajuda mútua e das famílias de agricultores individuais, essas cooperativas serão capazes de atrair amplas massas camponesas. Por outro lado, se elas apenas evoluírem um pouco, ou não conseguirem superar as equipes de troca de trabalho ou as famílias de agricultores individuais, então poucas pessoas se juntarão a elas, mesmo que uma propaganda intensiva seja feita.

O movimento das cooperativas deve começar a partir do nível mais baixo e avançar para o nível mais alto para se desenvolver de maneira vantajosa. As equipes de ajuda mútua devem ser desenvolvidas e fortalecidas para organizar bem as cooperativas. Muitos camponeses querem seguir o caminho cooperativo por meio das discussões recentes sobre as duas vias. As localidades devem prestar atenção no desenvolvimento das equipes de ajuda mútua; elas devem transformar as equipes de ajuda mútua sazonais em equipes permanentes; então, devem voltar sua atenção para as equipes de ajuda mútua com registros de pontos de trabalho e, finalmente, devem fortalecer e desenvolver as cooperativas, e avançar gradualmente – de tipos mais baixos para tipos mais elevados.

Após terem discutido as duas vias, os quadros e comitês de gestão devem, na prática, fazer com que todos vejam claramente a diferença entre elas. Para esse propósito, a renda das cooperativas deve ser aumentada; *as condições de vida dos membros da cooperativa devem ser melhoradas, e estes devem trabalhar com entusiasmo para serem unidos e felizes.*

Para desenvolver e fortalecer com sucesso as cooperativas, devemos sempre lembrar e então colocar em prática a palavra de ordem "*construir as cooperativas com diligência e economia*". Evitar cuidar do próprio jardim melhor do que do campo da cooperativa; ao fazer isso, falta-se a "diligência" em relação à cooperativa; não se deve aproveitar qualquer oportunidade para organizar grandes festas, matar bois para entretenimento, pois isso mostra falta de economia. O dinheiro da cooperativa deve ser usado apenas para seus interesses práticos.

E, por fim, as localidades devem prestar atenção em combater imediatamente a seca e a destruição por insetos para colher uma boa safra de outono; ao mesmo tempo, devem realizar de forma ativa e bem-sucedida a safra de inverno-primavera de maneira abrangente, abundante e estável.

44. MENSAGEM ÀS MULHERES EM TODO O PAÍS POR OCASIÃO DO 50º ANIVERSÁRIO DO DIA INTERNACIONAL DA MULHER[1]

8 DE MARÇO DE 1960

Desde a sua fundação, a Federação Internacional das Mulheres tornou-se uma força poderosa na luta pela paz, libertação nacional e socialismo. Animadas pela tradição com combatividade heroica e diligência, durante a Guerra de Resistência, nossas mulheres vietnamitas, do norte ao sul, participaram com entusiasmo na luta contra o inimigo para salvar nosso país. Desde a restauração da paz, nosso país foi temporariamente dividido em duas zonas. No Sul, nossas mulheres lutaram firmemente contra a cruel dominação do grupo EUA-Diệm. No Norte, totalmente libertado, elas se desafiaram entre si para aumentar a produção, praticar a economia e progredir no trabalho e estudo cotidianos. Nosso partido e governo prestaram atenção constante em elevar a posição das mulheres. A igualdade entre homens e mulheres, como estipulado na Constituição, na lei de casamento, entre outros, serve a esse objetivo.

---

[1] O movimento comunista no Vietnã olhou para trás para incorporar histórias de mulheres fortes do passado (como as irmãs Trưng de 40 d.C. e a Senhora Triệu do século III d.C.) e depois observou pelo mundo as tentativas anteriores de movimentos comunistas de garantir a emancipação das mulheres, como na União Soviética. Ho Chi Minh faz referência à Federação Democrática Internacional das Mulheres (WIDF, na sigla em inglês), criada em 1945 pelo movimento comunista internacional; a União de Mulheres do Vietnã se juntou à WIDF em 1946.

No entanto, nossas mulheres devem fazer outros esforços para acompanhar as mulheres dos países fraternos e contribuir ainda mais para a construção socialista. Por exemplo, em suas famílias, as mulheres soviéticas não estão ocupadas com seus filhos e cozinha. Na sociedade, elas são completamente iguais aos homens e compartilham todo o trabalho político, econômico e cultural com eles. Nas áreas educacional e médica, as mulheres têm mais quadros do que os homens. Em 1958, as mulheres representavam 52% dos técnicos recém-formados. Mais de um terço dos membros dos sovietes das repúblicas da URSS são mulheres. A camarada S. Nasridinova é ao mesmo tempo engenheira e presidenta da República Socialista Soviética Uzbeque.

Sob a liderança do nosso partido, nossas mulheres devem:

- dedicar-se aos seus estudos políticos, culturais e técnicos;
- elevar seu patriotismo e consciência socialista;
- emular entusiasticamente umas às outras em seu trabalho de construir com diligência e economia seu país e sua casa;
- unir-se intimamente umas às outras, participar da construção socialista no Norte, lutar pela reunificação nacional e defender a paz mundial.

Como dignas filhas das heroínas Trưng e Triệu, vocês certamente cumprirão com sucesso suas gloriosas tarefas.

45. DISCURSO DE ABERTURA DO TERCEIRO CONGRESSO NACIONAL DO PARTIDO DOS TRABALHADORES DO VIETNÃ

5 DE SETEMBRO DE 1960

Prezados camaradas,

Hoje, o Terceiro Congresso Nacional de nosso partido abre seus trabalhos em um momento em que todo o nosso povo está celebrando com alegria o 15º aniversário da fundação da República Democrática do Vietnã. Este Congresso de nosso partido conta com mais de 500 delegados representando mais de 500 mil membros do partido em todo o país e personificando a heroica tradição militante de nosso partido ao longo desses 30 anos. Em nome do Comitê Central, estendo calorosas saudações a vocês, a todos os valorosos membros de nosso partido, aos representantes do Partido Socialista do Vietnã e do Partido Democrático do Vietnã, e aos representantes das organizações membros da Frente Patriótica.

Nosso Congresso tem grande satisfação em dar as boas-vindas calorosas aos camaradas delegados do Partido Comunista da União Soviética, do Partido Comunista da China, do Partido Albanês do Trabalho, do Partido Comunista Búlgaro, do Partido Operário Unificado da Polônia, do Partido de Unidade Socialista da Alemanha, do Partido dos Trabalhadores Socialistas da Hungria, do Partido Revolucionário do Povo Mongol, do Partido dos Trabalhadores Romenos, do Partido dos Trabalhadores da Coreia, do Partido Comunista da

Checoslováquia, do Partido Comunista Francês, do Partido Comunista da Índia, do Partido Comunista da Indonésia, do Partido Comunista do Japão, do Partido Comunista do Canadá, e de outros partidos comunistas irmãos. Impulsionados por nobres sentimentos de fraternidade internacional, nossos camaradas vieram para participar de nosso Congresso e trazer a amizade dos partidos irmãos. Assim,

> Embora fronteiras e montanhas nos separem,
> Proletários de todo o mundo se reúnem como uma única família.

Em nome do Congresso, saúdo calorosamente todos os trabalhadores, camponeses, intelectuais, soldados, quadros, jovens e crianças que têm participado, com muita animação, da emulação de alcançar novas conquistas em honra ao Congresso do partido e ao 15º Dia Nacional.

Prezados camaradas,

Nos últimos 30 anos, um grande número de nossos camaradas e compatriotas fez o sacrifício supremo e heroico pela causa da Revolução. Durante a Guerra de Resistência, quantos combatentes deram suas vidas por nosso país! Nos últimos seis anos, quantos bravos lutadores no Sul deram suas vidas pela Nação! Nosso partido e nosso povo guardarão para sempre a memória de seus mais esplêndidos filhos e filhas que caíram na luta pela causa da libertação nacional e pelo ideal do Comunismo. [Um minuto de silêncio.]

Mais de nove anos se passaram desde o Segundo Congresso Nacional de nosso partido. Durante os últimos nove anos, nosso partido, implementando a linha do Segundo Congresso, liderou a amarga, difícil e heroica Guerra de Resistência de nosso povo. A brilhante vitória de Điện Biên Phủ pôs fim à guerra agressiva desencadeada pelos colonialistas franceses com o apoio dos imperialistas norte-americanos. Os Acordos de Genebra foram assinados; a paz foi restaurada na Indochina com base no reconhecimento internacional da soberania, independência, unidade e integridade territorial de nosso país. O Norte do Vietnã foi completamente libertado. Seis anos se passaram, mas nosso país ainda não foi reunificado como estipulado pelos Acordos de Genebra. Nosso governo e nosso povo sempre implementaram corretamente os Acordos assinados. No entanto, o grupo EUA-Diệm está deliberadamente dividindo nosso país e sabotando de forma vergonhosa os Acordos de Genebra, de modo que o Sul de nosso país ainda está passando por um inferno sob esse governo implacável.

Por isso, nosso povo tem lutado constantemente para alcançar a reunificação pacífica do país e pela liberdade de nossos compatriotas no Sul que estão sendo arrastados por meio de sangue e fogo. A luta generalizada, profunda e poderosa de nossos compatriotas no Sul continua. O Sul tem se mostrado digno de seu glorioso título: "Muralha de Bronze da Pátria".

Desde o restabelecimento da paz, o Norte, completamente liberado, passou para a etapa da revolução socialista. Isso é uma mudança de grande significado na revolução vietnamita. Sob a liderança do partido, a Reforma Agrária foi levada a cabo com vitória, libertando os camponeses trabalhadores e transformando o lema "Terra para os lavradores" em realidade. Restauramos com sucesso nossa economia e estamos cumprindo com êxito o Plano Trienal para o desenvolvimento da economia e da cultura. Na transformação socialista da agricultura, artesanato, e indústria e comércio capitalista privados, obtivemos uma vitória de caráter decisivo. Registramos muitos avanços na produção agrícola e industrial, assim como no campo cultural e educacional, melhorando o padrão de vida do povo. O Norte está se consolidando cada vez mais e se transformando em uma base sólida para a luta pela reunificação nacional. As grandes vitórias alcançadas nos últimos nove anos testemunham a correção da linha de nosso partido e a firmeza de sua liderança. São vitórias do marxismo-leninismo em um país que sofreu opressão e exploração imperialista. Nosso partido é digno da confiança de nosso povo, do Norte ao Sul.

Nosso partido pode se orgulhar de ser o herdeiro das gloriosas tradições de nosso povo e o guia que os conduz no caminho de um futuro brilhante.

Caros camaradas,

Todas essas vitórias não são obra exclusiva do nosso partido. São o trabalho conjunto de todo o nosso povo em todo o país. A revolução é obra das massas, não de indivíduos heroicos. O êxito do nosso partido reside no fato de ele ter organizado e desenvolvido o poder revolucionário ilimitado do povo e liderado as massas em batalha sob a invencível bandeira do marxismo-leninismo.

As vitórias da revolução vietnamita também se devem à assistência sincera dos países socialistas fraternos, especialmente a União Soviética e a China. Aproveitamos esta oportunidade para expressar nossos calorosos sentimentos de gratidão aos países socialistas fraternos liderados pela grande União Soviética. Também somos sinceramente gratos a outros partidos fraternos, em primeiro lugar ao Partido Comunista Francês, por seu apoio ativo na justa luta de nosso povo. Agradecemos sinceramente a todas as nações coloniais e pessoas amantes da paz em todo o mundo, que sempre nos ofereceram sua simpatia e apoio.

A história dos 30 anos de luta do nosso partido nos ensinou isto: a melhor garantia de vitória na revolução é o aprofundamento no marxismo-leninismo, permanecendo leais aos interesses da classe trabalhadora e do povo, preservando a solidariedade e a unidade dentro do partido, entre todos os Partidos Comunistas e com todos os países da grande família socialista. Nosso partido, no passado, sempre cumpriu essas tarefas. No futuro, sem dúvida, nosso partido continuará fazendo.

Caros camaradas,

Nosso partido conquistou muitas grandes vitórias, mas não é infalível. No entanto, não escondemos nossos erros. Ao contrário, praticamos a autocrítica com franqueza e corrigimos ativamente nossos erros. As vitórias não fizeram o sucesso subir à nossa cabeça ou nos tornou complacentes. Hoje, munidos de nossas próprias experiências e daquelas dos Partidos fraternos, esforçamo-nos resolutamente por um progresso ainda maior e mais amplo.

A tarefa atual da revolução vietnamita é liderar o Norte em direção ao socialismo, lutar pela reunificação nacional por meios pacíficos e completar a revolução democrática do povo em todo o país.

As decisões deste Congresso guiarão todo o nosso partido e todo o nosso povo na construção bem-sucedida do socialismo no Norte, dotando-o de indústria e agricultura modernas, cultura e ciência avançadas, tornando a vida de nosso povo cada vez mais abundante e feliz.

O Segundo Congresso do partido foi o Congresso da Resistência. O presente Congresso do partido é o Congresso da Construção Socialista no Norte e da luta pela Reunificação Nacional Pacífica. Nosso povo, que mostrou heroísmo na

Guerra de Resistência, agora está mostrando heroísmo em seu trabalho pela construção nacional. Sem dúvida, teremos sucesso na construção de um glorioso socialismo no Norte. Um Norte próspero e forte é a base sólida da luta pela reunificação nacional. Este Congresso iluminará um novo caminho para a luta revolucionária de nosso povo, levando à reunificação nacional pacífica. Nossa nação é uma; nosso país é um. Nosso povo, sem dúvida, superará todas as dificuldades, "alcançará a reunificação nacional e unirá novamente o Norte e o Sul".

Caros camaradas,

A revolução vietnamita é parte das forças mundiais de paz, democracia e socialismo. A República Democrática do Vietnã é um membro da grande família socialista liderada pela grande União Soviética. Nosso dever é defender o posto avançado do socialismo no Sudeste Asiático, nos esforçarmos para contribuir para o fortalecimento das forças do campo socialista e proteger a paz no Sudeste Asiático e no mundo.

Hoje, o socialismo se tornou um sistema mundial poderoso, tão forte como uma muralha. Nosso povo se encoraja muito pelas conquistas grandiosas da União Soviética na construção do Comunismo e pelas grandes vitórias da China e dos outros países socialistas fraternos na construção do Socialismo. Nosso povo apoia fortemente a política externa de paz e o programa de desarmamento proposto pela União Soviética e por outros países do campo socialista. Nosso povo também se alegra profundamente com as vitórias conquistadas pelos povos da Ásia, África e América Latina em sua grande luta contra os imperialistas, especialmente os imperialistas dos EUA. Está absolutamente claro que as forças de paz, democracia, independência nacional e socialismo em todo o mundo se tornaram definitivamente mais fortes do que o campo imperialista. Os povos do mundo, unindo-se intimamente e lutando de maneira ativa, sem dúvida, conseguirão prevenir a guerra mundial e estabelecer uma paz duradoura. A luta resoluta dos povos oprimidos, sem dúvida, derrotará os imperialistas e colonialistas. O socialismo, em última instância, triunfará em todo o mundo.

Nessa grande luta, a solidariedade entre as forças dos países socialistas e a completa unidade dos Partidos Comunistas e Operários de todos os países são de suma importância. Temos confiança "de que os Partidos Comunistas e Operários continuarão fortalecendo a coesão dos países do sistema socialista mundial e preservarão, como um tesouro, a unidade na luta pela paz e segurança de todos os povos para o triunfo da grande causa do marxismo-leninismo" (Comunicado de Bucareste).[1]

Em nosso tempo, os imperialistas já não podem mais dominar o mundo como antes. No entanto, enquanto o imperialismo existir, o perigo de guerra persistirá. A Declaração da Reunião de Representantes dos Partidos Comunistas e Operários dos países socialistas realizada em Moscou em 1957 nos lembra que os Partidos Comunistas e Operários "consideram a luta pela paz como sua tarefa principal. Todas as nações devem demonstrar a máxima vigilância em relação ao perigo de guerra criado pelo imperialismo". Devemos também

---

1 De 20 a 26 de junho, 51 partidos participaram de duas conferências realizadas à margem do Terceiro Congresso do Partido dos Trabalhadores Romeno: a Conferência de Bucareste de Representantes de Partidos Comunistas e Operários e a Conferência de Partidos Comunistas e Operários dos Países Socialistas. O Partido dos Trabalhadores do Vietnã foi representado por Lê Duẩn, que se tornaria o secretário-geral do partido no Terceiro Congresso (1960). Na reunião de Bucareste, a tensão entre a URSS e a República Popular da China veio à tona, quando Nikita Kruschev confrontou Peng Zheng, que liderava a delegação chinesa. O Vietnã permaneceu neutro nesta reunião.

ter em mente que "quanto maior e mais forte a unidade das várias forças patrióticas e democráticas, maior a garantia de vitória na luta comum".

Os imperialistas causaram, no passado, muito sofrimento ao nosso povo; o grupo EUA-Diệm está atualmente dividindo nosso país e pisoteando o Sul. Enquanto não tivermos expulsado do Sul os imperialistas dos EUA, libertando-o do domínio bárbaro do grupo EUA-Diệm, nosso povo nunca poderá conhecer a paz de espírito. É por isso que a luta em defesa da paz e pela reunificação nacional não pode ser separada da luta contra o imperialismo dos EUA.

Na luta comum para proteger a paz e a independência nacional na Indochina, o povo vietnamita apoia resolutamente a atual luta heroica do povo laosiano contra o imperialismo dos EUA, que visa conduzir o Laos pelo caminho da harmonia nacional, independência, unidade, paz e neutralidade. Esperamos sinceramente que as relações amigáveis entre nosso país e os países vizinhos, especialmente o Camboja e o Laos, sejam estabelecidas e promovidas de maneira satisfatória.

Queridos camaradas,

A causa da revolução socialista no Norte e a luta pela reunificação nacional, bem como a contribuição para a preservação da paz no Sudeste Asiático e no mundo, estabelecem tarefas pesadas, porém gloriosas, para nosso partido. Para garantir a vitória da revolução, uma questão de significado decisivo é elevar ainda mais a capacidade de luta de todo o nosso partido e promover o papel líder do nosso partido em todos os campos de trabalho.

Nosso partido sempre se esforçou para aproximar e integrar o marxismo-leninismo à prática real da revolução vietnamita. Em geral, nossos quadros e membros têm um bom conteúdo revolucionário. No entanto, ainda temos muitas deficiências, como o subjetivismo, o dogmatismo, o empirismo, o estilo burocrático de trabalho e o individualismo. Essas deficiências estão prejudicando o progresso de nossos camaradas. Devemos nos esforçar para estudar o marxismo-leninismo, fortalecer a educação ideológica no partido e lutar para superar essas deficiências. Devemos ainda mais elevar o caráter de classe e o caráter vanguardista do partido, fortalecendo constantemente nossos laços com as massas e nos unindo a todas as pessoas patrióticas e progressistas, a fim de conquistar a vitória na construção do socialismo e na luta pela reunificação nacional. Devemos nos esforçar para aprender, de maneira criativa, com as experiências dos Partidos fraternos. Como nos ensinou Lenin, nunca devemos cair na arrogância e na presunção; devemos ser modestos.

Este Congresso do partido elegerá o novo Comitê Central do nosso partido. Temos confiança de que, com o novo Comitê Central, nosso partido estará mais unido e mobilizará ainda mais o povo em todo o país para se esforçar em cumprir a grande tarefa que agora enfrentamos, que é:

Construir o socialismo no Norte e lutar pela reunificação nacional por meios pacíficos.

Viva o grande marxismo-leninismo! Viva a heroica classe trabalhadora e o povo do Vietnã! Viva o Partido dos Trabalhadores do Vietnã! Viva a solidariedade e a unidade dos partidos fraternos e da grande família socialista liderada pela grande União Soviética! Viva um Vietnã pacífico, unificado, independente, democrático, próspero e forte! Viva a paz mundial!

46. UM CHAMADO AOS CAMARADAS E LUTADORES EM TODO O PAÍS

17 DE JULHO DE 1966

Camaradas e lutadores de todo o país!

Os imperialistas norte-americanos, bárbaros e agressivos, desencadearam uma guerra de agressão com o objetivo de conquistar nosso país, mas estão sofrendo derrotas significativas.

Eles enviaram uma imensa força expedicionária de cerca de 300 mil soldados para o Sul de nosso país. Reconheceram uma administração submissa e um exército fantoche como instrumentos de sua política agressiva. Eles utilizaram métodos de guerra extremamente brutais: produtos químicos tóxicos, bombas de napalm. Sua política é queimar, destruir e matar tudo o que está à vista. Esses métodos criminosos têm por objetivo aniquilar nossos camaradas no Sul.

No entanto, sob a liderança firme e capaz da Frente Nacional, as forças armadas e o povo do Sul, fortemente unidos e lutando heroicamente, conquistaram vitórias gloriosas e demonstraram sua firme determinação em lutar até a vitória total para libertar o Sul, defender o Norte e iniciar a reunificação de nosso país.

Os agressores norte-americanos lançaram ataques aéreos imprudentes contra o Norte de nosso país, esperando se livrar de sua derrota no Sul e nos forçar a "negociar" em seus termos.

Mas o Norte não enfraqueceu nem um pouco. Nossas forças armadas e nosso povo redobraram seus esforços, aumentaram a produção e lutaram com ainda mais heroísmo. Até o momento, abatemos mais de 1.200 aviões. Estamos determinados a quebrar a espinha dorsal da guerra destrutiva e, ao mesmo tempo, apoiar nossos queridos camaradas no Sul com todas as nossas forças.

Recentemente, os agressores norte-americanos atingiram um novo ápice na escalada da guerra; eles atacaram os subúrbios de Hanói e a cidade de Haiphong. Isso é um ato desesperado, comparável à fúria de uma fera que se contorce enquanto está ferida e em sofrimento.

Johnson e sua camarilha devem ser avisados de que podem enviar 500 mil homens ou 1 milhão a mais para intensificar sua guerra de agressão contra o Vietnã do Sul. Podem usar milhares de aviões para intensificar seus ataques aéreos contra o Norte. Mas eles nunca terão sucesso em destruir a vontade firme do povo heroico do Vietnã em sua luta contra a agressão norte-americana e pela salvação de seu país. Quanto mais a agressão se intensifica, mais graves seus crimes se tornam. A guerra pode durar cinco, dez, 20 anos – ou até mais. Hanói, Haiphong e outras cidades e suas empresas podem ser destruídas, mas o povo vietnamita não será intimidado. Não há nada mais precioso do que a independência e a liberdade! Quando chegar o dia da vitória, nosso povo reconstruirá uma nação ainda melhor, um país maior e mais bonito!

O mundo inteiro sabe que, cada vez que os agressores ianques se preparam para intensificar sua guerra criminosa, eles anunciam suas falsas "negociações de paz" com bombas e foguetes, tentando enganar a opinião mundial e culpar o Vietnã por não querer fazer uma "negociação de paz".

Senhor presidente Johnson! Responda a esta pergunta publicamente perante o povo norte-americano e os povos do mundo: quem sabotou os Acordos de Genebra que garantem a soberania, a independência, a unidade e a integridade territorial do Vietnã? Quando o exército do Vietnã invadiu os Estados Unidos e matou tropas norte-americanas, foi o que o levou a invadir o Vietnã e matar o povo vietnamita?

Os Estados Unidos devem pôr fim à sua guerra de agressão contra o Vietnã e retirar suas tropas e as de seus satélites do nosso país. Assim, a paz será restabelecida imediatamente. A posição do Vietnã é clara, e ela se baseia nos quatro pontos do governo da República Democrática do Vietnã do Norte e nos cinco pontos da Frente Nacional de Libertação do Vietnã do Sul. Não há outro caminho além desse.[1]

---

[1] Cinco pontos da Frente Nacional de Libertação (março de 1965): 1. Os imperialistas dos EUA são os sabotadores dos Acordos de Genebra, os agressores e inimigos jurados mais audaciosos do povo vietnamita; 2. O heroico povo sul-vietnamita está decidido a expulsar os imperialistas dos EUA para libertar o sul do Vietnã, alcançar independência, democracia, paz e neutralidade, e, eventualmente, a reunificação da Pátria Vietnamita; 3. O valente povo sul-vietnamita e o Exército de Libertação do Vietnã do Sul estão decididos a cumprir plenamente seu sagrado dever de expulsar os imperialistas dos EUA para libertar o sul do Vietnã e defender o norte do Vietnã; 4. O povo sul-vietnamita expressa sua profunda gratidão pelo apoio sincero do povo do mundo inteiro, que ama a paz e a justiça, e declara sua prontidão para receber toda ajuda, incluindo armas e todo o material bélico, de seus amigos dos cinco continentes; 5. Unidos como um só homem, o povo em armas continua avançando heroicamente e está decidido a lutar e derrotar os agressores dos EUA e os traidores vietnamitas.

Quatro pontos da República Democrática do Vietnã (abril de 1965): 1. Reafirmação dos direitos nacionais básicos do povo vietnamita: paz, independência, soberania, unidade e integridade territorial. De acordo com os Acordos de Genebra, o governo dos EUA deve retirar do sul do Vietnã todas as tropas, pessoal militar e armamentos de todo tipo, desmantelar lá todas as bases militares dos EUA e cancelar sua "aliança militar" com o sul do Vietnã. O governo dos EUA deve encerrar sua política de intervenção e agressão no sul do Vietnã. De acordo com os Acordos de Genebra, o governo dos EUA deve parar com seus atos de guerra contra o norte do Vietnã, cessar

O povo vietnamita ama profundamente a paz, uma paz verdadeira, uma paz com independência e liberdade, e não uma paz falsa, uma "*pax Americana*".

Pela independência de nosso país, pelo nosso dever para com todos os povos que lutam contra o imperialismo norte-americano, nosso povo e exército, unidos como um só, sem vacilar diante de qualquer sacrifício ou dificuldade, lutarão com determinação até triunfarmos. No passado, derrotamos os fascistas japoneses e os colonialistas franceses em condições muito mais difíceis. Hoje, as condições internas e externas são muito mais favoráveis para nós, e a luta de nosso povo contra os agressores ianques para a salvação de nossa nação será coroada com o triunfo além de qualquer dúvida.

Caros compatriotas e lutadores,

---

todas as invasões do território e da soberania da República Democrática do Vietnã; 2. Até que a reunificação pacífica do Vietnã seja alcançada, enquanto o Vietnã ainda estiver temporariamente dividido em duas zonas, as disposições militares dos Acordos de Genebra de 1954 sobre o Vietnã devem ser estritamente respeitadas: as duas zonas devem se abster de se unir a qualquer aliança militar com países estrangeiros, e não deve haver bases militares estrangeiras, tropas e pessoal militar em seus respectivos territórios; 3. Os assuntos internos do sul do Vietnã devem ser resolvidos pelo próprio povo do sul do Vietnã, de acordo com o programa do Frente Nacional de Libertação do Vietnã do Sul, sem qualquer interferência estrangeira; 4. A reunificação pacífica do Vietnã deve ser resolvida pelo povo vietnamita em ambas as zonas, sem qualquer interferência estrangeira.

Essa posição conta indubitavelmente com a aprovação e o apoio de todos os governos e povos que amam a paz e a justiça no mundo. O governo da República Democrática do Vietnã afirma que a posição mencionada é a base para o mais sólido acordo político para a resolução do problema vietnamita. Se essa base for aceita, condições favoráveis serão criadas para a resolução pacífica do problema do Vietnã, e será possível considerar a convocação de uma conferência internacional do tipo da Conferência de Genebra de 1954 sobre o Vietnã. O governo da República Democrática do Vietnã declara que qualquer abordagem contrária à posição citada é irrelevante; qualquer abordagem que leve a uma intervenção dos EUA na situação do Vietnã também é irrelevante, pois tais abordagens estão fundamentalmente em desacordo com os Acordos de Genebra de 1954 sobre o Vietnã.

Temos uma causa justa, a força da unidade de todo o povo, do Norte ao Sul, a tradição de luta invencível. Além disso, temos a ampla e plena simpatia e solidariedade de nossos países socialistas fraternos e de todos os povos progressistas do mundo. Nós venceremos! Diante da nova situação, todos unidos estão decididos a superar todas as dificuldades e problemas para alcançar a gloriosa missão histórica confiada a nossa nação, a derrota dos agressores norte-americanos.

Com esse objetivo, em nome do povo vietnamita, expresso nosso sincero reconhecimento pelo apoio e ajuda irrestrita que recebemos dos países socialistas e dos povos progressistas do mundo, incluindo o povo norte-americano. Na verdade, tenho plena confiança de que, diante dessas novas manobras criminosas do imperialismo norte-americano, os povos e governos dos países socialistas fraternos e dos países que acreditam na paz mundial e na justiça aumentarão ainda mais seu apoio e ajuda ao povo do Vietnã em sua luta contra o imperialismo norte-americano e pela salvação de nosso país até a conquista da total vitória.

O povo vietnamita vencerá! Os agressores norte-americanos serão derrotados! Vida longa ao Vietnã pacífico, unificado, independente, democrático e próspero! Compatriotas e lutadores de todo o país, avancemos com coragem!

47. TROCA DE CARTAS COM PRESIDENTES DOS ESTADOS UNIDOS

[Carta do presidente dos EUA, Lyndon B. Johnson, a Ho Chi Minh, presidente da República Democrática do Vietnã, 8 de fevereiro de 1967]

Caro senhor presidente:

Estou lhe escrevendo na esperança de que o conflito no Vietnã possa chegar ao fim. Esse conflito já causou um pesado custo – vidas perdidas, feridas infligidas, propriedades destruídas e miséria humana. Se não conseguirmos encontrar uma solução justa e pacífica, a história nos julgará de maneira severa. Portanto, acredito que ambos temos uma grande obrigação de buscar sinceramente o caminho para a paz.

É em resposta a essa obrigação que estou escrevendo diretamente ao senhor. Tentamos nos últimos anos, de várias maneiras e por meio de vários canais, transmitir a você e aos seus colegas o nosso desejo de alcançar um acordo pacífico. Por quaisquer razões, esses esforços não obtiveram resultados. Nas últimas duas semanas, observei declarações públicas de representantes do seu governo sugerindo que o senhor estaria disposto a entrar em conversações bilaterais diretas com representantes do governo dos EUA, desde que cessássemos "incondicional" e permanentemente nossas operações de bombardeio contra o seu país e todas as ações militares contra ele. Ontem, partes sérias e responsáveis nos asseguraram indiretamente que esta é, de fato, a sua proposta.

Permita-me afirmar francamente que vejo duas grandes dificuldades com essa proposta. Diante de sua posição pública, tal ação de nossa parte inevitavelmente causaria especulações mundiais de que as discussões estavam em andamento e prejudicariam a privacidade e o sigilo dessas discussões. Além disso, haveria, inevitavelmente, uma grande preocupação de nossa parte sobre se o seu governo faria uso de tal ação nossa para melhorar sua posição militar.

Com esses problemas em mente, estou disposto a ir ainda mais longe em direção ao fim das hostilidades do que o seu governo propôs em declarações públicas ou por meio de canais diplomáticos privados. Estou disposto a ordenar o cessar dos bombardeios contra o seu país e a interrupção do aumento das forças dos EUA no Vietnã do Sul assim que tiver a garantia de que a infiltração no Vietnã do Sul por terra e por mar tenha cessado. Esses atos de restrição de ambos os lados, acredito, tornariam possível conduzirmos discussões sérias e privadas que levariam a uma paz precoce. Faço esta proposta ao senhor, agora, com um senso específico de urgência decorrente das iminentes festas de Ano Novo no Vietnã. Se você puder aceitar esta proposta, não vejo motivo para que ela não possa entrar em vigor no final do Ano Novo ou das festas do Tet.

A proposta que fiz seria grandemente fortalecida se suas autoridades militares e as do Governo do Sul do Vietnã pudessem negociar prontamente uma extensão da trégua do Tet. Quanto ao local das discussões bilaterais que proponho, há várias possibilidades. Por exemplo, nossos representantes poderiam se encontrar em Moscou, onde já ocorreram contatos. Eles poderiam se reunir em algum outro país, como Mianmar. O senhor pode ter outras disposições ou locais em mente, e eu tentaria atender às suas sugestões. O importante é encerrar um conflito que trouxe fardos para ambos os nossos povos e, acima de tudo, para o povo do Vietnã do Sul.

Se o senhor tiver alguma consideração sobre as ações que estou propondo, seria de extrema importância que eu as recebesse o mais rápido possível.

Atenciosamente,

Lyndon B. Johnson

***

[Resposta do presidente Ho Chi Minh à carta do presidente Johnson, 15 de fevereiro de 1967]

Excelência,

Em 10 de fevereiro de 1967, recebi a sua mensagem. Aqui está a minha resposta.

O Vietnã está situado a milhares de quilômetros dos Estados Unidos. O povo vietnamita nunca causou danos aos Estados Unidos. No entanto, em contravenção aos compromissos feitos pelo seu representante na Conferência de Genebra de 1954, o governo dos Estados Unidos interveio constantemente no Vietnã, lançou e intensificou a guerra de agressão no Sul com o propósito de prolongar a divisão do Vietnã e transformar o Vietnã do Sul em uma neocolônia e uma base militar estadunidenses. Por mais de dois anos, o governo dos Estados Unidos, com sua aviação militar e sua marinha, vem travando guerra contra a República Democrática do Vietnã, um país independente e soberano. O governo dos Estados Unidos cometeu crimes de guerra, crimes contra a paz e contra a humanidade. No Vietnã do Sul, meio milhão de soldados estadunidenses e soldados de países satélites recorreram às armas mais desumanas e aos métodos de guerra mais bárbaros, como napalm, produtos químicos e gases venenosos, a fim de massacrar nossos compatriotas, destruir as colheitas e exterminar as aldeias. No Norte, milhares de aviões estadunidenses despejaram centenas de milhares de toneladas de bombas, destruindo cidades, vilas, fábricas, estradas, pontes, diques, barragens e até igrejas, pagodes, hospitais e escolas.

Em sua carta, o senhor parece lamentar o sofrimento e a destruição no Vietnã. Permita-me perguntar: Quem perpetrou esses crimes monstruosos? Foram os soldados estadunidenses e os soldados dos Estados satélites. O governo dos Estados Unidos é inteiramente responsável pela situação extremamente grave no Vietnã. O povo vietnamita ama profundamente a independência, a liberdade e a paz. No entanto, diante da agressão dos Estados Unidos, eles se levantaram como se fossem um só, sem temer os sacrifícios e as privações. Eles estão determinados a continuar sua resistência até conquistarem uma independência e liberdade reais, e uma paz verdadeira. Nossa causa justa conta com a aprovação e o poderoso apoio dos povos de todo o mundo e de grandes segmentos do povo estadunidense.

O governo dos Estados Unidos provocou a guerra de agressão no Vietnã. Ele deve cessar essa agressão; é o único caminho que leva à reestabelecimento da paz. O governo dos Estados Unidos deve interromper definitiva e incondicionalmente os bombardeios e todos os outros atos de guerra contra a República Democrática do Vietnã, retirar todas as tropas americanas do Vietnã do Sul e todas as tropas dos Estados satélites, reconhecer a Frente Nacional de Libertação do Vietnã do Sul e permitir que o povo vietnamita resolva seus próprios problemas.

Tal é o conteúdo básico da posição dos quatro pontos do governo da República Democrática do Vietnã; tal é a declaração dos princípios essenciais e dos arranjos essenciais dos acordos de Genebra de 1954 sobre o Vietnã. É a base para uma solução política correta para o problema vietnamita.

Em sua mensagem, o senhor sugeriu conversas diretas entre a República Democrática do Vietnã e os Estados Unidos. Se o governo dos Estados Unidos realmente deseja conversas, ele deve primeiro interromper incondicionalmente os bombardeios e todos os outros atos de guerra contra a República Democrática do Vietnã. Somente após a interrupção dos bombardeios estadunidenses e de todos os outros atos de guerra contra a República Democrática do Vietnã é que nós e os Estados Unidos poderemos iniciar conversas e discutir questões que afetam as duas partes.

O povo vietnamita nunca cederá à força; nunca participará de uma conversa sob a clara ameaça de bombas. Nossa causa é absolutamente justa. Espera-se que o governo dos Estados Unidos aja em conformidade com a razão.

Atenciosamente,

Ho Chi Minh.

***

[Carta do presidente dos EUA, Richard Nixon, a Ho Chi Minh, presidente da República Democrática do Vietnã, 15 de julho de 1969]

Vossa Excelência Ho Chi Minh, Presidente, República Democrática do Vietnã. Hanói.

Prezado senhor presidente:

Compreendo que seja difícil comunicar de maneira efetiva nesse abismo de quatro anos de guerra. No entanto, precisamente por causa desse abismo, eu queria aproveitar esta oportunidade para reafirmar, com toda a solenidade, meu desejo de trabalhar por uma paz justa. Acredito profundamente que a guerra no Vietnã já dura tempo demais, e o atraso em pôr fim a ela não pode beneficiar ninguém, especialmente o povo do Vietnã.

Meu discurso em 14 de maio apresentou uma proposta, que acredito ser justa para todas as partes. Outras propostas foram feitas, as quais buscam dar ao povo do Sul do Vietnã a oportunidade de escolher seu próprio futuro. Essas propostas levam em consideração as condições razoáveis de todos os lados. No entanto, estamos prontos para discutir outros programas também, especificamente o programa de dez pontos do Vietcong.

Como eu disse várias vezes, não há nada a ser ganho ao esperar. O atraso só pode aumentar os perigos e multiplicar o sofrimento.

Chegou a hora de avançar na mesa de conferências rumo a uma resolução precoce desta trágica guerra. O senhor nos encontrará dispostos e de braços abertos em um esforço conjunto para levar as bênçãos da paz ao corajoso povo do Vietnã. Que a história registre que, neste momento crítico, ambos os lados se voltaram para a paz em vez de conflito e guerra.

Atenciosamente, Richard Nixon

***

[Resposta do presidente Ho Chi Minh à carta do presidente Nixon, 25 de agosto de 1969]

Sua Excelência Richard Milhous Nixon, Presidente dos Estados Unidos,

Senhor presidente,

Tenho a honra de confirmar o recebimento de sua carta.

A guerra de agressão dos Estados Unidos contra nosso povo, violando nossos direitos nacionais fundamentais, ainda continua no Vietnã do Sul. Os Estados Unidos continuam intensificando as operações militares, os bombardeios com B-52 e o uso de produtos químicos tóxicos multiplicam os crimes contra o povo vietnamita. Quanto mais a guerra se prolonga, mais o luto e o fardo do povo estadunidense se acumulam. Estou extremamente indignado com as perdas e destruições causadas pelas tropas estadunidenses ao nosso povo e ao nosso país. Também estou profundamente comovido com o crescente número de jovens estadunidenses que morreram no Vietnã devido à política dos círculos governantes dos EUA.

Nosso povo vietnamita é profundamente dedicado à paz, à verdadeira paz com independência e liberdade. Eles estão determinados a lutar até o fim, sem temer os sacrifícios e as dificuldades, para defender seu país e seus sagrados direitos nacionais. A solução global de dez pontos da Frente Nacional de Libertação do Vietnã do Sul e do governo revolucionário provisório da República do Vietnã do Sul é uma base lógica e razoável para a resolução do problema vietnamita. Ela conquistou a simpatia e o apoio dos povos do mundo.

Em sua carta, o senhor expressou o desejo de trabalhar por uma paz justa. Para isso, os Estados Unidos devem cessar a guerra de agressão e retirar suas tropas do Vietnã do Sul, respeitando o direito da população do Sul e da nação vietnamita de dispor de si mesmos, sem influência estrangeira. Esta é a maneira correta de resolver o problema vietnamita de acordo com os direitos nacionais do povo vietnamita, os interesses dos Estados Unidos e as esperanças de paz dos povos do mundo. Este é o caminho que permitirá que os Estados Unidos saiam da guerra com honra.

Com boa vontade de ambos os lados, talvez possamos chegar a esforços conjuntos para encontrar uma solução correta para o problema vietnamita.

Atenciosamente,

Ho Chi Minh.

48. A ÚLTIMA DECLARAÇÃO DE HO CHI MINH

10 DE MAIO DE 1969

Em nossa luta patriótica contra a agressão dos EUA, podemos de fato ter que suportar dificuldades maiores e aceitar novos sacrifícios, mas estamos destinados a triunfar.

Isso é uma certeza.

Quando esse dia chegar, pretendo viajar de Norte a Sul, parabenizar nossos heroicos compatriotas, quadros e combatentes, e visitar nossos queridos idosos, jovens e crianças.

Em seguida, em nome de nosso povo, irei aos países fraternos do bloco socialista e aos países amigos do mundo todo, e agradecerei por seu apoio e ajuda de coração à nossa luta patriótica contra a agressão dos EUA.

Tu Fu, o conhecido poeta chinês do período Tang, escreveu: “Em todos os tempos, poucos são aqueles que chegam aos 70 anos”.

Este ano, com 79 anos, estou entre esses “poucos”; ainda assim, minha mente permaneceu muito lúcida, embora minha saúde tenha piorado um pouco em comparação com anos anteriores. A saúde se deteriora com a idade quando se passa dos 70. Isso não é novidade.

Mas quem pode dizer por quanto tempo ainda poderei servir à revolução, ao país e ao povo?

Portanto, deixo estas poucas palavras ansiando pelo dia em que irei me juntar aos veneráveis líderes revolucionários, Karl Marx, Lenin e nossos outros anciãos revolucionários; dessa forma, nosso povo em todo o país, nossos camaradas no partido e nossos amigos no mundo não serão pegos de surpresa.

Primeiramente, falarei sobre o partido. Graças à sua estreita unidade e dedicação total à classe trabalhadora, ao povo e ao país, nosso partido tem sido capaz, desde sua fundação, de unir, organizar e liderar nosso povo de sucesso em sucesso em uma luta resoluta. A unidade é uma tradição extremamente valiosa de nosso partido e nosso povo. Desde o Comitê Central até o núcleo central, todos os camaradas devem preservar a unidade e a dedicação no partido com muito zelo. Dentro do partido, a melhor maneira de consolidar e promover a solidariedade e a unidade é alcançar uma ampla democracia e praticar *crítica e autocrítica* regular e seriamente. Deve prevalecer um afeto genuíno entre todos os camaradas. Nosso partido está no poder. Cada membro, cada quadro, deve estar profundamente impregnado de *moral revolucionária* e deve demonstrar laboriosidade, parcimônia, integridade, honra, dedicação total aos interesses públicos e altruísmo exemplar. Nosso partido deve preservar uma pureza absoluta e provar ser digno de seu papel como líder e servo verdadeiramente leal do povo. Os membros da juventude trabalhadora, e nossa juventude em geral, possuem uma excelente natureza, se empenham para realizar tarefas de vanguarda voluntariamente, e são inabaláveis diante das dificuldades e lutando incessantemente pelo progresso. O partido deve cultivar suas *virtudes revolucionárias* e treiná-los tanto como "vermelhos" quanto como "especialistas", para serem nossos sucessores na construção do socialismo. Treinar e educar as futuras gerações revolucionárias são tarefas extremamente importantes e necessárias.

Há séculos, nas planícies e nas áreas montanhosas, nosso povo trabalhador suportou dificuldades, sofreu opressão feudal e colonial e exploração; além disso, enfrentou muitos anos de guerra. No entanto, ele demonstrou grande heroísmo e coragem, um entusiasmo ardente e uma grande laboriosidade. Eles sempre seguiram o partido, desde sua fundação, e sempre permaneceram leais a ele. O partido deve elaborar um plano muito eficaz para o desenvolvimento econômico e cultural, a fim de elevar cada vez mais o padrão de vida do povo. A Guerra de Resistência contra a agressão dos EUA pode se arrastar. Nossos compatriotas podem ter que enfrentar novos sacrifícios de propriedade e de vidas humanas. Seja o que acontecer, devemos permanecer firmes em nossa resolução de lutar contra o agressor norte-americano até a vitória.

> Nossos rios, nossas montanhas, nosso povo sempre estarão aqui.
> Os ianques podem nos bater; construiremos um país dez vezes mais belo.

Independentemente das dificuldades e adversidades à frente, nosso povo tem a certeza da vitória total. Os imperialistas americanos terão que se retirar. Nosso país será reunificado. Nossos compatriotas no Norte e no Sul se reunirão sob o mesmo teto. Nós, uma nação pequena, conquistaremos a honra singular de derrotar, por meio de uma luta heroica, dois imperialismos gigantes – o francês e estadunidense – e de fazer uma contribuição digna ao movimento de libertação nacional.

Sobre o movimento comunista mundial: Tendo dedicado toda minha vida à revolução, sinto tanto orgulho pelo crescimento do movimento comunista e operário internacional quanto tristeza pelas dissensões que atualmente dividem os partidos fraternos. Espero que nosso partido faça o melhor possível para contribuir efetivamente para a restauração da unidade entre os partidos fraternos com base no marxismo-leninismo e no internacionalismo proletário, de uma maneira que esteja de acordo com a razão e o sentimento. Tenho certeza de que os partidos e países fraternos se unirão novamente.

Sobre assuntos pessoais: Ao longo de toda a minha vida, servi o país, a revolução e o povo com todo o meu coração e força. Se eu partisse agora deste mundo, não me arrependeria de nada, exceto de não poder servir por mais tempo e mais intensamente. Quando eu partir, evitem realizar grandes funerais para não desperdiçar o tempo e o dinheiro do povo.

Por fim, a todo o povo, a todo o nosso partido, a todas as nossas forças armadas, aos meus jovens sobrinhos e sobrinhas, deixo o meu amor infinito. Também envio minhas saudações cordiais aos nossos camaradas e amigos, aos jovens e crianças de todo o mundo.

Meu desejo supremo é que todo o nosso partido e todo o nosso povo, criando laços estreitos, construam um Vietnã pacífico, unificado, independente, democrático e próspero, e façam uma digna contribuição para a revolução mundial.

REFERÊNCIAS

ASHBY, Heather. *The Communist University of the Toilers of the East*. Nova Delhi: LeftWord Books, 2021.

CHINH, Trường. *Marxismo e Cultura Vietnamita. Trường Chinh*: Selected works (Hanói: Foreign Languages Publishing House, 1977.

FAR EASTERN ECONOMIC REVIEW. Hong Kong: Review Publishing Company, 1930.

GIAP, Vo Nguyen. *Điện Biên Phủ*. Hanói: Foreign Language Publishing House, 1964.

LENIN, Vladimir I. "Terms of admission into Communist International". Second Congress of the Communist Intenational, Verbatum Report. *In*: LENIN, V. I. *Collected Works*. 4. ed. v. 31. p. 206-211. Moscow: Progress Publishers, 1965. Disponível em: https://www.marxists.org/archive/lenin/works/1920/jul/x01.htm. Acesso em: 20 set. 2023.

LENIN, Vladimir I. *Que fazer?* Problemas candentes do nosso movimento. São Paulo: Expressão Popular, 2015.

MARAN, René. *Batouala*. Paris: Albin Michel, 1921.

MARX, Karl. A guerra civil na França. *In*: MARX, Karl. *A revolução antes da revolução*. v. 2. Coleção Assim lutam os povos. São Paulo: Expressão Popular, 2008.

MARX, Karl. Carta ao editor do jornal russo *Otecestvenniye Zapisky*, novembro de 1877. *In*: *MARX-ENGELS-Gesamtausgabe [Mega]*. Disponível em: https://www.marxists.org/portugues/marx/1877/11/revista.htm Acesso em: 20 set. 2023.

MINH, Ho Chi [Nguyen Ai Quoc]. Thanh Niên, 10 out. 1926. *In*: MINH, Ho Chi[Nguyen Ai Quoc]. *Duong Cach Menh*. Guangzhou: [Departamento de Propaganda da União dos Povos Oprimidos na Ásia Oriental], 1927.

MINH, Ho Chi. *Viet Nam Doc Lap*, edição n. 104, 1941. *In*: DUIKER, William. *Ho Chi Minh*: a life. Nova York: Hachette, 2000.

NGUYEN, Ngoc-Luu. *Peasants, party, and revolution*: the politics of agrarian transformation in northern Vietnam, 1930-1975. Amsterdã: Universiteit van Amsterdam, 1987.

NINH, Kim Ngoc Bao. *A world transformed*: the politics of culture in revolutionary Vietnam, 1945-1965. Ann Arbor: University of Michigan Press, 2002.

PETERSON, Fredrik. "The 'Colonial Conference' and the Dilemma of the Comintern's Colonial Work, 1928-29", *Communist Histories*, vol. 1, ed. Vijay Prashad, Nova Deli: LeftWord Books, 2016.

PRASHAD, Vijay (ed.). *Communist Histories*. v. 1. Nova Deli: LeftWord Books, 2016.

QUINN-JUDGE, Sophia. "Nguyen Ai Quoc, The Comintern, and the Vietnamese Communist Movement, 1919-1941", Londres: Ph.D. SOAS, 2001, p. 64;

QUỐC, Dương Trung. *Việt Nam*: những sự kiện lịch sử (1919–1945). Hanói: Giáo Dục, 2001.

RIDDELL, John; PRASHAD, Vijay; MOLLAH, Nazeef. (eds.) *Liberate the colonies!* Communism and colonial freedom, 1917-1924. Nova Deli: LeftWord Books, 2019.

SHAO-CHI'L, Liu. Report on the work of the Central Committee. Segunda Sessão do Oitavo Congresso Nacional do Partido Comunista da China. Pequim: Foreign Languages Press, 1958a.

SHAO-CHI'L, Liu. *Lun yu hung yu chuan*, Pequim: Chung-kuo ch'ing-nien ch'u-pan she, 1958b.

STALIN, Joseph. Concerning the international situation. *Bolshevik*, 20 set. 1924. *In*: STALIN, Joseph. *Works*. v. 6. Moscou: Foreign Language Publishing House, 1954.

STALIN, Joseph. Sobre os fundamentos do leninismo [Conferências pronunciadas na Universidade Sverdlov à Promoção Leninista]. Jornal *Pravda*, n. 96 a n. 111, 26 abr. a 18 maio, 1924. *In*: STALIN, J. Obras. V. 6. Rio de Janeiro: Editorial Vitória, 1954. Disponível em: https://www.marxists.org/portugues/stalin/1924/leninismo/index.htm. Acesso em: 20 set. 2023.

TE, Doi Moi Kinh. *Xa Hoi*. Pham Xuan Nam (ed.). Hanói: NXB Khoa hoc xa hoi, 1991.

TSE-TUNG, Mao. "Win the masses in their millions for the anti-Japanese national united front", 7 mai. 1937. *In*: TSE-TUNG, Mao. *Selected Works*. v. 1. Pequim: Foreign Languages Press, 1965.

TRẦN, Thị Quế. *Vietnam's agriculture:* The challenge and achievements. Singapura: Instituto de Estudos do Sudeste Asiático, 1998.

Este livro foi composto em fonte Adobe Garamond Pro e impresso em papel luxcream 70g, no miolo, e ningbo 250g, na capa pela gráfica Paym para a Expressão Popular como o quinto livro do Clube da Expressão em outubro de 2023 para manter vivo o legado do tio Ho.